LE VIOL
DU SILENCE

EVA THOMAS

LE VIOL DU SILENCE

AUBIER

Direction d'ouvrage :
Dominique Raoul-Duval

Si vous souhaitez
être tenu au courant
de nos publications
il vous suffit
d'envoyer
vos nom et adresse
aux

Éditions Aubier
13, Quai de Conti
75006 PARIS

I.S.B.N. 2-7007-2619-7

A mon père, à ma mère,
pour qu'ils sachent.

A ma sœur,
pour lui tendre la main.

A toutes celles qui ont connu
la prison de l'inceste,
pour que nos voix se mêlent.

« Accepter l'inacceptable est un viol si profond. On ne peut qu'en mourir ou bien rejeter l'abjection, l'expulser de soi, la mettre au jour, la nommer. »

Anne-Marie de Vilaine *(La Mère intérieure)*

« Celui qui veut tout comprendre finit par mourir de colère. »

Proverbe arabe

AVERTISSEMENT AU LECTEUR

Eva Thomas raconte l'histoire de Marie, l'enfant qu'elle a été. Elle a écrit à la troisième personne, elle regarde cette petite fille, cette adolescente qui deviendra une femme capable de dire : « Oui, c'est moi qui ai vécu cette chose immonde dans le lit de mes parents. »

Dans l'écriture, il y a ce va-et-vient incessant entre le présent et le passé, entre elle et je.

Elle ne peut pas écrire certains textes à la première personne, elle a besoin de cette distance pour apprivoiser son histoire C'est dans ce va-et-vient entre elle et je qu'elle s'est retrouvée; c'est ce qui l'a rendue à elle-même.

Elle a écrit des petits textes, qui s'accrochent les uns aux autres comme un grand puzzle. Sur la feuille blanche, une femme se dessine, elle se reconnaît. Elle peut enfin crier : « Oui, c'est moi qui suis inscrite sur ce papier. »

Son père avait inscrit dans son corps la malédiction de l'inceste dans le silence le plus total.

Elle a écrit pour laisser trace du crime parfait.

Elle a écrit pour sauver sa peau brûlée pendant la traversée de l'enfer.

La peur qu'il recommence

Il est 16 h 30. Je reviens de la salle de jeux avec deux fillettes de sept ans. Juste devant la porte de sa classe, Aline s'arrête et me glisse à l'oreille : « Madame T..., je voulais te dire quelque chose. Quand je vais chez mon papa, il couche avec moi, il met sa quéquette dans ma moumoute. »

Le sol s'ouvre sous moi. Non! je ne voulais pas entendre ces mots-là.

Des flots d'enfants sortent des classes. C'est l'heure de partir. Vite, il faut répondre quelque chose. Je lui demande :

– « L'as-tu dit à quelqu'un d'autre?

– Oui! à ma nounou, mais elle dit que c'est vilain et que ça ne la regarde pas. »

La petite a les yeux braqués sur moi. Je dis : « Nous ne pouvons pas en parler ici. Si tu veux, mardi, tu viendras seule avec moi et nous pourrons en parler tranquillement. Tu as eu raison de me le dire. Il faut en parler. »

Cette dernière phrase, je la dis surtout pour moi, pour me donner du courage parce que je viens de basculer dans mon histoire, trente ans plus tôt.

Je cours prendre mes affaires, je fonce vers ma

voiture, je démarre. Je roule vite, les images défilent, ma gorge se serre, mes yeux se mouillent.

Non! je ne voulais pas me retrouver face à cette vérité-là, de cette façon-là. Non! je n'ai pas rêvé, elle a bien dit : « Il couche avec moi, il met sa quéquette dans ma moumoute. »

Son regard me hante déjà. Il va falloir passer trois jours sans la revoir, à cause du congé du 11 novembre. Je n'aurais pas dû fuir ainsi, j'aurais dû lui parler davantage, remonter dans ma salle avec elle, prendre le temps de l'écouter. Et si son père vient la chercher pour ce congé?

Mais je ne pouvais pas. J'ai peur de tout mélanger, c'est trop grave, je ne peux pas faire n'importe quoi. Son regard blessé me poursuit. Le regard de mon père est braqué sur moi. Je tremble, la peur m'habite toute. Je m'arrête dans un champ. Je dois reprendre mes esprits.

Trois jours à attendre pour agir! Trois jours pour réfléchir. Je marche en parlant toute seule. Je vais en discuter avec les amis chez qui je dois passer ce congé. Ils sont rééducateurs comme moi dans un GAPP *, ils pourront m'aider. Et lundi prochain, il y a le groupe Balint. J'en parlerai aussi. Je me calme un peu, je repars vers la ville, vers ma fille.

J'avais décidé de témoigner sur l'inceste, de déchirer le voile, de violer le silence, de prendre tous les risques. J'avais décidé mais n'avais encore rien fait. Pendant trois jours je ne pense qu'à ça, ne parle que de ça. Mon histoire me revient par vagues brûlantes.

A mon retour, Aline est là, elle veut me parler. Elle monte avec moi, s'assied en face de moi, elle commence à raconter « sa peur qu'il recommence ».

« S'il recommence à vouloir coucher avec moi, qu'est-ce que je vais faire? Est-ce que je vais crier? c'est mon papa, je dois lui obéir, et s'il se met en colère, toujours il crie. J'ai peur, et si la porte est fermée je

* Groupe d'aide psycho-pédagogique : institution pédagogique spécialisée travaillant au sein de l'école, dans un but de prévention et d'adaptation. Il est composé d'une équipe de plusieurs personnes : un psychologue, un ou plusieurs rééducateurs.

ne pourrai pas me sauver, je ne peux pas la casser. Je n'ai pas assez de force. Et même si je me sauve, la nuit, où je peux aller? Je ne sais pas où aller, j'ai peur qu'il recommence.

Je sais qu'un papa ne doit pas faire ça, il ne doit pas dire des choses comme il me dit : « Ma chérie et tout ça. » Mon papa dit qu'il m'aime et quand je serai grande il me construira une maison et je vivrai avec lui. Mais c'est le chéri qui dit ça, pas le papa, je l'ai vu à la télévision. Je pense toujours à ça. J'ai peur, toujours. Je pense toujours à ce qu'il m'a fait dans le lit, la nuit. Je voudrais bien penser à autre chose, comme mes copines, mais je ne peux pas.

Un jour, je me suis dit : « Ce serait bien si on pouvait changer de mémoire, mais ce qu'il y a de plus terrible dans la vie, c'est qu'on ne peut pas changer de mémoire. »

La petite continue son monologue. Je suis tendue à l'extrême. Mon cœur va éclater. Jusqu'où va-t-elle aller? Elle reprend : « Tu as vu mes yeux? regarde bien mes yeux comment ils sont. Eh bien, mes yeux ils sont comme ça à cause de ce que mon papa et ma maman m'ont fait. Ça ne devrait pas être permis de faire tout ça à une petite fille, ça devrait être interdit.

J'ai même vu, à la télé, deux dames qui tiraient un enfant chacune de son côté, parce qu'elles le voulaient toutes les deux, comme si c'était une poupée de chiffon. Une poupée on peut la déchirer, mais un enfant heureusement ça ne se casse pas. Les grands, ils sont fous, ils ne devraient pas faire ça. »

Elle dit toutes ses peurs, sa solitude effrayante, l'insécurité permanente, avec tant de lucidité, de vérité. J'en suis abasourdie, abrutie. Mais je me reprends, il faut l'aider, je suis là pour ça.

J'essaie de trouver autour d'elle des visages rassurants : la nourrice, l'assistante sociale qu'elle voit de temps en temps. Et moi, nous jouons ensemble toutes les deux depuis six mois. Elle dit qu'en effet, ces trois-là l'aiment bien mais qu'est-ce qu'elle peut faire seule en face de son papa?

Trois jours après nous nous revoyons. Elle a dû en parler avec sa nourrice car elle est très en colère contre son père. Elle est moins paniquée.

Elle dit qu'il devrait aller en prison à cause de ce qu'il lui a fait, comme ça il comprendrait qu'il n'avait pas le droit de lui faire ça. Et si les gendarmes lui demandent, elle racontera tout ce que son papa lui a fait la nuit, dans le lit. Elle s'en fiche, s'il va en prison. Il l'a mérité.

Elle a vu l'assistante sociale mais il ne faut encore rien lui dire. Elle a conscience que c'est dangereux. C'est un secret entre nous, je ne dois pas en parler parce qu'elle ira en prison avec son papa.

Je la rassure, lui explique la loi, le rôle de l'assistante sociale. Je dois lui expliquer longuement ce que veut dire « protéger ». Elle ne comprend plus ce mot-là.

J'ai téléphoné à l'assistante sociale de la Sauvegarde. Il y a une réunion où j'explique son cas à toute l'équipe.

« Il faut être prudent, les enfants racontent souvent des histoires, des fantasmes, des rêves. On ne peut pas croire ce que dit un enfant! » Je maîtrise ma colère. Comment douter devant la panique de cette fillette-là? Je suis sûre qu'il s'est passé quelque chose mais je ne peux dire quand, ni quoi. Il faut s'informer habilement, voir le père, la nourrice. En vingt ans de travail avec les enfants, je n'ai jamais rencontré ce problème.

L'enquête prouvera la véracité des paroles d'Aline. On la mettra à l'abri des agissements de son père.

Mais elle cherche toujours un moyen de se débarrasser de la nuit qui la hante. Nous décidons de fabriquer un cahier de secrets où j'écris ce qu'elle me dicte, nous l'enfermons dans un coffret à clé, et elle cache la clé pour que les autres enfants ne la trouvent pas. Elle a beaucoup d'histoires à jouer où elle se répare à son rythme. Elle se détend, se rassure.

Au contraire, pour moi, tout se tend. J'ai sauté dans mon histoire, sur un cahier d'écriture. Elle m'a dicté ses secrets. Je retrouve les miens au fil des pages, la peur du père intacte, et ma nuit noire avec toute sa violence.

Rien que du silence noir

Pour Marie, tout s'était passé hors du langage, hors les mots. Il avait couché avec sa fille. Il avait fait l'amour avec ellc dans le silence de la nuit, sans bruit.

La poupée bâillonnée n'avait pu crier, ni parler : pas un mot, le silence total, lourd, épais, solide comme les murs d'une prison. Le silence absolu, rien que du silence noir.

Elle aimait son père si tendre, mais son père s'était couché sur elle, il avait plongé dans son corps. Le sexe dur de l'homme sur le corps doux et neuf, avait provoqué la panique absolue, partout. Dans sa tête, surtout.

Elle savait qu'il ne fallait pas, pourtant elle n'avait pas bougé, elle était paralysée. Elle était devenue statue de pierre. Elle avait quitté son corps. Elle lui avait juste laissé son corps vide. Elle s'était enfuie ailleurs. Le matin, quand elle s'était réveillée, elle avait en elle un énorme trou noir. Elle était dans leur lit, à la place de sa mère. L'irréparable, l'impossible avait donc eu lieu en elle, cette nuit. Il était donc arrivé cette chose horrible. Une chape de plomb était tombée sur ses épaules.

La culpabilité l'avait saisie, envahie toute. Si sa mère l'apprenait. Elle avait usurpé sa place. Il fallait cacher cette honte, la camoufler, l'enfouir au fond d'elle-même, faire comme si, vite remettre ses habits de jeune fille sage, sérieuse, rangée, souriante, redevenir la gentille Marie. Vite, reprendre son rôle d'aînée. Sa mère allait rentrer : vite faire les lits, refaire le lit conjugal, le lit où elle était née, le lit où elle avait vécu cette chose immonde. Vite tout cacher, sa chemise souillée, la laver, vite... Sa mère allait rentrer.

Vite remettre le masque de la fille solide, capable d'assumer un rôle de mère auprès des frères et sœurs.

Sa mère était rentrée parlant de la cadette hospitalisée. Marie avait été gentille avec elle, trop gentille, tellement serviable et sa mère l'avait sans doute félicitée. Le repas était prêt, le bébé propre, soigné. Sa mère se réjouissait d'avoir une aînée aussi extraordinaire. Elle était la récompense à tous ses sacrifices, elle l'aimait parce qu'elle était capable de la remplacer, déjà une femme..., elle serait une bonne mère.

On pouvait lui faire confiance à cette grande fille, tellement raisonnable depuis toujours. Elle avait repris le costume, le masque pour se faire aimer de sa mère.

Mais tout de suite une idée s'était glissée dans sa tête, en même temps qu'une bête horrible se glissait dans son ventre. Si son père avait fait ça elle attendrait un bébé. Tout le monde le saurait. On la jetterait dehors. Son avenir était brisé, on la montrerait du doigt, tous ses projets étaient anéantis. Elle ne ferait jamais ce métier dont elle avait tant rêvé. Tout s'écroulait; elle découvrait l'ampleur du désastre. Vite, il fallait faire quelque chose, l'angoisse l'anéantissait; elle allait mourir de peur. Elle échafaudait des plans, elle cherchait une issue comme un animal enfermé dans un piège. Elle continuait de chercher parce qu'elle allait bientôt mourir. Elle n'avait pas trouvé de solution. La seule issue possible, mais hasardeuse, était de faire mourir le bébé monstrueux qui croupissait dans son ventre en ne le nourrissant plus. Elle ne mangerait plus, ainsi il finirait bien par crever. Il fallait tuer l'intrus, c'était devenu une obsession car elle sentait que le bébé-monstre pouvait vivre en la dévorant. Cette bête lui mangerait les entrailles, creuserait une caverne dans son ventre qui deviendrait un gouffre. Un bébé. Elle ne savait pas bien comment on faisait les bébés. Elle n'avait pas voulu savoir. Elle ne voulait rien savoir du ventre des femmes, elle ne voulait pas avoir un ventre de femme, elle n'avait pas eu de règles pour cela, mais là, à qui demander? Comment dire?

Que pouvait-elle faire contre la pieuvre qu'elle sentait se glisser partout en elle, gluante, collante, dégoulinante?

Non!... elle n'en voulait pas. La force de son refus suffirait peut-être à l'éliminer. Elle avait entendu les couturières parler d'histoires honteuses, de filles qui avaient « couché » et eu un bébé. Sa honte à elle était plus grande encore, elle ne pourrait la cacher. Elle serait un gouffre vivant, rongé par une pieuvre noire. Elle voyait ses yeux jaunes qui lui donnaient la chair de poule.

Non! elle rêvait. C'était juste un horrible cauchemar. Bientôt, elle allait se réveiller et redevenir la sage Marie, pure, propre, sérieuse, que tout le monde estimait. Non, rien de tout cela n'était vrai. Elle devait se réveiller. La vie devait reprendre son cours. Comme avant, elle continuerait ses études, elle deviendrait une personne indépendante, elle aurait une vie passionnante comme un homme. Elle ne voulait pas de ce bébé-monstre qui lui dévorait le ventre. Elle ne mangerait plus. Surtout ne pas le nourrir. La nourriture était devenue son ennemie principale. Il lui fallait inventer des ruses incroyables, en pension, pour ne pas manger, pour cacher sa maigreur.

Non, son père ne l'avait pas « prise », elle réagirait, reprendrait le cours de sa vie, personne ne l'abattrait, personne ne l'empêcherait d'arriver au but qu'elle s'était tracé. Elle sentait en elle une force nouvelle qui grandissait alors que son corps diminuait en poids. Sa tête était devenue incroyablement lucide. Elle pensait sans arrêt, elle s'accrochait à ses pensées. Elle combattait avec sa tête le monstre qui s'était installé, malgré elle, dans son ventre, à cause de son père.

Elle savait qu'elle en viendrait à bout, seule! Elle ne pouvait en parler à personne. Elle devait affronter cette épreuve seule, dans le silence le plus total. Ça se passait dans son ventre et si elle mettait des mots dessus ça déclencherait un cataclysme. Elle ne pouvait pas être la cause de la fin du monde. Elle était l'aînée de six enfants, cette responsabilité lui collait à la peau.

Elle savait tout faire des gestes d'une mère de famille; elle avait été bien dressée et depuis si longtemps déjà, qu'elle le faisait avec une efficacité surprenante, une rapidité de mère de douze enfants. Elle travaillait vite pour retrouver ses bouquins, elle aimait lire. C'était sa vie à elle, sa vie secrète, la seule où sa mère ne pouvait s'immiscer, car Hélène avait été retirée de l'école à douze ans.

Sa mère ne lisait pas de romans, elle n'avait pas le temps avec six enfants. « Vous n'y pensez pas, jamais une minute pour souffler. » Elle ne s'accordait jamais de repos. Quand elle avait du temps, elle cousait des vêtements pour ses enfants dans de vieilles nippes que les gens lui donnaient. Elle savait vous faire une robe d'enfant dans un pantalon d'homme. Bien sûr, le gris n'était pas idéal pour une petite fille, ce n'était pas joli joli mais quand on est pauvre, il faut aussi porter sa pauvreté sur le dos, avec dignité. En tout cas, c'était propre et chaud!

Heureusement en pension on portait une blouse qui cachait ces habits tristes.

Mais sous la blouse le monstre était toujours là. Dès qu'elle sortait des cours, elle y pensait, elle n'entendait plus les bavardages de ses amies, elle était dans son ventre, elle guettait le moindre signe. Elle attendait le sang rouge qui lui annoncerait que son plan avait réussi. Le sang rouge dont elle n'avait pas voulu, elle suppliait Dieu et tous les saints du ciel de le trouver au fond de sa culotte pour que la honte lui soit épargnée. Elle vivait noyée de honte, imprégnée, pétrie de honte.

Bien sûr, aux vacances de Noël, tous les voisins avaient été effrayés par sa maigreur; elle ressemblait aux gens qui étaient revenus des camps de concentration. Tout le monde parlait à sa mère de ses yeux cernés, de ses joues creuses. Elle aurait voulu disparaître sous terre, elle voulait quitter ce village, tout le monde saurait, on la montrerait du doigt. Elle serait la honte de sa famille, sa mère allait la tuer quand elle apprendrait, et sa grand-mère!... Elle ne pouvait plus être la petite fille de cette grand-mère qui parlait d'elle en termes élogieux devant les belles dames parfumées qui venaient essayer des robes de satin et de mousseline, à l'atelier.

Le docteur ne comprenait rien, décalcification grave, son dos la brûlait, ses dents se déchaussaient, son corps n'était plus que douleur, mais son ventre, que se passait-il dans son ventre? Elle ne savait rien. Elle avait peur du docteur. Lui, allait percer son secret avec toutes ses connaissances. Elle répondait par oui, par non aux questions, elle tirait la langue, tendait le bras pour la tension. Elle était comme une poupée, elle disait tant de choses avec ses yeux mais il ne comprenait rien, personne ne la comprenait plus. Sa mère disait qu'elle avait peur de cette lueur étrange dans ses yeux. On la traitait bizarrement, comme jamais personne ne l'avait fait. Elle errait seule sur des rivages inconnus, elle passait de longues journées à penser, assise sans bouger, et de longues nuits blanches à rester les yeux ouverts, à ne plus rien savoir, ne plus rien comprendre de ce qui lui arrivait. Elle se rappelait seulement qu'elle ne devait plus manger, plus jamais! Ne pas céder à sa mère, au chantage, aux supplications, aux larmes de sa mère, tenir bon, ne pas céder.

Elle y voyait mal, elle n'arrivait plus à lire. Ses livres de classe restaient là, tristement abandonnés dans un coin, on n'avait pas voulu la renvoyer en pension. Son avenir!... elle avait tout gâché à cause de son père, parce qu'elle n'avait pas osé, parce qu'elle n'avait pas su lui désobéir. Elle avait été dressée à la soumission, à la maison, à l'école, en pension. Elle avait l'obéissance dans la peau. Elle ne s'était pas sauvée, elle n'avait pas dit non. Maintenant, elle était perdue. Comment sortirait-elle de ce piège? Elle ne pouvait plus manger. La vue, l'odeur de toute nourriture lui donnaient la nausée. Elle était perdue pour la vie, elle ne savait pas dans quel gouffre elle glissait, comment se retenir, les bords étaient si lisses. Marie devenait folle, rien ne l'intéressait plus, plus rien que de rester sans bouger dans le silence.

Des pas dans l'escalier. C'était le médecin, il avait l'air soucieux. Il avait parlé d'hôpital. L'hôpital, on allait la mettre à l'hôpital. Là, ils découvriraient son secret, elle avait peur, si peur de tout ce qu'on pouvait lui faire là-bas. L'hôpital? les livres, ses études? Tout se mêlait dans sa tête.

Sa mère avait supplié d'essayer encore une semaine. Elle voulait sauver sa fille, elle ne voulait pas s'en séparer, elle réussirait à la convaincre, elle promettait au docteur l'impossible. On essayait un nouveau traitement, de nouvelles piqûres, encore des piqûres, elle se laissait faire. A ce moment-là, elle n'était plus dans son corps, elle était absente d'elle-même. Le monde ne l'atteignait plus que comme assourdi, au travers d'un nuage cotonneux.

Elle avait cédé à sa mère, elle avait avalé quelque chose. Elle avait rouvert les yeux sur le monde, elle avait accepté de sortir faire une promenade avec son grand-père.

Elle reprenait légèrement vie. Elle avait oublié pourquoi elle se battait ainsi. Le monstre, personne ne l'avait vu, le médecin ne l'avait pas trouvé dans son ventre. Alors, c'est qu'elle l'avait tué, qu'il était mort.

Elle pourrait vivre, reprendre ses rêves un à un, se remettre à lire, retourner en pension, avoir son bac. Elle rééduquerait son estomac qui ne supportait plus rien. Une tante qu'elle aimait bien voulait l'emmener un mois au bord de la mer pour l'aider à reprendre des forces. Elle emporterait des livres, elle étudierait sur la plage. Les forces qu'elle avait employées à tuer le monstre, elle les utiliserait pour étudier, pour réussir sa vie, pour être encore la première.

Comme un porte-malheur

> *J'ai parfois l'impression que je n'ignore rien de la honte : je suis souillée. J'ai la lèpre, celle de l'âme.*
>
> Michelle Morris

Elle avait repris vie. Elle travaillait avec l'énergie d'un survivant qui a échappé à un tremblement de terre. Elle avait un courage et une énergie à déplacer des montagnes. Elle dormait peu, travaillait, lisait la nuit. Elle avait manqué six mois en classe de seconde, elle les avait suppliés de la laisser passer en classe de première pour ne pas être privée de sa bourse; maintenant elle devait prouver qu'elle en était capable. Mais quelque chose dans son cerveau ne fonctionnait plus aussi bien. Elle avait comme perdu le sens de la chronologie, sa mémoire devenait rebelle. En histoire, les dates ne s'inscrivaient plus comme avant. En mathématiques, elle ne comprenait plus rien, elle ne voyait pas dans l'espace. Elle était comme égarée dans l'espace et le temps. Il lui fallait travailler beaucoup plus. Avait-elle perdu son intelligence dans ce drame? Pourtant son père s'était attaqué à son corps, non à sa tête, mais pendant ces longues nuits blanches, sa tête avait connu l'errance des rêves fous du désespoir.

Elle avait finalement eu son bac. A dix-neuf ans, elle s'était retrouvée institutrice, seule devant une quarantaine d'enfants, sans aucune préparation pédagogique. Elle avait tenu bon. Elle, si timide, avait réussi à tenir cette classe bouillonnante de vie, et d'idées, mais ce n'était pas satisfaisant. Alors l'année suivante, elle avait fini de rembourser ses études, elle était partie dans une institution de sourdes. Avec ces douze fillettes qui apprenaient à parler, Marie se sentait bien, comme de la même famille. Bien sûr, elle se retrouvait isolée face à ce groupe qui communiquait hors des mots. La directrice avait interdit les gestes, Marie n'avait pourtant pas le cœur de leur défendre la communication gestuelle, c'était leur lien. Elle tolérait donc le langage des signes dans sa classe.

Elle aimait ce travail, inventait des méthodes, improvisait, jouait. Pour apprendre les conjugaisons, elles montaient au dortoir : se brosser les dents, se coiffer... Avec une collègue, elles bougeaient beaucoup trop, selon la directrice. L'école devait se faire entre les quatre murs de la classe, pas ailleurs.

La deuxième année, elle avait dans sa classe la fille d'un riche bijoutier de la ville et Monique, issue d'une nombreuse famille du sous-prolétariat. Monique avait de grands yeux bleus, mais c'était la pouilleuse. Quand elle revenait de vacances, on l'inspectait des pieds à la tête. Une religieuse venait enseigner le catéchisme dans la classe de Marie, qui avait remarqué combien celle-ci était injuste avec Monique. Elle lui posait des questions trop vite, en articulant mal; la gamine savait sa leçon mais elle ne comprenait pas ce qu'on lui demandait. L'enjeu était le droit de faire sa communion privée. Marie avait surpris des bribes de conversation entre les sœurs, et elle avait compris qu'elles cherchaient à empêcher une rencontre à la chapelle entre les distingués bijoutiers et l'énorme mère de Monique qui exhibait sa pauvreté. De toute façon, Monique était incapable de faire sa communion cette année. Marie avait prouvé à la sœur, devant la classe, que l'enfant savait son catéchisme, il suffisait d'articuler correctement les questions. Marie ne pouvait supporter qu'on humilie ainsi une élève intelligente, seulement parce qu'elle était pauvre. Toutes les vexations subies ces dernières années lui remontaient à la gorge. Comme il y avait beaucoup à dire sur les traitements que subissaient ces fillettes dans l'institution, elle était allée voir l'évêque pour lui en parler. Puis elle était partie en Algérie, elle quittait les couvents, les religieuses pour toujours, avec la rage contre les curés, les bonnes sœurs et la religion catholique.

A cette époque, elle riait, se grisait de liberté. Elle avait l'air d'une jeune fille comme les autres, mais la honte enfouie n'était jamais oubliée, surtout pas dans les bras d'un garçon. S'il allait deviner, il la rejetterait comme un porte-malheur, elle le savait. Elle vivait avec son secret qui lui gâchait ses émois. Elle n'en laissait rien paraître. Elle flirtait parce qu'elle savait qu'au bout il y aurait une vraie rencontre avec un homme, une confrontation terrible avec la honte. Pour l'instant, il suffisait de changer de partenaire quand ça devenait trop sérieux.

Elle fut attirée par un certain Jean. Ils se disaient des mots doux, sortaient ensemble. Elle avait même été présentée, accueillie dans sa famille. Ils allaient vraiment se « fiancer ». Devant la bague au doigt elle avait fui le danger. Elle ne pouvait pas encore affronter le mariage, la nuit de noces. Elle avait rompu brutalement avec lui. Il était malheureux, il ne comprenait rien. Personne ne comprenait son attitude étrange. Elle ne pouvait dire, rien expliquer. Elle ne l'aimait plus avait-elle dû dire.

Il lui fallait mentir pour défendre son secret. Ce jeune homme était sérieux, honnête, sa famille aussi. Elle se sentait sale, honteuse et impure. Elle n'avait pas le droit de porter une robe blanche. Son père l'avait souillée, noircic à jamais.

Elle était une femme maudite. Si elle disait la vérité, elle ferait fuir ses amis... elle serait perdue. Elle faisait semblant d'être comme les autres jeunes filles de vingt, vingt-deux, vingt-quatre ans parce qu'elle se savait condamnée.

Elle vivait au jour le jour, demain elle serait peut-être morte. Elle travaillait, vivait la grande aventure de la vie qu'elle avait rêvée. C'était déjà beaucoup.

Regarde, c'est une fille!

Elle avait tellement gardé le secret enfoui en elle-même que son corps le défendait maintenant. Elle ne savait pas réellement ce qui s'était passé entre le moment où son père s'était couché sur elle et l'horrible réveil du lendemain. Il y avait le trou noir, et toujours pas de règles. Sa mère l'avait traînée chez les médecins pour normaliser ce corps de fille silencieux, qui ne voulait rien laisser échapper de la terrible vérité, pas même quelques gouttes de sang.

Les traitements hormonaux permettaient de « faire semblant » d'être une femme comme les autres. Après chaque traitement, son corps se taisait. On lui répétait de faire quelque chose car son ventre ne fonctionnait pas. Elle ne pourrait pas avoir d'enfant. Elle était stérile. Ses organes étaient ceux d'une fillette de treize ans. Ils avaient dix ans de retard. Ils s'étaient arrêtés dans leur développement.

Dans un hôpital parisien, elle avait osé raconter à un médecin ce qui s'était passé avec son père parce qu'il avait un visage humain. Mais juste après, elle s'était retrouvée écartelée, les pieds dans les étriers, avec une dizaine d'apprentis-médecins autour d'elle. On parlait d'elle comme d'un cas intéressant, on racontait son histoire et on lui proposait d'aller voir dans son ventre avec un appareil. On ne pouvait faire de diagnostic sans une célioscopie et beaucoup d'autres examens. Elle avait envie de hurler. Elle avait accepté, pris rendez-vous pour l'opération, signé tous les papiers. Vite, vite, elle voulait s'enfuir de ce lieu trop blanc, rempli d'instruments de torture.

Elle se sentait trahie, dépossédée. On allait lui ouvrir le ventre pour y découvrir son secret. Non, elle ne reviendrait jamais ici. Elle préférait ne pas avoir ses règles, ne pas avoir d'enfant, garder son ventre silencieux.

Une collègue lui donna l'adresse d'une gynécologue parisienne qui était aussi neurologue. Elle avait fait une dernière tentative vers le monde en blanc. Elle avait rencontré une femme tout à fait extraordinaire, avec une qualité d'écoute douce comme un baume qui guérissait déjà les blessures. Le Docteur M... lui avait dit : « Que votre père vous ait réellement pénétrée ou non, quoi qu'il ait fait cette nuit-là, vous avez réellement vécu un viol, vous pouvez accuser votre père de viol, les dégâts sont importants »; mais elle avait aussi prononcé des paroles d'espoir, et reconnu la force de l'amour. Puisque Marie allait partir en Afrique avec l'homme qu'elle aimait, elle devait cesser de prendre des médicaments, de penser qu'elle était anormale, elle devait vivre son amour et faire confiance à la vie. Ces paroles l'avaient touchée d'autant plus que l'homme qu'elle aimait était marié, père de deux enfants, et que contrairement aux autres, cette gynécologue ne l'avait pas blâmée, ni traitée de sorcière. Elle avait été une bonne fée sur son chemin.

L'été suivant, elle avait constaté une évolution vers

la vie dans le ventre de Marie. Elle avait prononcé d'autres paroles d'espoir. Elle avait ajouté, en souriant, qu'elle n'avait pour l'instant vraiment pas besoin de contraception. Cette femme l'autorisait à vivre un amour que la société lui interdisait. Et l'année suivante, le miracle s'était produit. Elle avait commencé à vomir, à maigrir sans raison. Elle avait dû attraper un virus africain. Une vieille femme noire lui avait dit, la veille, qu'elle était enceinte, mais elle avait ri, car elle savait que son ventre ne pouvait pas porter de fruit. Comme les vomissements duraient elle était allée voir le médecin, un pasteur américain à l'allure de géant, qui lui avait dit : « Vous êtes peut-être tout simplement enceinte, laissez-moi vous examiner. » Elle lui avait raconté les diagnostics de stérilité, la courbe de température aussi plate qu'une plaine de la Beauce, les règles pratiquement inexistantes. Mais il avait annoncé d'un air solennel : « Madame, vous êtes enceinte de deux mois. » Quel miracle s'était produit puisqu'un enfant de l'amour vivait dans son ventre? Son ventre mort était capable de donner la vie. Elle allait être mère, elle était donc une femme, une vraie femme?

Ils s'étaient aimés si fort qu'ils avaient vaincu le destin, réveillé ses ovaires et fait un enfant sans le savoir. C'était une vraie révolution. Elle avait vécu en pensant qu'elle ne serait jamais mère, elle avait apprivoisé cette idée en trouvant mille autres bonnes raisons de vivre et aujourd'hui un médecin lui annonçait qu'un tout petit bébé vivait en elle, à son insu.

L'impossible s'était réalisé. Il fallait s'habituer à cette idée. Elle allait avoir un enfant, elle. Comment serait-ce possible? Elle n'y croyait pas encore. Mais le monstre-bébé de son père qui avait failli la tuer, qu'elle avait réussi à anéantir, se réveilla tout à coup. Un fantôme menaçant planait sur le petit bébé vivant dans son ventre. Une angoisse horrible l'empoigna. Et si elle accouchait d'un enfant anormal? Elle eut peur jusqu'au jour où un geste symbolique la délivra du fantôme monstrueux. Alors elle pensa à un beau bébé tout rose, elle rêva d'une petite fille. Elle l'appellerait

Zoé, elle serait vivante, drôle, joyeuse puisqu'elle était un vrai cadeau de la vie, le plus beau cadeau qu'on ait jamais pu lui faire.

Elle avait écrit la bonne nouvelle à la gynécologue parisienne, elle la remerciait parce qu'elle avait permis le miracle. Elle était si heureuse de lui annoncer qu'à sa prochaine visite elle arriverait avec un ventre tout rond, plein de vie. Elle irait lui montrer le beau bébé qui bougerait en elle. Elle avait envie d'embrasser cette femme, elle l'aimait tout à coup plus que sa mère, qui la maudirait. Comment sa fille pouvait-elle faire une chose pareille, briser un foyer, la vie d'une femme et de deux fillettes? Elle était pire qu'une traînée, en effet, elle mettait fin à tous ses rêves de mère. Elle l'avait imaginée mariée à un bel homme honnête qui aurait une situation. Elle y avait droit, elle avait son bachot. Au village, les filles ne faisaient pas d'études. Sa mère avait fait tant de sacrifices pour qu'elle réussisse et maintenant sa fille gâchait tout en partant à l'aventure, sans travail, avec ce père de deux enfants, juif par-dessus le marché. C'en était trop... Elle ne voulait plus la voir.

Et maintenant Marie devait apprendre à Hélène qu'elle attendait un bébé, qu'elle serait fille-mère. La honte absolue. Elle n'était pas pressée d'annoncer cette nouvelle car elle connaissait sa réaction par cœur. Elle entendait déjà ses lamentations, elle lisait déjà sa réponse. Ce serait pour plus tard. Non, elle avait envie de se laisser aller à la joie inattendue d'avoir un enfant, d'être une femme, et elle l'annonçait à la gynécologue qui l'avait autorisée à exister comme elle était, à aimer qui elle voulait.

Quelques semaines plus tard, une lettre était arrivée de France, écrite par une autre gynécologue qui disait que le docteur M... était décédée à la suite d'une longue maladie et qu'elle lui proposait de la recevoir à son retour en France. Marie se sentit orpheline tout à coup. Elle pleura cette femme qu'elle connaissait si peu mais qu'elle avait sentie si proche, et qui ne saurait jamais qu'elle avait permis la naissance de l'enfant de l'amour. Elles ne partageraient jamais cette joie, cette victoire de la vie sur la mort.

Pendant sa grossesse, elle avait été rayonnante d'énergie, de vitalité. Elle se sentait reliée à la terre, aux arbres, aux plantes, aux autres femmes, à l'humanité entière. Quel bonheur de porter la vie en soi. Elle avait accouché au fond de l'Afrique dans un hôpital de brousse. Elle n'avait pas peur, elle se sentait animale, elle avait envie de grogner, de crier, elle avait envie d'être seule avec cette révolution dans son ventre. Elle pensait aux femmes indiennes qui vont accoucher seules dans la forêt et reviennent avec leur bébé. Elle espérait que ce serait une fille.

« Regarde, c'est une fille... » Le père de l'enfant, son compagnon, avait crié de joie alors que son ventre n'était plus qu'un cataclysme de douleur. Elle avait vu son bébé, sa fille bien vivante qui criait.

Plus tard, Marie s'était retrouvée seule avec Zoé qu'elle regarda, examina; Zoé était bien entière, normale. Mais pourquoi ses yeux étaient-ils si bridés?

Le fantôme du monstre se glissa une dernière fois dans sa tête. Elle était peut-être mongolienne. L'angoisse l'étreignait à nouveau, faisait basculer sa joie dans un gouffre noir. La punition planait dans sa tête, si présente.

Ce n'était qu'une idée noire sans réalité. Sa fille était un vrai beau bébé comme celui dont elle avait rêvé, un beau fruit de l'amour.

Elle est devenue une belle jeune fille de quinze ans. Un jour, elle saura la vérité de sa mère. Pas encore, plus tard, quand elle sera plus forte, plus solide, quand elle sera une femme. Un jour, elle lira toutes ces pages.

Ce bébé gâchait tout

Hélène allait être mère sans connaître autre chose que les larmes de la révolte muette. Elle avait besoin qu'on la berce, qu'on la protège, qu'on l'embrasse, qu'on la caresse. Elle ne savait rien de tout ce qui est maternel. Rolande, sa mère, était dure et sèche. Ce bébé, elle n'en voulait pas maintenant, pas si tôt, pas si vite, elle avait droit à un peu de bonheur. Mais la vie poussait dans son ventre, elle n'y pouvait plus rien. Elle enfanterait dans la douleur. Rolande le lui avait bien dit.

Cette nuit-là, le docteur était pressé, il avait déjà trop attendu, il avait sommeil, il voulait partir. Il lui a fait une piqûre pour accélérer la naissance. Le bébé s'est mal présenté, il a déchiré la mère qui a hurlé de douleur. Leur histoire d'amour commençait mal. La femme ne voulait pas de cet enfant qui criait... Son ventre, son sexe n'étaient que douleur et maintenant ses seins durs, trop chauds lui arrachaient des cris. Chaque tétée ressemblait à un supplice. Le bébé « buvait autant de sang que de lait » car la mère avait des abcès aux seins. Elle dut cesser de nourrir son enfant. La torture prit fin mais Marie ne l'entendait pas ainsi; elle se mit à vomir tous les laits qu'on lui présentait.

Son père courait en vélo, de pharmacie en pharmacie, avec des tickets en poche, à la recherche du lait qui conviendrait à ce nourrisson vraiment difficile qui leur empoisonnait une existence commune à peine commencée. Qu'allaient-ils faire de ce bébé hurlant?... Était-ce cela une vie d'adulte?... fonder une famille? Où étaient leurs rêves de bonheur?... ce qu'ils s'étaient promis dans leurs lettres d'amour?

Ce bébé gâchait tout par ses cris, ses vomissements, ses diarrhées... et puis c'était une fille. C'était en 1942, par un hiver glacé de guerre, au mois de février.

La petite avait grandi, elle était fragile. Sa mère s'en plaignait aux voisines. Elle lui avait encore fait une bronchite, une angine, mais cette fois c'était sérieux, elle était toute rouge, une telle fièvre – 41° et 7 dixièmes. Sa petite fille allait mourir. Prise de panique, elle avait couru vers la chapelle supplier la Vierge de quoi?... de la débarrasser de cet enfant-là ou bien de lui en donner un autre plus conforme à ses espoirs? Elle avait prié la Vierge, Dieu, tous les saints, de la sortir de l'horreur qu'elle vivait en permanence depuis cette naissance. Et puis, elle était revenue, elle avait emporté l'enfant chez le docteur qui avait diagnostiqué une congestion pulmonaire et donné des remèdes.

Elle avait soigné son enfant, ça elle savait le faire, elle redevenait importante à ce moment-là. Elle avait une raison d'exister. Elle sauvait sa fille, elle était une bonne mère aux yeux de tous, elle méritait des compliments, elle savait donner des soins, elle aurait dû être infirmière. Le docteur la félicitait chaque fois parce qu'elle était vraiment efficace, précise, elle faisait prendre les médicaments à l'heure, elle n'oubliait rien. Elle pouvait montrer enfin ses qualités de rigueur, comme sa mère qui taillait si bien les vêtements.

Dans sa vie, deux hommes reconnaissaient son mérite, c'étaient le docteur et le curé. Tous deux vantaient ses qualités de dévouement et de courage devant les épreuves. Elle serait une sainte, elle aurait pu être une bonne infirmière. Elle avait souvent besoin qu'on le reconnaisse. C'était facile car sa fille était tout le temps malade. Pourtant elle la couvait, elle la couvrait bien, elle lui avait même fait un manteau de lapin blanc. Son père sabotier lui avait fait des petits sabots fourrés de lapin. Cette petite fille, elle avait tout. Pourquoi était-elle toujours malade à leur gâcher la vie?

Elle l'habillait bien, elle aimait qu'elle soit jolie, tout le monde lui disait qu'elle était jolie, qu'elle avait de beaux cheveux. Elle l'habillait comme une poupée et tout le monde admirait cette jolie petite fille aux cheveux bouclés, vêtue de rose. Elle en était fière, mais elle racontait à tous le mal qu'elle lui avait donné, toutes les maladies, toutes les angoisses : les nuits où il fallait se lever pour changer les draps parce qu'elle avait encore vomi. Elle lui en donnait du travail, c'était incroyable!

La petite était assez docile mais elle se manifestait parfois avec une force qui dépassait l'entendement. Un jour de fête, sa mère l'avait habillée d'une robe de fine dentelle rose – un cadeau qui venait d'une famille parisienne – et tout le monde s'était exclamé : « Oh! on dirait une poupée. Incroyable mais c'est une vraie poupée. » La petite avait attiré tous les regards.

Le soir, elle n'avait pas voulu se déshabiller. Elle avait hurlé, échappé aux mains de sa mère, de son père, de sa tante. Ils s'étaient mis à plusieurs adultes pour lui enlever la robe de dentelle rose. Personne ne comprenait : une poupée si gentille et docile pouvait donc devenir un tel démon? Cet exploit, elle l'avait raconté à tout le monde. Sa petite fille si fragile avait été capable d'une colère de géant.

Entre Hélène et Rolande

Ah! les genoux de mon père, qu'il y faisait doux! C'était chaud comme un nid. Il la faisait sauter sur ses genoux, il la câlinait, il l'embrassait dans le cou, sur les joues, il l'entourait de ses grands bras. Son père était son refuge, avec lui elle oubliait tous ses chagrins, l'existence de son petit frère, ses petites sœurs, les gifles de sa mère, la voix dure de sa mère qui grondait, rabrouait, se moquait.

Lui, il savait être tendre. Sa voix était douce. Il savait prendre le temps de la tendresse.

Elle, sa mère, n'avait pas de temps pour calmer, cajoler, elle avait trop à faire. Elle avait les mains pressées, elle frottait trop fort avec le gant, elle tirait les cheveux avec le peigne ou la brosse. Il n'y avait aucune douceur en elle, rien que de la rage, la rage d'avoir tous ces enfants, la rage que donne l'engrenage des naissances, de la pauvreté, des soucis quotidiens, d'être mère de famille nombreuse et de ne même plus pouvoir rêver à être musicienne ou princesse, parce que les enfants ça crie, ça fait du bruit, ça bouge, ça vous dérange sans arrêt, ça fait pipi, caca! Oh! toutes ces bouches à nourrir! toutes ces pommes de terre à éplucher, toutes ces couches à laver, le balai à reprendre trois fois par jour, la vaisselle après chaque repas, la poussière à chasser de partout. Être mère six fois, ça ne vous laisse pas le loisir de caresser vos enfants. Juste le baiser du soir sur la joue : « Bonsoir maman! » Un baiser rapide qui ne s'attarde pas, avec des lèvres sèches.

Avec six enfants, elle ne pouvait pas se laisser aller à dorloter, elle ne pouvait pas, surtout parce que sa mère à elle ne l'avait jamais câlinée. Aînée de quatre enfants, très tôt Hélène avait épluché les légumes, surveillé ses frères et sœurs, fait la vaisselle, le ménage... Rolande avait un atelier de couture avec des ouvrières. Toute sa passion allait vers les tissus et sa clientèle de femmes riches, bien contentes de trouver une couturière de campagne aussi douée qui faisait des modèles à la mode pour une dépense si minime. Rolande disait aux châtelaines et bourgeoises fortunées qui venaient en vacances : « Apportez-moi le modèle, le tissu et je vous ferai ça. » Elle n'avait pas besoin de patron.

Hélène avait été retirée de l'école à douze ans parce que de toute façon elle avait la tête dure. Il valait mieux lui apprendre la couture, elle aiderait à la cuisine, au ménage, inutile de lui faire perdre son temps.

Hélène savait aussi jouer de l'harmonium. A l'église, elle accompagnait la messe, les vêpres, les enterrements et les mariages. Dans la musique elle pouvait s'évader un peu. Elle rêvait d'un piano pour jouer autre chose que le kyrie et le sanctus, mais l'harmonium la sortait de l'atelier de sa mère. Et quand elle jouait bien, le curé lui faisait des compliments. Il reconnaissait son talent. Il était terriblement exigeant lui aussi, mais à l'église elle y était bien. C'est d'ailleurs là qu'elle avait rencontré son futur mari, son fiancé. Il chantait la messe dans le chœur, vêtu d'un surplis blanc. Quand il la regardait, elle tremblait, elle avait peur de perdre ses moyens. Il l'avait remarquée, son cœur battait. Un jour il lui avait parlé dans la sacristie.

Rolande réalisait de magnifiques robes de mariée,

de soirée, de quoi faire rêver toutes les petites filles ou les femmes du village. Elle avait un véritable don et elle était amoureuse de la perfection. Si un point était de travers, elle se mettait en colère et il fallait tout recommencer. Elle faisait pleurer ses ouvrières qui la détestaient et l'admiraient à la fois. Tout le monde craignait Rolande, même son mari. Elle avait du caractère, de la volonté, elle menait son atelier et sa famille avec une autorité sans faille.

Quand elle se concentrait avant de couper dans un tissu de satin, de velours, de moire ou d'étamine, elle ne supportait pas d'être dérangée. Elle calculait dans sa tête, mesurait le tissu plusieurs fois, faisait un essai de col sur du papier journal et se lançait. Elle taillait d'un geste grave, comme le sculpteur de cathédrale qui sait qu'il ne doit faire aucune erreur. Quand elle créait, plus rien ne comptait. Elle était possédée par cette passion. Ses enfants devaient se débrouiller sans elle. La cuisine était saine mais vite faite et vite avalée, elle ne pensait qu'à retourner à la machine à coudre.

Hélène avait peur de sa mère, une peur bleue, viscérale. A trente ou quarante ans, elle tremblait encore devant elle. Elle ne s'était jamais rebellée, elle n'avait jamais osé s'affirmer. Elle passait par les exigences et les caprices de Rolande tout en ravalant son idée, la colère en dedans, dans la tête, le ventre ou la gorge. Hélène avait toujours mal à la gorge, elle avait des angines blanches, ou rouges avec des points blancs. Elle ne pouvait parler à sa mère que par sa gorge malade. Alors Rolande badigeonnait cette gorge en feu avec du bleu de méthylène, elle lui ordonnait des gargarismes en disant seulement : « Ça va passer! » Non, Hélène n'avait pas eu une enfance douce. Heureusement, pour elle aussi, il y avait son père. Il était calme et tendre, il savait consoler et câliner ses enfants. Il était bourrelier. Son atelier sentait bon le cuir. Il y travaillait avec son fils. Cet endroit respirait le travail consciencieux, la paix. Hélène s'y réfugiait dès qu'elle le pouvait, mais sa mère la rappelait toujours pour quelque corvée.

Quand elle s'était mariée, Hélène avait cru échapper à sa mère. Elle avait ouvert son propre atelier de couture dans le même bourg.

J'aimais quand tu chantais en cousant avec tes ouvrières. J'aimais l'atmosphère de ton atelier, quand tu n'avais que deux enfants, les ouvrières chantaient, c'était gai. Je jouais avec des petits bouts de tissus colorés et doux et je me chamaillais avec mon frère, c'était plus gai que chez grand-mère, vous plaisantiez, vous chantiez, vous parliez. C'était vivant chez toi avant que tu aies tous ces enfants. Plus tard, j'avais huit-neuf ans, tu me racontais ton histoire. Quelquefois, je n'allais pas jouer avec les autres dehors, je préférais rester près de toi, à la machine à coudre et je te disais : « Maman, raconte-moi encore quand tu étais petite ! » Et tu racontais : les grandes lessives deux fois l'an, le trousseau que tu avais brodé, les mariages, les habitudes, les méchancetés de ta mère, l'accident de ta sœur qui avait perdu un œil, ta vie à l'école, les histoires de famille. Tu me reliais aux femmes de ta lignée. A ce moment-là, j'étais ta fille.

Souvent, Marie avait entendu sa grand-mère lancer à sa mère des mots meurtriers qui abattaient Hélène et la laissaient sans voix, en larmes. Sa grand-mère savait s'affirmer et imposer ses volontés avec des mots-ordres, des mots-couperets, elle blessait tout le monde autour d'elle. Marie sentait dans son corps, dans sa gorge les angoisses de sa mère à ces moments-là. Elle avait bu la peur des mots qui tuent, dans la gorge de sa mère. Elles étaient reliées par le même mal quand sa mère pleurait, à cause des phrases méchantes de sa grand-mère que tout le monde détestait. Marie voulait qu'on l'aime, alors elle se taisait, elle ravalait ses mots, elle pensait très vite dans sa tête, et elle attendait de pouvoir écrire un jour. Elle restait là fascinée par les pages écrites sur des livres, sur des lettres. Elle aimait lire les vieilles lettres, là où les gens confient leurs soucis, parlent de leur vie.

En jouant au grenier, elle avait trouvé un jour les lettres d'amour de ses parents. Elle en avait lu quelques-unes, mais elle avait entendu des pas dans l'escalier. Elle les avait vite dissimulées. Ce qu'elle avait découvert la bouleversait et la rassurait. Ils s'étaient aimés ces deux-là. Ses parents s'étaient écrit de vraies lettres d'amour. Il existait donc des mots doux, des mots pour dire la tendresse. Elle était née d'un homme et d'une femme qui s'étaient aimés. Ces mots tracés sur du papier un peu jauni lui réchauffaient le cœur.

Elle aurait voulu en lire davantage mais elle n'avait pas pu. Ses frères et sœurs voulaient toujours monter au grenier avec elle, ou bien sa mère l'appelait pour aller dire quelque chose à sa grand-mère.

Souvent Hélène la chargeait de messages difficiles. Elle avait là une mission importante, si elle pouvait éviter encore des angoisses à sa mère, si elle pouvait arranger les choses, comme elle en serait heureuse et fière. Quand elle était responsable de ce genre de mission délicate, elle pensait très fort, très vite sur la route, à la meilleure stratégie à adopter. Elle accrochait son plus merveilleux sourire, elle prenait sa voix la plus câline et elle commençait son numéro de séduction : elle s'intéressait aux robes que faisait sa grand-mère, les admirait, demandait des nouvelles, parlait de tout ce qui pouvait lui faire plaisir.

Dès son entrée, elle avait repéré sur les visages l'humeur du moment; aurait-elle de la chance aujourd'hui? Si une ouvrière mettait Rolande en colère, Marie lui en voulait de gâcher en quelques secondes tout son travail d'approche. Il faudrait qu'elle retourne à la maison sans avoir rien dit encore. Elle guettait les réactions dès que le message (les mots-danger) avait franchi ses lèvres. Elle avait envie de rentrer sous terre. Elle faisait cela pour sa mère. Marie priait Dieu pour que les foudres de sa grand-mère ne s'abattent pas sur elle. Ensuite, elle rentrait en courant. Quand elle avait réussi, quand sa grand-mère avait accepté la nouvelle sans colère, elle était heureuse, si heureuse d'annoncer à sa mère chérie que la peur pouvait la quitter pour un moment. C'était comme si elle lui avait fait un cadeau. Mais quand sa grand-mère avait eu des réactions vives, de ces mots terribles qui vous arrivent dessus comme des balles, elle encaissait la violence et repartait abattue.

Elle était coincée entre deux peurs, celle qu'elle avait eue de sa grand-mère et celle qu'elle aurait de sa mère tout à l'heure. Elle devait encore transmettre cette réponse à Hélène qui reprenait les mots de sa mère, les commentait, les ruminait. Ils lui faisaient moins mal car elle ne les avait entendus que dans la bouche de sa petite fille, qui les avait prononcés le plus doucement possible pour faire oublier cette voix sèche qui les terrorisait tous. Rolande aimait bien Marie, alors l'amour ça devait servir à arrondir les angles, à colmater la peur.

J'aimais respirer l'atmosphère laborieuse qui régnait dans son atelier, même si je sursautais quand elle renvoyait une ouvrière qui lui montrait un travail mal fait.

Je passais des heures à feuilleter *Le Petit Écho de la mode,* assise par terre sous la grande glace où les dames qui essayaient des tailleurs ou des robes se regardaient. Les belles dames riches et les mariées allaient faire les essayages dans sa chambre.

Pour les mariées, si j'étais là, Rolande me disait : « Marie, tu peux monter. » J'attendais dans la chambre voisine. Quand la future mariée était habillée, elle m'appelait. J'entrais et je voyais la merveille. Il y avait, entre nous, une complicité autour des robes de mariée. Nous partagions, à cet instant, Cendrillons éblouies, les mêmes rêves de petite fille pauvre; mais à moi, elle m'ordonnait de quitter le foyer, d'aller dans le monde des riches, de conquérir cet univers dont elle avait toujours rêvé.

Je ferai des études, elle m'aidera par son autorité à être le plus souvent possible la première. Je prendrai sa revanche. Je réaliserai son rêve. Je devrai réussir pour elle. Je serai institutrice pour elle. Dans cette expérience, j'ai hérité de sa force.

Il avait tué le « je » en elle

Deux hommes ont essayé de l'arracher à l'enfer où son père l'avait précipitée. Ils ont essayé d'effacer le mal. Ils croyaient à la puissance magique de leur amour. Ils ont mené un long combat avec le fantôme du père toujours présent qui la rendait incapable de se donner à un homme.

« Ne pense plus jamais à ton ignoble père, qu'il ne soit plus présent entre nous. » Mais les chaînes invisibles posées par le père sur le corps de sa fille semblaient indestructibles. Elle était enfermée de l'intérieur et toutes les clés avaient disparu. A l'extérieur, le sauveur éperdu d'amour l'appelait, tentait de l'atteindre, mais pour elle les mots étaient une énigme.

Au premier, elle avait pu dire la vérité. Il n'avait pas fui. C'était la première fois qu'elle la disait, qu'un homme l'entendait. Elle avait vingt-trois ans. Il avait cru qu'il l'avait sauvée. Avec toute sa sincérité et sa patience, il n'était parvenu qu'à être pour elle un vrai père. Il l'avait portée pendant dix ans. Mais le fardeau était trop lourd, il avait dû la déposer pour continuer à vivre.

Le deuxième l'avait ramenée vers les rives du sacré, mais il niait sa blessure, il ne supportait pas l'existence du trou noir en elle. Pour lui, leur amour devait l'avoir éliminé à jamais. Pourtant, elle y retombait toujours, malgré lui, malgré elle. Il ne comprenait pas comment elle était aspirée par le gouffre. Il tentait de substituer sa volonté à la sienne. Il décidait pour elle. Il brouillait ses cartes, alors elle avait résisté. Il était parti.

Les pas en avant, personne ne pouvait les faire à sa place et elle avait l'air de ne pas avancer, mais personne ne soupçonnait l'énergie considérable qu'elle dépensait pour arracher ses chaînes. Elle restait là, assise dans une immense étendue, perdue dans un désert. Elle devait tracer son chemin seule. Elle avait besoin de rester face à sa blessure pour l'explorer.

Comment être encore la fille de ce père-là?

Il m'a prise et volé l'identité reçue de lui à ma naissance. Il m'a prise pour toujours. La marque au fer rouge, c'est cela. Ma fille je te marque car tu ne pourras jamais plus être à un homme. Quand un homme t'approchera désormais tu n'auras plus de désir propre. La proximité, le regard, le désir d'un homme te feront disparaître. Tu seras toujours sa chose, sa poupée, sa putain. Il pourra te prendre puis te laisser quand il se sera servi de toi. Je fais de toi une esclave d'homme car la peur te paralysera, tu seras fascinée par son regard. Toi, tu n'existes plus.

Il avait tué le « je » en elle. Ensuite, elle avait vécu l'impossibilité de dire « je » devant un homme qui la désirait. Sa panique était telle, à ce moment-là, qu'elle n'avait quelquefois même pas la fuite pour se défendre. Elle était happée par le désir de l'autre. De nouveau, le sol s'ouvrait sous ses pieds, elle glissait au fond d'un tunnel vertical sans fin et son corps ne bougeait plus. Ce qui résistait en elle était si loin. Ça n'avait aucun effet sur son corps.

Alors quelquefois, pour se donner l'illusion de dire « je », elle s'offrait. S'offrir, c'était faire croire qu'on menait l'affaire, qu'on existait vraiment, mais c'était un mensonge. Elle nageait dans le mensonge. Elle avait perdu tous ses repères entre vérité et mensonge face à l'homme.

Elle serait donc toujours sa chose et le piège, c'était l'amour, la tendresse. Son père lui avait tendu ce piège, il l'avait préparée depuis longtemps. Toute cette tendresse, si bonne, si douce qu'elle avait reçue de lui, enfant, n'était-ce pas juste pour l'amener là, à être sa poupée sur un lit, une nuit? Comment savoir la vérité des sentiments de l'homme? Comment avoir confiance désormais?

Elle ne pouvait plus exister entière en face d'un homme. Elle éprouvait du désir seulement à distance quand elle en rêvait, mais devant son regard, elle n'était plus que vide et silence. Un silence qui fait mal, le silence de la femme bâillonnée, ligotée, poupée blanche de ses cauchemars.

Aucun mot ne passait ses lèvres, elle n'avait pas de parole, pas de voix, pas de « je » face à l'homme. Elle ne pouvait exister qu'avec les femmes. Elle ne se sentait pas en danger dans le regard d'une femme, sauf si la femme la désirait. Le sexe de l'autre la happait, elle restait sans défense, victime rêvée. Son père l'avait prostituée.

Si elle avait rencontré, aimé un proxénète, il en aurait fait facilement une prostituée. Son père l'avait préparée à ça. C'est pourquoi, sans doute, croiser le regard de ces femmes lui faisait si mal. Chaque fois une immense envie de pleurer remontait de très loin et la submergeait.

Elle évitait les rues où elle pouvait en rencontrer, parce que ces femmes, détruites par l'homme dans leur dignité et leur identité, lui rappelaient sa propre destruction. Son père l'avait tuée.

Elle avait lutté avec la mort. Toute son existence s'était résumée à cette recherche : comment faire pour ne pas mourir?...

Elle sentait des dangers partout, surtout quand elle était seule. Se promener seule à la campagne, sur une plage, elle ne pouvait le faire que dans la peur. Rencontrer un simple promeneur faisait battre son cœur trop vite, la remplissait de panique. Elle devait rester toujours aux aguets, surveiller, préparer sa fuite, elle était comme une biche sans cesse poursuivie par des chasseurs.

Le seul endroit où elle n'avait jamais eu peur, c'était au Tchad. Là-bas, elle pouvait parcourir la brousse. La nuit, elle était souvent tombée en panne sur des petites pistes. Elle avait souvent dormi seule dans une case en terre qui fermait mal. Là-bas, elle était protégée par sa peau blanche et surtout par son clitoris, car les femmes étaient toutes excisées. C'était le seul moment de sa vie où elle avait été en sécurité. C'était sans doute aussi pour cela qu'elle y avait vécu si épanouie.

Comme à l'accouchement

Maintenant elle pense, comme ce serait bien si je pouvais haïr mon père, n'être plus qu'une boule de haine, dure comme un boulet de canon pour le tuer, mais elle n'y arrive pas. Elle l'a trop aimé enfant. Elle garde la nostalgie de cet amour d'enfance où elle était seulement la petite fille d'un père qui l'aimait.

Elle n'en pouvait plus, chaque fois qu'elle écrivait c'était pour découvrir encore plus de douleur en elle. Elle enlevait des couches du pansement qu'elle avait fabriqué au fil des années pour colmater la blessure. De cette mise à nu par l'écriture, elle espérait la guérison. Elle ne voulait pas de témoin. Elle voulait pouvoir s'arrêter quand elle avait trop mal. Quand son cœur s'emballait, quand les douleurs dans la poitrine devenaient trop violentes, elle prenait un livre, se faisait une tisane, elle remettait à plus tard de pénétrer plus profond dans ce tunnel de souffrance.

Si elle avait fait ce chemin avec un psychanalyste, à heures fixes, il aurait peut-être manqué de tact, ou révélé sa vérité trop vite, relevant un mot, comme ils savent le faire. Elle avait peur du mot qui tue. Elle ne voulait pas qu'on l'achève ainsi. A cause d'un médecin pressé elle avait déchiré sa mère et raté sa première naissance. Pour sa deuxième naissance, elle se débrouillerait seule, au fond de sa tanière, avec toutes les douleurs de l'enfantement, sans personne pour lui faire encore plus mal. Ainsi, elle pouvait se reposer, dans le silence de la solitude, après chaque contraction. L'accouchement durait.

En elle, la lionne hurlait à la vie. Elle ne voulait pas se faire aider par un psy. Elle n'avait pas confiance. Elle savait l'immense douleur en elle, elle ne voulait pas en mourir. Elle était seule à savoir la dose de souffrance qu'elle pouvait supporter sans danger. Les signaux d'alarme, elle les entendait dans son corps :

les plaques d'eczéma qui ressortaient, les crises nerveuses du cœur.

Son médecin avait compris, il l'avait mise en congé une semaine, juste pour que la pression tombe un peu, pour qu'elle puisse écrire sans être bousculée par toutes les souffrances des enfants qu'elle côtoyait dans son travail. Elle ne pouvait tout faire à la fois. Elle avait maintenant besoin de temps, de solitude.

Elle sentait qu'elle irait jusqu'au fond de sa blessure. Elle ne savait rien de ce qu'elle allait découvrir, des chemins à prendre, mais elle avait confiance en la lionne en elle qui la guidait vers la vie.

Qui lui avait permis d'avoir tellement confiance en ses possibles?... Les enfants sans doute, tous ceux qu'elle avait vus se redresser sous ses yeux, affronter avec tant de courage le monde des monstres qui les terrorisaient. Ils avaient su trouver leur chemin, ils savaient tous choisir la meilleure voie si on leur en laissait le temps, si on leur offrait un lieu pour le faire, si elle les respectait complètement, si elle croyait réellement qu'ils en étaient capables.

Elle espérait aller au fond de sa blessure, seule, et elle le ferait. De toute façon elle n'avait pas le choix puisqu'elle n'avait plus confiance en personne. Trop de trahisons, ses aventures avec les psys, tout ce qu'elle entendait autour d'elle qui confirmait leurs erreurs – « Vous savez l'erreur est humaine! La faille, c'est ce qui rend l'homme humain » – mais pour ce qu'elle avait à faire, elle ne pouvait plus supporter aucune erreur, tout humaine qu'elle fut. C'est pourquoi elle n'avait plus que la solution de la feuille blanche, le face à face avec elle-même, elle et son histoire à reconstituer, morceau par morceau, lentement.

Comme à l'accouchement, lorsque le fœtus pousse irrésistiblement et veut sortir, elle sentait l'urgence d'écrire. Une pression intérieure bousculait tout, la rendait indisponible à autre chose qu'à elle-même, une sorte de nécessité qui l'empêcherait peut-être de travailler avec les enfants un moment.

L'accouchement serait long, mais elle était embarquée sur « la mer », elle ne pouvait plus reculer, elle avait trop avancé, elle apercevait presque le rivage, ce n'était peut-être qu'un mirage. Elle avait déjà quitté tant d'illusions sur sa route, comme on se dépouille de ses haillons, elle arriverait nue de l'autre côté.

Un blanc dans mon histoire

Une jeune fille nue, recroquevillée sur un grand lit, au milieu d'une place publique. Ce corps prostitué offert à tous les regards, la foule qui approche, entoure le lit. Cette scène du film *Erendira* reste gravée en elle, l'obsède.

Son père l'avait prostituée pour payer quelle dette? la dette pour les frais de pension, la dette des études, droit de passage vers le monde du savoir? Être prostituée pour avoir droit au savoir interdit par ses origines et son sexe. Une fille pauvre, une fille de sabotier, une fille de jardinier qui ne gagne pas assez pour nourrir sa famille, qui tire le diable par la queue, ne va pas faire d'études. Ma pauvre petite qu'as-tu fait? Tu t'es mise hors la loi.

Elle avait gravi des échelons interdits. Tous ces cauchemars lui revenaient avec les échelles où elle ne pouvait grimper, ces escaliers où elle avait le vertige, les marches qui se dérobaient, les barreaux qui se cassaient. Les autres réussissaient, ça leur semblait facile, ils se moquaient d'elle. Dans ces rêves, elle cherchait en vain un homme qui l'aurait aidée, un regard d'homme compréhensif, qu'elle ne trouvait pas.

Que pensait son père de ses réussites scolaires? Savait-il qu'elle les avait quittés définitivement? La séparation, c'était le prix à payer. Sa fille lui échappait, elle avait toujours le nez dans un livre, elle avait accès à l'autre monde, le monde des gens instruits comme ses patrons, l'ingénieur, le notaire, le docteur pour qui il jardinait. Il avait perdu sa complicité avec elle. Elle devenait secrète, elle ne parlait plus le patois. Elle s'exprimait avec le beau langage de ses employeurs. Pourquoi son père l'avait-il prise juste après son BEPC?

Pour fêter son succès, un oncle et une tante de Paris l'avaient emmenée au restaurant à B., un restaurant chic où des hommes l'avaient remarquée. Au retour, ils avaient raconté qu'elle avait déjà du succès, que les hommes la regardaient, c'était une belle fille. Elle était gênée, elle voulait disparaître, elle ne voulait pas être une femme, pas comme ça. Elle n'était pas à vendre.

Son père l'avait su, était-il jaloux? C'était pendant ces vacances-là qu'il l'avait prise pour lui seul, pour la marquer de son sexe. Il savait qu'ainsi, elle ne lui échapperait plus. Elle serait sa prisonnière à vie. Il serait toujours là entre les hommes et elle, lui le premier. En ne s'enfuyant pas du lit de son père elle avait payé la dette du savoir interdit à une fille destinée à être une bonne épouse, bonne à tout faire ou bonne sœur.

Elle avait dit qu'elle voulait être bonne sœur, mais elle n'en prenait pas le chemin si elle aguichait déjà les hommes. Il ne pouvait pas la laisser partir ainsi. Elle avait triché, la traîtresse, elle ne voulait pas être bonne sœur. Elle deviendrait une traînée, oui! Il ne pouvait plus la surveiller, alors il l'avait prise pour lui d'abord. Il se servait le premier de ce corps tout neuf, des seins bien ronds qui le rendaient fou, et puis elle était sa fille, à lui, il en était le maître.

Il ne pouvait plus la commander, elle était déjà plus savante que lui. Il lui avait signifié sa loi. Avec son désir d'homme, son sexe d'homme, il avait frappé si fort qu'il avait failli la tuer. Il ne voulait pas la tuer, il voulait juste la ramener à lui, reprendre sa petite fille.

Elle n'avait d'ailleurs pas su résister à l'appel de la tendresse. Ce soir-là, la mère n'était pas là, ils pouvaient se retrouver, comme autrefois, à parler tranquillement tous les deux. De quoi avaient-ils parlé avant de monter dans la chambre? Ils avaient sans doute discuté longtemps après que les petits furent couchés, ils en profitaient, la voix maussade de la mère ne pouvait pas les interrompre. Elle était à l'hôpital, veillant la cadette malade. Il lui relatait souvent des conversations qu'il avait avec le docteur, le notaire ou l'institutrice. Si ces gens-là, des gens bien, des gens instruits, l'appréciaient pour son bon sens et son jugement, elle pourrait continuer de parler avec lui, même quand elle serait institutrice. Il était le confident de la femme du notaire. Il savait écouter les gens, on lui demandait des conseils, il aimait rendre service.

Il avait peur de la perdre. Le monde où elle vivait désormais lui était étranger. Il essayait de la rejoindre à travers ce qu'il en connaissait, à travers des gens de l'autre milieu. Mais elle n'avait connu encore que le pensionnat de bonnes sœurs, les vies des saints, la littérature du programme de 3e et quelques romans qu'elle avait pu trouver. Elle ne savait rien de ce qui l'attendait. Et ce soir-là, était-elle troublée par son désir ou simplement toute à la joie de ce moment merveilleux où elle parlait avec lui de choses sérieuses, d'homme à homme, assis autour de la table de la cuisine, les coudes appuyés sur la toile cirée?

Elle ne savait plus. Lui avait-il dit : « Tu viens dormir avec moi? tu dors bien avec ta mère quand je ne suis pas là? » C'était vrai, elle avait dormi avec sa mère quand il était absent. C'était comme une sorte de privilège. Quand elle était petite elle aimait rejoindre sa mère au lit. Son père se levait toujours très tôt, alors avec ses sœurs, son frère, ils se glissaient dans les draps tièdes de leur mère. Là, ils étaient bien, leur mère était détendue, encore ensommeillée, dans ses rêves. Elle se laissait approcher, ses gestes étaient plus tendres avant qu'elle ne commence à s'agiter avec tout le travail qui l'attendait. Et ils la suppliaient « Oh! maman reste encore. » Mais elle se levait, se lavait rapidement à l'eau froide, s'habillait et descendait préparer le café tandis que ses enfants se chamaillaient dans son lit.

A cette époque, Marie dormait en bas, à côté de la cuisine. Pourquoi était-elle montée avec lui? Que s'était-il passé dans sa tête? Que lui avait-il dit?

L'avait-il embrassée? Son petit frère avait crié dans un cauchemar, il avait peur de l'hôpital où sa sœur allait mourir. Elle l'avait consolé, rendormi. Ils dormaient tous dans la même chambre sauf les deux aînés. Pourquoi n'était-elle pas redescendue tout de suite? S'était-il déjà couché et quand elle lui avait dit « bonsoir papa » il l'avait alors embrassée puis couchée sur le lit. Il avait éteint la lumière, elle avait été prise au piège de la tendresse.

Elle n'avait pas crié, à cause des petits qui dormaient tout autour. Elle était paralysée. C'était son père qui était là couché sur elle. Son père si lourd maintenant, alors qu'elle se sentait si légère à parler avec lui tout à l'heure. Elle ne pouvait avoir qu'une relation de parole avec lui. Il ne devait pas toucher son corps, il n'aurait pas dû. C'était un péché mortel ce qu'il faisait, elle était perdue. Elle n'avait rien dit, peut-être avait-elle pleuré, elle s'était laissé faire, comme une poupée pétrifiée par la peur sous cette grande bête chaude qui respirait si fort et si vite.

Elle revoyait la chambre, tous les lits autour du lit conjugal, l'armoire à glace. Son père ne portait pas de pyjama, il gardait juste sa chemise, il enlevait le bas, assis au bord du lit et se glissait alors dans les draps. C'était bien cela, il était déjà dans le lit, quand elle lui avait dit bonsoir en l'embrassant sur la joue comme d'habitude. Quand il l'avait couchée dans le noir elle avait senti son sexe, cette drôle de chose dure et douce. Il l'avait promené entre ses cuisses tandis que la terreur s'emparait de son ventre, de sa gorge. Elle ne pouvait pas crier, elle aurait dû crier : « Non, non papa! arrête, ne fais pas ça, tu n'as pas le droit, pas le droit. »

Qu'est-ce qui fait qu'une fille ne peut hurler face à son père? Hurler même si elle réveille tous ses frères et sœurs? Hurler ou se sauver seule dans la nuit noire, rester dehors toute la nuit plutôt que de sentir le poids du père sur son ventre. Elle aurait dû s'enfuir, elle n'a pas pu. Elle ne savait rien de ce qu'il allait lui faire. Elle ne voulait rien savoir de ces choses sales. Elle hurlait « non » à l'intérieur. Elle savait juste à l'intérieur qu'il ne fallait pas, mais c'était comme dans les cauchemars où l'on crie sans qu'aucun son ne sorte, où l'on court sur place, où votre poursuivant, celui qui vous menace avec un couteau, vous rattrape parce que vos jambes ne sont plus efficaces, elles n'avancent plus. La paralysie de ce moment-là ce n'est pas autre chose qu'un horrible cauchemar qui vous prive des commandes de votre propre corps.

Le père, c'est la loi qui vous commande. Son autorité naturelle ajoutée à son désir d'homme vous dessaisit de vous-même, de votre volonté comme s'il avait déconnecté l'accès à votre cerveau.

C'est un infâme abus de pouvoir!... Sous le choc j'ai éclaté en morceaux; sans trace du crime, il ne restait qu'un blanc dans mon histoire. Un blanc qui laisse un horrible trou dans la tête, pour tant d'années.

Mais à force de gratter, elle sent ce soir le poids du corps de son père sur son ventre, la dureté de son sexe. Son corps sait, son corps ne ment pas, son corps a gardé la mémoire du poids de son père, de ses gestes, de ses mouvements. Son ventre a mal ce soir des caresses de son père, de la folie de son père, des mains de son père sur ses seins, sa bouche sur la sienne, ses lèvres à elle qui se détournent, sa tête seule qui dit « Non! non papa, pas ça! non tu n'as pas le droit! »

Cette panique partout dans le corps entier, cette panique qui creuse un gouffre sous le lit, jusqu'au fond de la terre, un gouffre où elle glisse à la vitesse de la lumière pour échapper au crime qu'il commet en elle.

Elle a perdu conscience, elle est partie ailleurs, il a fait éclater son « je ». Elle le laisse seul avec sa dépouille, avec cette chose qui était elle avant et qu'il s'est appropriée brutalement parce qu'il avait tous les droits sur elle. Il dit que « le liquide s'est écoulé avant qu'il ne la pénètre complètement ». Elle était déjà morte. Il l'avait arrachée à elle-même. Ce qu'il a fait ensuite n'a plus d'importance. Il ne devait pas faire l'amour avec elle. Il ne devait pas toucher son sexe de vierge avec son sexe de père. Ces sexes-là ne doivent jamais se rencontrer. Il ne fallait pas mais il l'a fait.

Au petit matin, elle s'était réveillée dans leur lit. Il était parti, levé tôt comme d'habitude. Il l'avait laissée seule avec le désastre en elle. Il s'était enfui au jardin, l'abandonnant dans une solitude glacée. Elle était là, choquée, sonnée, dans le grand lit de ses parents, au milieu des autres lits, avec tous les petits autour, qui allaient se réveiller bientôt.

Elle s'était levée, comme une automate, elle n'était pas dans son lit, pas dans sa chambre. Que s'était-il passé? Comment avait-il pu? Pourquoi n'avait-elle pas crié? Elle avait si mal à la tête. Que lui avait-il fait?

Mais les petits commençaient à bouger, il fallait se lever, vite, faire quelque chose, de l'eau froide, se réveiller pour de bon de ce cauchemar.

Vingt-cinq ans plus tard il lui avait écrit : « Le Bon Dieu a voulu que le liquide s'écoule avant. » Il n'avait pas eu le temps... le liquide avait coulé très vite, trop vite pour lui. Et pour elle? Quelle éternité avait duré cet instant?

Une bombe vivante

La parole bâillonnée parce que trop violente, trop dure à entendre, à dire. Il n'existe pas de mots pour dire ça. Le viol par le père ça n'existe pas, jamais, pas possible. C'est elle qui l'a séduit. Le père ne peut « pécher » de cette façon, c'est trop odieux. C'est trop! Alors ça ne se dit pas.

Le père c'est la loi!... Le père est le garant de la morale. Le père c'est la famille, le père c'est sacré, on n'y touche pas. C'est un bastion de la société. Si vous y touchez tout va s'effondrer, toutes les valeurs : travail, famille, patrie.

Alors l'adolescente reste bâillonnée avec sa vérité. Ses cris rentrent dans sa gorge, son estomac, son ventre. Son corps se creuse en une énorme caverne dans laquelle les cris résonnent. Ses cris étouffés se cognent aux parois de son ventre qui la fait hurler de douleur. Maintenant elle a mal au ventre, non plus mal à sa vérité.

On va la soigner pour son mal au ventre, ça c'est rassurant. Il y a des remèdes, toutes sortes de remèdes, des pharmacies pleines de médicaments. Le mal à la vérité interdite ça n'existe pas, ça ne se soigne pas. Peu à peu, le corps se ronge, les hurlements étouffés s'entassent, s'accumulent, ça va exploser! ... Bientôt, c'est une bombe qu'elle a dans le ventre. Elle est une bombe vivante. Elle va exploser ou elle va poser des bombes pour se faire entendre. Elle peut sauter avec, ça lui est égal. Cette souffrance intolérable ne peut plus durer. Elle le sent, ça déborde. Son corps gesticule, ses yeux foudroient.

Pour dire seulement ses idées, elle crie trop fort, elle prend des mots trop lourds. Les autres se sentent agressés, elle ne comprend pas. Pourtant elle ne voulait pas de ce conflit. Ce n'est pas ce qu'elle voulait dire, son corps parle malgré elle de la bombe qui est dedans. Alors, vite il faut sourire, dire : « Oui, oui, vous avez raison, ce n'est pas ce que je voulais dire, vous avez mal compris. »

Le risque est passé, ouf!... sourire pour ne pas exploser, sourire pour cacher le mal, les cris, la bombe.

Sourire pour faire croire au bonheur, pour y faire croire aux autres si fort qu'on pourrait y croire soi-même.

Sourire pour ne pas pleurer. Si tu pleures, tu crèves, tu ne pourras plus t'arrêter, des larmes tu en as tellement à verser. Il ne faut pas commencer.

Elle sourit, elle rêve et le temps passe, les années défilent. Mais la bombe est toujours là au creux de son ventre.

Les mots du curé

En juin 1944, mon frère naissait. Enfants de la guerre, premier souvenir des récits de la guerre, récits de violences et de haine, porteurs de la souffrance des adultes qui avaient vécu tant d'angoisses, d'humiliations et de privations. Bruit des avions chargés de bombes, bruit des avions dans le ciel qui me faisait encore sursauter longtemps après. Rêve de piloter un avion pour être au-dessus du danger. Épaves d'avions brisés dans les bois, sur lesquels s'appuyait l'horreur des récits de guerre de ma mère, de ma grand-mère, de mes tantes, tout vibrants de leur terreur. Et les obus cachés dans la terre qui faisaient encore des victimes d'après-guerre. Ma mère me racontait ces histoires d'enfants blessés, mutilés, morts d'avoir touché des objets bizarres trouvés dans les bois. Elle me ligotait à elle, dans la peur. Hors de ses jupes, de son regard, j'étais en danger de mort, la petite fille enchaînée dans la cage blanche, le ventre de ma mère. Autour d'elle des tessons de bouteille couverts de sang. Elle avait enfin saisi le sens d'une des sculptures qu'elle avait faite bien plus tard et qu'elle avait appelée : « le ventre de ma mère ».

Rester enchaînée au ventre, au corps de sa mère, seule solution pour ne pas mourir, autour il n'y avait que des risques de mort, de se mutiler, de se briser. Enfant, elle avait peur de tout. Elle ne tenait pas sur ses jambes, elle ne savait pas courir. « Attention! Attention! » Dès qu'elle s'éloignait, la voix de sa mère lui rappelait le danger. Ce simple mot « attention » suffisait à la faire trébucher. Elle revenait souvent les genoux et les mains en sang et sa mère lui disait : « Je t'avais bien dit de faire attention! »

Monde peuplé de dangers inconnus qui vous explosent au visage comme une bombe, un obus. Elle avait peur de toucher aux objets restés par terre, tout pouvait être un obus, car elle ne savait pas comment c'était fait un obus. Son frère était intrépide, casse-cou. Plus tard, quand elle devait le surveiller, il jouait avec sa peur, prêt à se jeter sous une voiture rien que pour voir la panique envahir le visage de l'aînée. La peur qui vous saisit au ventre, qui court sur la peau, qui vous vide le visage de sang. La peur au quotidien, pour des riens, sans raison, la peur qui vous habite toute. Elle vivait la peur dans le corps de sa mère, elle recevait les décharges d'adrénaline de sa mère dans son corps de petite fille. Elle sentait tout du corps de sa mère, elle entendait sa souffrance si fort qu'elle vomissait l'angoisse jaune de la bile. Et sa mère disait qu'elle était fragile, si fragile, sa petite fille en porcelaine qui risquait de se briser, et elle nettoyait le linge taché. Elle la rendait propre, neuve, pour la polluer à nouveau de son angoisse jusqu'à la prochaine « crise de foie ».

Elles avaient vécu ainsi enchaînées à la peur, toutes les deux, la mère et la fille terrorisées par la vie, le plaisir, l'aventure, le monde extérieur. Elles restaient à la fenêtre à regarder les autres vivre dehors. Bien sûr, elles faisaient de petites promenades, elles allaient à la chapelle, au cimetière, après les vêpres. Aller à l'église, à la chapelle, à l'épicerie, chez le boulanger, le boucher, grand-mère, des tantes, voilà résumés tous les déplacements de ma mère dans le village. Elle avait toujours trop à faire à la maison avec tous ses enfants. Alors les commissions, c'était souvent sa fille aînée qui les faisait. Marie était timide, son cœur battait quand elle devait annoncer devant l'épicière et les clients : « Un kilo de sucre » ou « De l'huile et du camembert. » Sa voix ne sortait pas quand on la regardait. Elle ne savait pas parler hors de la maison, elle oubliait tout. Le regard des autres semait la panique dans sa tête, une panique de mots, elle ne savait plus ce qu'elle devait acheter, l'épicière attendait, parfois elle retournait à la maison honteuse, mais sur le chemin elle retrouvait ses esprits, les mots revenaient, mais bien sûr, sa mère avait dit : « Du sucre et de la floraline. » Elle revenait en courant et disait tout de suite ce qu'elle voulait pour ne pas oublier, pour ne pas attendre qu'on le lui demande. A l'école c'était pareil. Si on l'interrogeait par surprise, elle ne savait plus rien, c'était le blanc, le désert blanc de mots. Elle ne savait plus rien, comme un âne. Si elle pouvait dire spontanément, si elle levait le doigt d'elle-même, elle savait toujours. Elle vivait si fort dans sa tête, une tête bouillonnante de mots et d'idées, mais si quelqu'un faisait irruption dans son monde, elle se bloquait comme une porte qui claque, elle ne savait plus rien, les mots fuyaient instantanément, laissant la place vide de l'amnésie momentanée. Si la maîtresse insistait, toute la classe la regardait, alors elle était prise de panique, ses jambes ne la soutenaient plus, elle se serait évanouie de honte. Pourtant quand elle était assise à nouveau, une fois l'émotion passée, elle savait la réponse. On disait qu'elle était timide.

Mais elle réussissait tous les exercices écrits, on la disait intelligente, forte en maths comme en français. Elle apprenait bien ses leçons, elle adorait acquérir des connaissances, mais elle ne savait pas apprendre par cœur comme les autres. Elle reformulait tout, s'appropriait le savoir. Les récitations, c'était un vrai cauchemar parce que la poésie évoquait en elle des images qui la faisaient pleurer. Quand elle devait réciter, elle était envahie d'émotions si intenses que les mots ne passaient pas sa gorge. Elle se bloquait si fort, qu'elle en pleurait, mais ne pouvait ouvrir la bouche. Elle restait là, comme une idiote, à pleurer. A l'école, elle aimait tout sauf la récitation et la gymnastique. Heureusement, elle était « la fierté de l'institutrice », comme disait sa mère, dans les autres matières, alors on lui pardonnait ces petites imperfections dans des domaines moins importants.

Dans la boîte aux lettres, elle venait de trouver une carte de sa mère pour son anniversaire. Elle lui réclamait des nouvelles, mais Marie ne répondait pas à ses appels. Elle ne pouvait pas, elle rêvait pourtant d'établir un pont de mots, une communication par les lettres avec sa mère. Elle ne pouvait pas encore, mais elle en rêvait. Parfois, elle essayait, se mettait devant la feuille blanche, sa main restait paralysée, inerte. Elle avait envie de se jeter dans les bras d'une mère douce, vivante, qui cajole, joue, caresse, rigole, console. Elle savait ce rêve impossible. A quarante-deux ans, elle rêvait encore de la mère qu'elle n'avait pas eue. Elle avait beaucoup ri, dansé, cajolé sa petite fille, mais ça n'avait rien apaisé de sa soif de douceur et de tendresse.

Le bébé affamé restait si douloureusement présent en elle. Sa mère lui tendait les bras, à 800 km, et le bébé pleurait, il ne savait pas encore marcher pour aller vers sa mère, il ne savait pas dire sa peine pour être consolé. Il pleurait en silence, au loin, dans un autre monde, si loin de sa mère. Elle avait mis tellement d'espace et de temps entre elle et ses parents, pour vivre enfin libre, indépendante, mais elle était enchaînée à sa mère par ce bébé.

Elle le savait, se battait avec les mots pour trouver la voie vers sa mère. Entre elles, c'était une histoire d'amour complètement ratée. Elle voulait rencontrer la femme, l'être humain qui habitait Hélène. Un jour, peut-être, elles se parleraient enfin de toute cette douleur. Elle rêvait de pleurer dans les bras d'Hélène.

Mais Marie lui avait volé son homme. Elle avait pris la place dans leur lit d'amour. Pendant l'anorexie, elle se reposait sur ce lit, elle s'en souvient, parce que sa chambre était en bas, sur un lieu de passage, où elle ne pouvait pas être tranquille. Elle était couchée sur le lit où elle était née, où les cinq autres avaient poussé leur premier cri et où son père avait fait l'amour avec elle, sur elle, sans elle.

Elle avait dû ruminer sa culpabilité, allongée, éteinte, prostrée, flottante, des heures, des jours entiers à penser à ça. Elle était murée dans sa forteresse de silence.

Enfin, elle pouvait dire non, non, à sa mère, à qui elle avait toujours dit oui. Elle menait un combat de désespérée, avec la violence de tous les refus qu'elle n'avait jamais osés. Elle aurait dû hurler « non », se sauver, elle n'avait rien fait. Maintenant elle disait « non » à la nourriture, elle se punissait, elle tuait le bébé de son père, elle disait non à tout, non à la nourriture/vie.

Elle était prise dans un énorme piège, sans issue. Elle se sentait aspirée au plus profond de la terre. Elle était noyée dans une mère de culpabilité noire. Elle était perdue, elle était face à sa mort, face à la mort. Non! elle ne voulait pas mourir. Alors, elle rêvait encore à la vie libre, à ce qu'elle avait entrevu, au monde à découvrir, aux milliers de livres à lire. Elle ne pouvait plus lire, elle ne pouvait plus rien faire, que lutter pour survivre et tuer le bébé/monstre. Lutter en silence, ne rien dire, ne pas céder, tenir bon, être la plus forte, dans sa tête, parce que son corps était si douloureux, si fragile, un sac d'os, un squelette vivant, mais au dedans il y avait l'animal sauvage qui allait faire craquer le squelette tellement il hurlait de rage, rage folle des prisons sans mots, d'un animal sauvage sans voix. Maintenant, il fallait dire l'horreur de ce vécu. Dans un article, elle avait lu : « Il faut que les victimes de l'inceste parlent! » Eh bien oui, elle allait écrire tout ce difficile cheminement pour survivre à l'inceste, tout de la honte qui vous détruit comme un acide, de la culpabilité qui vous ronge comme des milliers d'insectes, parce que la mort est là, si proche, la mort donnée par l'homme son père, avec son sexe brandi, sur un corps de jeune fille vierge, sexe d'homme porteur de sève de vie qui donne la mort à la jeune fille blanche qui veut s'évader vers la planète du savoir, vers la vie, sa vie. Jeune fille blanche, portant un bâillon noir, un bâillon de peur mis par sa mère, jeune fille blanche sous le poids d'un corps d'homme excité par le désir, jeune fille violée à la vie par un père fou de désir.

Non! Non! il ne fallait pas me tuer ainsi, il fallait me laisser partir vers la vie avec un beau jeune homme. Non! Papa! tu n'avais pas le droit de me voler ainsi mon corps tout neuf! Tu n'avais pas le droit, tu le savais, mais tu l'as fait pour ton plaisir à toi, parce que ma mère avait la tête pleine des mots du curé, le péché rôdait dans sa tête. Mots du curé qui tuent le plaisir, le plaisir sain d'un homme et d'une femme qui s'aiment tout simplement. Plaisir interdit par une religion stupide, contre-nature, contre-vie, qui a mené un père à prendre, à voler le corps de ses deux filles. Il a failli tuer deux de ses filles, pour suivre des principes idiots de curé, sûr de son pouvoir lui venant de Dieu. Les mots du curé, porteur de la loi qui interdit le plaisir de l'amour entre deux époux. Chaque fois qu'ils s'aiment ils ont un enfant, Dieu les bénit, mais les enfants, il faut les nourrir. Il faut encore souffrir pour les mettre au monde, vie de souffrances pour gagner la meilleure place au Paradis.

Mots-mensonges du curé illusionniste, qui promet le Paradis au prix de la souffrance, d'une montagne de souffrances, des souffrances en quantité, en qualité, qu'il comptabilise pour gagner la meilleure place avec vous auprès de Dieu, mais surtout pour exploiter les pauvres gens sans qu'ils s'en aperçoivent. Rites, messes, sermons au service du Pouvoir des grands de ce monde. Aucune rébellion possible pour des croyants pauvres, l'illusion est parfaite, grâce aux paroles du curé ils ne vivent plus tout à fait sur terre, ils vivent tournés vers le ciel, le Paradis qu'ils espèrent, imaginent, rêvent, supportant les humiliations et les coups en silence. Qui aime bien châtie bien! Dieu vous aime mon enfant, ne vous en plaignez pas!

Ma mère vivait comme hypnotisée par les paroles du curé, d'ailleurs, elle était considérée par lui comme une sainte, de même que la mère de mon père qui avait élevé ses huit enfants, en se sacrifiant toujours davantage jusqu'à sa mort. C'était vraiment une sainte famille, elle avait mis au monde un fils moine, un autre curé, deux filles religieuses. Naître dans une telle famille, ça donnait droit à un certain respect, à certains privilèges, pas en nature, mais en paroles, en considération. Être reconnu du curé ça ne mettait rien dans l'assiette, mais ça avait une certaine importance au village.

« Vive les culs bénis ma mère, vive les culs bénis » comme chante Gilles Servat. Mes parents étaient donc des culs bénis pris en main par le curé jusque dans l'intimité de leur lit. Ils avaient des livres qui donnaient de sages conseils pour ne pas abuser de cette chose-là. Il n'y avait pas de mots pour la nommer. Marie avait découvert dans l'angoisse, un jour, un de ces livres interdits aux enfants, parce qu'ils parlaient d'amour, à mots couverts, mots hypocrites. Elle n'avait pas eu le temps de lire, ou si peu, elle n'avait rien trouvé, pas de mots inconnus pour nommer le sexe de l'homme ou de la femme. Pour le garçon, entre enfants, ils disaient la quéquette, pour la fille il n'y avait pas de mot, « on ne le regarde pas! » « on n'y touche pas! ». Seul l'interdit existait, l'interdit du sexe sale, souillure de l'âme. Lourd péché à porter, sexe/péché du destin des femmes, tentation de l'homme. La Marie-Madeleine de l'Évangile, premier contact avec les prostituées, au catéchisme. Péché mortel, souillure totale entendue dans la voix, les mimiques du curé qui avait un air spécial, mystérieux, malsain, visqueux pour parler de ces choses-là. Les paroles, les pensées autour de « la chose » étaient déjà des péchés, dont il fallait s'accuser à confesse pour retrouver une âme pure et pouvoir communier, être en paix avec Dieu.

Mon père avait un sexe d'homme bien vivant sans doute. Comment vivre sa sexualité dans cette atmosphère lourde d'interdits et de péchés?... Alors, il avait couché avec sa jeune fille. Et pendant des années, Marie avait clamé sa haine des curés, c'étaient eux et leur religion stupide qui avaient poussé son père à cette extrémité. Elle en était sûre. Elle avait déplacé sa colère sur eux, ils la méritaient de toute façon. Même au Tchad, ils continuaient leurs pratiques hypocrites, leur prosélytisme fourbe. Un jour des paysans tchadiens lui avaient expliqué : « Pas catholique, pas de nivaquine. Ils te soignent si tu te fais baptiser d'abord », et un chrétien de plus acheté à la nivaquine, ou avec des vieux vêtements envoyés de France à la Mission des jésuites...

Elle les détestait pour sauver son père, le père chéri de son enfance, qu'elle aimait trop. Ne touchez pas à mon papa, les genoux de mon papa, ma petite main dans sa grande main, les grands bras de mon papa chéri. Je ne veux pas qu'on accuse mon papa, ça fait trop mal.

Alors, elle avait déplacé sa haine, sa colère, plusieurs fois, sur les curés, les hommes de pouvoir, les médecins, les psys. Elle les détestait si fort pour garder l'amour pour son père intact au fond de son cœur. Son père l'avait violée, avait failli la tuer, mais elle l'aimait encore. Pourquoi avait-il tout gâché? Il avait dévasté son amour. Pourquoi l'amour fait-il si mal?

Plus elle écrivait, plus elle devenait orpheline, seule, perdue sur une autre planète. Papa! Maman! je voudrais être encore petite. Je voudrais rentrer à la maison.

Il y avait si longtemps qu'elle était partie et ils allaient peut-être mourir. Elle souhaitait même parfois la mort de son père, mais ce soir elle avait envie de rentrer à la maison, d'être à côté d'eux, que ce soit la veillée de Noël, qu'ils soient là tous ensemble, bien au chaud, heureux. Sa mère aimait les avoir tous les six autour d'elle, alors, enfin, elle n'avait plus de raison d'avoir du souci. Elle souriait, presque heureuse, juste un instant, avant que son esprit ne reparte vers d'interminables angoisses pour l'avenir.

Elle n'allait plus les voir parce que son corps parlait pour elle, pour refuser l'hypocrisie. Elle ne pouvait plus jouer à la fille bien gentille, l'animal sauvage avait grandi, il se débattait en elle, contre son corps qui se mettait à souffrir. Elle repartait toujours malade de là-bas.

A sa dernière visite, son ami n'avait pas pu supporter l'hypocrisie autour de la table familiale, tous les enfants réunis avec leur petite famille. On bavardait comme si rien de grave ne s'était passé, alors que dans Marie, la lionne hurlait à la mort, la mort du coupable.

Elle était revenue ravagée de douleurs. Son ami l'avait aidée à prendre la décision de dire la vérité au moins à sa famille, à sa mère, ses frères et sœurs. Elle avait porté seule le terrible secret, elle en avait juste parlé avec sa sœur, l'autre victime de son père. Elle avait protégé leur enfance par son silence. Maintenant ils étaient tous adultes, elle leur écrirait sa vérité. Pendant plusieurs jours, elle avait eu mal, tellement mal, comme si on lui arrachait les jambes, la même douleur lancinante jour et nuit, pendant qu'elle tentait d'écrire la lettre. Elle cherchait les mots, elle avait peur, si peur de leur faire mal. Elle ne savait pas faire mal aux autres. Elle avait peur des mots, peur des mots qui tuent. En écrivant cette lettre elle allait peut-être tuer son père, il allait peut-être se suicider de honte, ou bien, il viendrait la tuer elle. Elle était terrorisée.

Malgré sa peur, elle avait terminé sa lettre de vérité, quand elle avait jeté toutes les lettres à la poste, les douleurs avaient cessé. La lionne assoiffée de justice, de vérité, était satisfaite.

Loin d'elle-même

> *« Tout n'est pas interprétable. Lorsque quelqu'un dit un fait, il n'y a rien à interpréter; toute interprétation d'une parole vraie est une entreprise de méconnaissance. »*
>
> Marie Balmary

Supprimer la cause du mal. Tuer son père. Prendre le couteau, planter le couteau dans son sexe d'homme. Non! le lui arracher. Elle rêvait de lui mordre le sexe, de le lui arracher avec les dents comme un fauve. Non, elle n'avait pas besoin d'un couteau, elle voulait un combat de bêtes sauvages, elle voulait mordre le sexe de son père et le lui arracher, que le sang gicle dans sa bouche. Elle voulait revenir du combat avec le sexe de l'homme meurtrier entre les dents.

Rêver, voir, écrire cette scène l'aidait à vivre. Elle ne voulait plus revoir son père, elle espérait sa mort, elle attendait le télégramme. Encore maintenant, quand elle apercevait sa boîte aux lettres, son cœur battait : était-il enfin mort? Aurait-elle à le tuer? Sa sœur le tuerait-elle?... Sa sœur vivait le même cauchemar, sans doute plus terrible encore parce qu'il avait recommencé plusieurs fois avec elle, parce qu'elle était plus jeune.

Comment avait-il pu?

Ce père-tendresse était aussi un homme pervers, un violeur, un père incestueux, un homme ignoble. Et il y avait des centaines de pères comme lui, de pères tendres, gentils qui avaient agressé, violé leur fille au milieu du silence de la nuit, dans une cave, dans une forêt, au fond du lit conjugal. Mais le monde se tait et étouffe ces cris qui ne parviennent jamais à se faire entendre. Il faut d'abord sauver la famille, sauver l'honneur. Puisque le mal est fait, inutile d'en rajouter : la prison pour le père, la honte pour toute la famille. Et les autres enfants, que deviendraient-ils sans père nourricier? Il vaut mieux se taire, faire comme si on n'avait rien vu, rien entendu, comme si elle avait rêvé. Bien sûr, elle a rêvé, toutes les filles rêvent de coucher avec leur père. Freud, ce génie, a parlé, tout le monde enseigne ses géniales idées.

Elle aussi avait rêvé. Son père ne s'était jamais couché sur elle. Elle n'avait jamais senti ce grand corps chaud, ce sexe dur sur son ventre. Elle avait rêvé comme les autres. C'était le psy en face d'elle qui le lui disait avec son air sûr de lui et tout son savoir. Elle ne savait plus où elle en était. Elle grattait, fouillait sa mémoire. Elle avait retrouvé des bribes, des morceaux, des preuves du passage à l'acte, et lui, le psychothérapeute, devant le groupe, niait sa vérité et la faisait douter. Il se moquait d'elle avec un petit sourire entendu. Il la forçait à raconter l'histoire avec son père comme une histoire d'amour, un vrai roman d'amour. Elle avait aimé son père, oui, bien sûr, elle pouvait le dire, le crier même. Petite fille, elle l'avait adoré. Et tous la regardaient, la poussaient à parler. Alors elle avait dit ce que le psy attendait d'elle, elle avait dit qu'elle était amoureuse de son père. Elle avait raconté une belle histoire d'amour où il n'y avait plus de souffrance, plus de rapport de forces, plus de père qui commande et autorise... Où était passée la violence inouïe qui l'avait pourtant détruite?

Et puis elle s'était tue. Elle était repartie de ce groupe euphorique. Pendant quelque temps, cette géniale manipulation gestaltienne avait gommé sa douleur et l'avait transportée sur un nuage, loin de son malheur, loin d'elle-même, juste pour une pause de mensonge. Mais elle était retombée dans son enfer, face à sa blessure, l'angoisse était revenue plus forte parce qu'elle s'était réveillée dans le brouillard. Elle avait dû reprendre ses créations pour retrouver ses repères, puis regrimper péniblement, avancer dans le tunnel, seule, reconnaître chaque parcelle de vérité effacée par le psy.

Dans un autre groupe, elle avait soutenu que son père l'avait violée. Avec un bon sourire rassurant, le psy lui avait affirmé qu'elle avait le droit de coucher avec son père. Il lui avait même demandé de faire le tour du groupe et chacun lui avait dit en la regardant bien dans les yeux : « Tu avais le droit, le droit de coucher avec ton père. » Une dizaine de personnes lui avaient dit, obéissant à l'ordre du psy-chef : « Tu avais le droit de coucher avec ton père », niant l'interdit. Elle avait payé pour entendre ces mensonges. Quelle escroquerie!...

Elle avait payé très cher, allant d'une chapelle psy à une autre, à la recherche d'un psy honnête, qui l'aiderait réellement. Elle n'avait rencontré que des hypocrites, imbus de leur pouvoir, manipulateurs, intéressés uniquement par eux-mêmes et les gratifications qu'ils retiraient de cette situation.

Cette femme, dans un groupe de formation de thérapeutes, qui refusait de « craquer », qui se défendait si bien, superbe dans son mutisme, le psy-chef décida de lui faire vivre une expérience pour l'aider à sortir de sa forteresse silencieuse. Comment, elle ne déballe pas sa souffrance? Pourquoi vient-elle alors? Elle ne participe pas à la fête collective de douleurs et de larmes partagées. Son attitude dérange le thérapeute. C'est une insulte à sa compétence souveraine. L'exercice proposé consiste à l'étendre entre deux matelas sur lequel quelques hommes bien bâtis vont se coucher et elle devra en sortir, ou crier à l'aide... ou crever! Il faut briser la forteresse.

La femme entre les deux matelas ne bougeait pas, elle étouffait peut-être. Marie avait assisté à cette scène, le cœur battant, dans une panique, une angoisse épouvantables, muette de douleur. Les secondes lui paraissaient des heures. Elle, couchée sous le poids de son père, le temps qui s'étirait, elle, muette, paralysée de peur.

La femme, enfin, avait réussi à se libérer, elle s'était

précipitée, l'œil hagard, vers la porte, dans la rue, dans la nuit, comme une folle. Deux personnes avaient couru à sa poursuite et l'avaient ramenée bouleversée. Le psy-chef avait quand même eu peur, l'inquiétude se lisait sur son visage; il était allé peut-être un peu trop loin cette fois, mais il fallait prendre des risques dans ce métier.

Quelques années plus tard, elle avait entendu à la radio et lu dans les journaux qu'un homme était mort au cours de cet exercice dans un groupe du même genre. C'était un accident, arrêt cardiaque!... Comme à l'armée, le psy-chef avait sans doute droit à un certain pourcentage de pertes. D'autres se retrouvaient à l'hôpital psychiatrique mais ils étaient déjà tellement malades n'est-ce pas, on n'y pouvait rien. La compétence du psy n'était pas mise en cause, il donnait toujours la bonne explication qui enfonçait la victime et redorait son image. C'était un thérapeute de valeur, génial même, c'était un champion de la communication non verbale et un arbitre du verbe. On pouvait lui faire confiance, c'était un maître-psy.

Il s'appelait G., la quarantaine, il était maître-psy d'une formation longue d'animateurs. Tout de suite, il fut attiré par elle et, le premier soir, il l'emmena dans son lit. Curieusement, il semblait avoir perdu toute volonté, attendant qu'elle lui fasse l'amour. Il se laissait faire, docile, presque absent, comme fasciné. Elle avait senti son pouvoir sur lui, alors qu'à cette époque elle était encore terrorisée par les hommes. Cette nuit-là, elle avait revécu la scène avec son père, les rôles étaient inversés. Elle avait fait un pas de géant : elle avait constaté qu'elle pouvait n'être pas seulement une victime ligotée.

Dès le lendemain, à cause de cette brève intimité, l'animateur avait pour elle perdu son auréole, il avait dégringolé de son piédestal. Elle s'amusait beaucoup à le voir faire son cinéma. En fait, c'était un grand enfant qui avait besoin d'être reconnu, cajolé, adulé. Mais il jouait à être le maître, le roi. Tous les courtisans tournés vers lui, suspendus à ses lèvres, cherchaient à décoder ses silences, les intonations de sa voix, la moindre de ses attitudes. Ah! il a froncé le sourcil, détourné le regard? Pourquoi relève-t-il ce mot? Et lui, tablant sur le mystère, lançant des énigmes!... Si vous ne comprenez pas, c'est que vous n'êtes pas dignes d'être initiés au grand art de l'animation des groupes.

Elle n'avait pas eu la patience de gravir toutes les marches qui menaient au trône. Elle avait quelque chose de plus urgent à faire, retrouver sa vérité, guérir de sa blessure. C'est pourquoi elle était allée ailleurs.

En effet, un grand danger la menaçait. Son mari allait la quitter, il partirait si elle ne guérissait pas de sa sexualité malade. Elle avait encore peur du sexe et du corps de l'homme. Elle ne pouvait toujours pas supporter le poids d'un homme sur elle. Bien sûr, son mari avait des raisons d'aller chercher ailleurs ce qu'il ne pouvait trouver chez cette femme handicapée de l'amour.

Alors ils étaient allés ensemble en thérapie sexuelle. Elle se retrouva face à un couple formé par son mari et sa maîtresse. Ils étaient enlacés en face d'elle qui acceptait l'inacceptable. On l'admirait pour sa force et son courage. On la berçait de mots-mensonges, de louanges. Ici, il y avait de nouvelles normes, une autre morale. La jalousie était l'ennemi à combattre absolument, à déraciner du cœur, à extirper du ventre. Il lui fallait accepter la sexualité de son mari, leur épanouissement sexuel était à ce prix. Le soir, seule dans sa chambre, elle dessinait rageusement, et elle pleurait. Elle avait bien sûr « connu » un ou deux hommes, mais elle le faisait pour rétablir l'équilibre, non parce qu'elle en avait vraiment envie. Elle, ce qu'elle voulait, c'était dormir avec son mari, être dans ses bras. Elle l'aimait.

La dernière nuit, A., le thérapeute qui lui faisait une cour discrète était venu la rejoindre dans sa chambre. C'était exceptionnel, il n'avait jamais de relations sexuelles avec les stagiaires pendant le stage, mais elle était tellement extraordinaire qu'il était venu à elle, il transgressait sa règle de vie pour elle. Il lui avait débité tous ces mensonges, elle l'avait cru, elle s'était donnée à lui. Il y a toujours un certain plaisir à être l'élue du chef. Ensuite, il l'avait encouragée à suivre d'autres stages de thérapie sexuelle. Il se proposait comme guérisseur, mais ce passage au lit, comme pour G., avait déboulonné la statue. Désormais, elle porterait sur lui un double regard.

Elle avait passé deux fois vingt-quatre heures dans un lieu étrange avec piscine, sauna, où la nudité était de rigueur. Hommes et femmes étaient en nombre égal pour que des couples pussent se constituer. Pendant le massage, l'immersion dans l'eau chaude ou le sauna, on parlait de problèmes de couples et de sexes qui ne jouissent pas. Avec une autre femme, elles avaient décidé de ne pas entrer dans le jeu de la partouze qui se préparait. Elles s'étaient choisies pour le massage, laissant ainsi deux hommes dans l'embarras.

Elle y était retournée la deuxième fois parce que son mari s'éloignait de plus en plus, parce qu'elle se sentait anormale avec son sexe gelé. Elle était perdue. Elle n'était plus qu'un amas de souffrances. A la suite d'un exercice corporel, elle avait explosé comme une bombe. Elle ne pouvait plus s'arrêter de crier. Sa blessure était grande ouverte, béante. Elle ne pouvait que hurler comme une bête, aucun mot ne pouvait exprimer cette douleur qui la dévastait. Ce lieu prévu pour le plaisir sexuel, ainsi troublé par des cris de bête humaine, c'était intolérable. A. l'avait arrêtée brutalement. Ici, on s'occupait de sexe. Son problème dépassait le but du stage, elle devait aller ailleurs pour le régler. Elle avait fini par ravaler ses cris, elle avait gardé sa plaie ouverte. Une femme l'avait bercée, elle était terrassée.

Elle retourna pourtant chez le sexy-chef. Son mari allait lui-même devenir thérapeute. Pour ne pas le perdre complètement, l'idée d'être abandonnée un jour la plongeait dans une panique absolue, elle s'était inscrite à un cycle de formation de thérapeute avec A.

Elle avait tout accepté pour que son mari ne parte pas, elle avait reculé ses limites, jusqu'à l'extrême. Il passait des week-ends avec la femme dont il était amoureux, chez eux. Quand elle le pouvait, elle partait se consoler dans les bras d'un autre homme, mais plusieurs fois, l'amie était venue alors qu'elle était là avec sa petite fille. Les amants avaient dormi, fait l'amour dans sa chambre à lui, juste à côté, pendant qu'elle était seule dans son lit, à pleurer doucement. C'était étrange. La jalousie l'avait quittée, elle ne sentait plus rien. Son cœur était-il brisé? Lui, la berçait de mots trompeurs; « elle était tellement exceptionnelle, merveilleuse », il l'aimait bien sûr, elle comprenait tout. Il lui parlait même de l'Autre, de ce qu'il vivait avec elle. Il fallait qu'elle l'écoute, elle l'avait toujours écouté avec le cœur ouvert, mais maintenant, elle ne recevait plus que des coups. Sa tendresse, son amour, avaient un goût de souffrance, du sang de sa blessure, celui du lait mêlé de sang qu'elle avait bu au sein. Lui, son mari, était à la fois son père et sa mère. Elle n'était plus qu'une petite fille perdue. Allait-il la laisser?

Il l'avait laissée. Il venait juste de s'installer avec l'Autre quand elle était allée faire un stage de douze jours avec A. Elle avait espéré un lieu où elle pourrait déposer le plus possible de son fardeau. L'endroit s'y prêtait : une maison dans le Midi, isolée, avec une piscine, les stagiaires campaient autour. Là, elle pourrait apprivoiser sa souffrance et repartir avec des forces neuves. Mais la bombe était toujours dans son ventre. Si on grattait un peu, ça sautait, elle explosait. Il n'y avait pas de mots pour dire cette douleur-là. Personne n'y pouvait rien. Il aurait seulement fallu l'accepter ainsi, hurlante, mais le psy-chef en avait peur.

Elle avait remarqué la façon dont A. détournait la violence. Il ramenait tout à un labyrinthe verbal et verbeux. Elle avait osé contester, dévoiler les manipulations. Elle s'était attaquée seule au pouvoir sacré du psy-chef. Elle!... Elle qui justement montrait une image de folle, dans les moments où la lionne en elle explosait en cris de rage.

Les favorites étaient venues lui conseiller amicalement d'abandonner cette façon de s'exprimer. « Non! ça ne pouvait être elle cette tigresse déchaînée, elle, si douce, dont tout le monde vantait les qualités de cœur. » Elle devait absolument abandonner la folle qui n'était pas Marie, ce serait tellement mieux pour son psy-chéri!

Trop tard, elle avait senti dans ces explosions de rage la vraie femme. Elle avait entendu, à travers ces cris, sa vérité, elle avait trouvé le chemin malgré eux. Elle savait, tout au fond d'elle, que ces cris étaient ce qu'elle avait dit de plus juste, de plus authentique depuis des années.

Elle tenait enfin ce qu'elle cherchait. Elle, la pleureuse, la victime, avait découvert une autre voie, celle de la colère volcanique. La force sauvage se réveillait en elle. Puisqu'ils ne toléraient pas la rebelle, elle trouverait un moyen d'être tigresse ailleurs.

Elle ne remettrait plus jamais les pieds dans ces lieux maudits de thérapie-mensonge où on ne pouvait accepter sa vérité. Elle se battait depuis trop d'années pour la découvrir. Elle avait trouvé une voie, elle irait seule au fond du gouffre. Elle se débrouillerait seule puisque sa douleur n'était pas supportable pour les autres.

De retour chez elle, elle avait eu peur de sa rage. Elle ne connaissait pas la tigresse, on ne lui avait pas permis de l'apprivoiser en lieu sûr. Maintenant, elle était sur une corde raide, si fragile, avec pourtant cette énergie sauvage prisonnière en elle. Au stage, elle avait brisé des chaînes, le fauve allait-il s'échapper brusquement, malgré elle dans la rue, n'importe où, pour un détail, une bêtise? Alors elle se mit à peindre, dessiner, vomir des mots sur des cahiers, elle écrivait dans tous les sens, seulement des mots, même pas des phrases. C'était une éruption de mots en fusion. Ses premiers mots de rage, des verbes surtout, arracher, tordre, cogner, assommer, déchiqueter... s'échappaient d'elle comme des cailloux en feu du cratère, mots qui tuent, mots-boulets de canon, mots de guerre, mots si longtemps cadenassés au fond de son ventre. Ils jaillissaient de ses mains. Ils filaient comme des flèches. Des balles dans tous les sens. Comme à la guerre.

Au fond du puits

Elle se sentait fébrile, elle avait trop à dire, tout à raconter, et tant d'images se bousculaient, comment retrouver l'ordre des événements.

Pour suivre son mari, qui était nommé à l'Université, elle avait dû changer de département. On lui avait attribué un poste difficile, peu demandé : classe dépotoir où se retrouvaient tous les indésirables, les insupportables, les caractériels d'une ville. Elle n'avait pas à se plaindre, l'endroit était idéal : à la campagne, dans un vieux château, deux classes, celle des petits et celle des grands dont elle avait hérité : 15 préadolescents de douze à quatorze ans, dont 13 garçons tous plus agressifs les uns que les autres.

Elle avait vite compris son malheur : d'ailleurs elle le pressentait. Quelques semaines avant la rentrée, tout son corps avait refusé cette expérience, il s'était noué, braqué, comme un cheval qui se cabre devant le danger. Elle avait retrouvé son corps d'anorexique, elle était comme dédoublée. C'était comme si elle ne l'habitait plus, comme si elle avait fui devant le danger, avant même de savoir ce qui l'attendait dans ce château : quinze enfants blessés, meurtris avec un passé d'échec, de rejet plus que douloureux.

Très vite, elle avait su, car ils avaient déversé toute leur colère, raconté les humiliations, la rage contre l'école. Elle avait eu en face d'elle quinze loups prêts à la dévorer. Elle ne faisait pas le poids avec sa petite taille. Elle n'avait jamais vu autant de problèmes rassemblés.

Elle était tombée en enfer, car avec sa sensibilité trop vive, elle captait leur souffrance, ces quinze souffrances qui lui parlaient hors des mots. En face d'eux, elle ne pouvait pas représenter une institution solide, elle était leur grande sœur, leur jumelle dans la douleur. Pour elle c'était insupportable, invivable. Elle recevait toute leur violence et revenait le soir exténuée, abattue, elle pleurait sur tout ce qu'elle avait entendu, sur sa souffrance à elle aussi et sur son impuissance. Elle savait qu'avec chacun, en particulier, elle aurait pu être un soutien, un témoin, un repère. Avec ce groupe, elle n'avait plus aucune compétence, aucune ressource.

Elle y retournait quand même. Ils vidaient leur trop-plein du mal reçu à l'école, dans leur enfance; ensuite, sans doute ils se calmeraient, seraient disponibles pour autre chose mais une telle concentration de violence l'effrayait. Ils ne savaient plus s'exprimer qu'avec leurs poings. Le plus grand, le plus fort, le plus âgé aussi, venait d'un IMP *, il faisait de la lutte, de la boxe. Son père l'avait prévenue, il avait déjà agressé une éducatrice, il était violent et susceptible surtout. Très vite, il avait senti que je ne faisais pas le poids, il pouvait usurper, prendre le pouvoir sur le groupe car la force physique, lui, il l'avait, s'il n'avait pas le pouvoir institutionnel.

Il se mit à tabasser les récalcitrants après avoir constitué une petite bande. L'un avait eu une plaie à la tête, et un autre avait reçu un coup si violent au plexus qu'il s'était presque évanoui.

En classe, tout devenait difficile; au début je réussissais, grâce à des trésors de diplomatie, à le neutraliser, mais bientôt il entraîna tout son groupe dans une opposition systématique.

Un jour, ils avaient ramassé des sauterelles dans un champ, ils étaient enfin intéressés par quelque chose; je cherchai vite de la documentation sur les insectes, mais je les retrouvai en pleine séance de torture. Ils s'amusaient à tuer les insectes, débordant de créativité. Jamais ils n'avaient été aussi calmes, concentrés. Ils se vengeaient sur des petites bêtes de leurs blessures.

Puisque nous étions à la campagne, nous profitions du soleil d'automne, mais sortir avec eux n'était pas

* Institut médico-pédagogique.

de tout repos. L'un d'eux, en particulier, passait son temps à me provoquer, il s'allongeait au milieu de la route, dans les virages, attendant une voiture, il disait qu'il voulait se suicider de toute façon.

C'est au cours d'une de ces promenades que l'incident se produisit. Nous étions dans un champ quand un des garçons arriva derrière moi, m'attrapa les bras et cria aux autres : « Allez, tous sur la maîtresse! » et à plusieurs ils m'eurent rapidement couchée sur l'herbe et maîtrisée. Ils étaient tous là, les treize garçons, les deux filles n'ont pas participé à cette agression, elles regardaient, comme fascinées. Tandis qu'ils me maintenaient au sol, me tiraient les cheveux, me mettaient de l'herbe dans la bouche en guise de bâillon, ils déversaient sur moi toute leur rage contre l'école : « Alors maintenant tu vas nous promettre de dire à nos parents qu'on est sages, tu vas nous mettre 10/10 en dictée, en maths, tu diras qu'on sait lire, qu'on est des bons élèves, tu ne nous mettras que des bonnes notes, tu ne nous crieras pas après, tu feras tout ce qu'on te dira. »

Je ne m'étais pas défendue, ayant vite senti que le rapport de forces n'était pas en ma faveur et qu'ils en voulaient plus à l'institution qu'à moi-même. J'attendais donc que l'orage passe, mais c'était terriblement long et je ne savais pas jusqu'où ils iraient. En fait, ils me lâchèrent et filèrent dans le champ comme une volée de moineaux. Je me relevai, remis de l'ordre dans ma tenue, j'étais heureusement en jean. Sur le moment, j'avais réagi assez bien. Rassemblant les débris de mon autorité, je les ramenai dans la classe, d'un pas rapide.

Le soir, je racontais l'incident à mon mari, essayant de comprendre les forces en présence; mon expérience de dynamique de groupes me semblait précieuse pour maîtriser la situation. Mais je continuais de pleurer pour déverser le trop-plein de violence reçu quotidiennement. J'y retournai malgré tout, je ne pouvais changer de poste, je le savais, il fallait continuer coûte que coûte.

Le grand avait décidé de m'abattre, je le sentais.

J'étais sans cesse aux aguets, usant de toutes mes antennes pour me défendre. Allait-il encore attaquer en traître, par-derrière? J'avais peur de ce grand garçon costaud et qui savait si bien cogner.

La journée avait été orageuse entre nous, je l'avais senti plusieurs fois prêt à me sauter dessus comme un fauve. A cause d'un incident dans la cour de récréation la tension était encore montée. Sachant que ma collègue arrivait avec ses élèves, je le provoquai. Je me plantai en face de lui, devant les autres et je lui dis : « Alors, vas-y puisque tu rêves de me faire la peau, attaque, je t'attends, si tu oses! » Je ne me reconnaissais pas, mais il fallait en finir, cette atmosphère était insupportable, même si ça devait me mener à l'hôpital. C'était une issue, je n'en trouvai pas d'autre à ce moment-là. Ma collègue arrivait, il tourna les talons bientôt suivi de sa bande.

Cette fois, j'avais atteint mes limites. Le lendemain j'atterrissais chez un médecin et je lui racontais mes trois semaines en enfer, au milieu d'un sanglot. Je m'effondrais tout à coup, j'étais comme dévorée par une bande de loups, je me sentais l'âme en lambeaux, mon corps, mon esprit partaient en mille morceaux.

J'avais beaucoup maigri, beaucoup pleuré et je n'en avais pas fini de pleurer, car ils m'avaient précipitée au fond d'un gouffre noir. Le médecin me mit en congé et m'interdit d'y retourner. De toute façon, je ne le pouvais plus. J'étais une loque, un fantôme de moi-même, l'angoisse me tenait : la scène avec mon père me revenait avec plus de violence que jamais. Mes nuits étaient hantées de cauchemars où j'étais poursuivie sans cesse par des hommes armés de grands couteaux ou de fusils... Je vivais la peur le jour et la nuit. Je n'osais plus sortir en ville, tellement je me sentais fragile.

Les semaines passaient, je m'enfonçais dans le labyrinthe noir de la déprime. J'étais au fond du puits, je réalisai vite que personne ne me tirerait de là, que je devais le faire seule. Il me fallait du temps, je le prendrais, mais je me mis à lutter, bien décidée à en sortir. Tandis que je coulais, partais à la dérive, une autre partie de moi s'accrochait.

Je me mis à coudre toute la journée. Je faisais des vêtements que je distribuais à mes amies. Je me sentais utile ainsi. J'avais toujours travaillé depuis l'âge de dix-neuf ans et je ne savais pas rester inoccupée. Je créais, j'inventais, je noyais mon angoisse dans de jolis tissus colorés et fleuris. Je cousais des kilomètres de tissu, à la recherche de mes morceaux.

Je fabriquais beaucoup de vêtements en patchwork. Si je pouvais rassembler tous ceux que j'ai fabriqués cette année-là, ils rempliraient sans doute un ou plusieurs magasins. Je pensais même abandonner mon travail avec les enfants pour devenir couturière comme ma grand-mère. J'étais désespérée, je ne pouvais plus supporter les enfants, même pas ma petite fille.

La nuit, je rêvais que je piétinais des bébés, que je jetais des enfants par la fenêtre. Moi, qui avais eu tant de patience, de joies à travailler avec eux, brutalement, ils déclenchaient en moi tellement d'agressivité que je devrais sans doute renoncer à mon métier. J'étais désemparée, perdue. Je n'avais qu'une envie : me terrer dans ma tanière, me recroqueviller, être seule pour penser, faire le point, me retrouver dans ce chaos.

C'était mon deuxième cataclysme, il fallait survivre, s'organiser, retrouver le goût de vivre, des forces. Mon énergie fuyait par une faille que je cherchais à colmater, sans y réussir. Pour un détail, je sombrais, j'éclatais en larmes, mes jambes ne me portaient plus, je devais trouver une solution, reprendre des forces, maîtriser l'angoisse qui me glaçait jusqu'aux os. Le médecin voulait absolument me donner des tranquillisants; il m'avait dit : « Vous ne voyez pas dans quel état vous êtes, je vous conseille vivement d'en prendre. »

Un soir où j'ennuyais mon mari avec mes angoisses, il me donna un Tranxène. Je m'endormis, mais ne me réveillai que dans l'après-midi, très difficilement. J'étais comme confondue avec le matelas, incapable de faire un mouvement, sans le moindre filet d'énergie. Je dus faire des efforts terribles pour m'extirper du lit, de cette torpeur. C'était donc cela l'effet des tranquillisants! Ce comprimé m'avait comme liquéfiée et ôté tout ce qui me restait d'énergie. Je ne renouvelai jamais l'expérience et je jetai aussitôt la boîte de comprimés dans les WC. Ce n'était pas ma solution, si elle convenait à d'autres, mais je sentais que je devais, au contraire, rassembler mes forces, être vigilante, garder toute ma tête, m'en servir au maximum pour découvrir des issues à cet enfer.

Jamais je n'ai désespéré, j'étais sûre que je trouverais une solution, j'avais bien survécu à l'anorexie. Mon mari était tout occupé à son nouveau travail et avec sa maîtresse, il ne m'était pas d'un grand secours, il s'éloignait et l'état dans lequel je me trouvais ne pouvait que le faire fuir davantage, je le savais.

C'est alors que je pensai à ce que je faisais dans mon travail avec les enfants perturbés : le dessin, la peinture, les marionnettes... Je n'avais jamais utilisé de pinceaux que pour les mettre entre les mains des enfants, je ne dessinais jamais, pas mieux qu'un enfant de six ans. Tant pis, il fallait essayer.

Devant une feuille blanche, des pastels à la main, je me suis mise à tracer des traits rapides, nerveux sur des feuilles qui défilaient devant moi. Je dessinais à grands traits, j'y trouvais beaucoup de plaisir, j'avais sauté dans le vide, je n'avais plus peur. Je laissais mes mains partir toutes seules. Je ne cherchais pas à faire quelque chose de beau, de figuratif, non, je déversais là une angoisse qui prenait la forme de décharges électriques, tant je crayonnais vite. Je faisais tout un tas de dessins, puis je m'arrêtais pour les étaler devant moi et les regarder. Je les ai retrouvés, ces premiers dessins. Je les revois pour la première fois depuis neuf ans; comme tout le reste, je n'ai pu les jeter, ils étaient là, abandonnés, au fond d'un carton dans un coin.

Maintenant qu'ils sont sous mes yeux, je ressens ce froid intérieur qui ne me quittait pas à cette époque. J'ai dû mettre un pull. Des vibrations étranges émanent de ces créations; elles me font un effet physique, je les reçois dans le corps, elles me font froid dans le dos, toutes ces mâchoires, ces pièges à loups, ces serpents noirs, ces bêtes imaginaires tellement féroces me donnent des frissons.

A cette période, j'étais toujours gelée du dedans. Je buvais beaucoup de boissons chaudes pour me réchauffer, sans succès, car le froid me reprenait sitôt la tisane avalée. C'était une source froide qui sortait de mon ventre et me glaçait. Une sculpture, que j'avais appelée « le ventre de ma mère », est née de ce froid intérieur. Il s'agit d'une sorte de cage, faite de grillage et de bandes plâtrées. Dans cette prison qui pourrait se trouver au fond d'une crevasse, une fillette habillée de bleu est assise, attachée par de grosses chaînes, aux mains, aux pieds, à la taille. Autour d'elle, sur le sol, des tessons de bouteille couverts de peinture rouge : du sang.

Les murs de la cage sont ouverts. C'est un endroit à courants d'air. Un vent glacé y pénètre sans cesse. La fillette est condamnée à grelotter sans bouger dans le vent glacé, des chaînes à la hauteur du regard, comme pour lui barrer même ses rêves de petite fille gelée.

Des couleurs de feu et de sang

Un psy lui avait dit : « Mais le vagin denté, c'est un fantasme masculin! » Qu'est-ce qu'il fait là, dans une tête de femme? on se demande vraiment. Ses dessins étaient couverts de vagins dentés, elle n'y pouvait rien. Elle avait décidé de fouiller dans son ventre, d'en sortir tous les monstres et les sorcières qui l'habitaient, de les débusquer de là, de les affronter, elle passait des heures face à ses créations pour découvrir ses démons intérieurs, les regarder bien en face, pour les neutraliser, les anéantir du regard. La lionne se mesurait à tous ces fantômes qui l'empêchaient d'être une femme vivante, entière. Elle était partie visiter son pays des monstres dans la grotte noire, au fond de son ventre. Elle avait osé les attaquer. Seule, elle les avait tous délogés un à un. A cette époque, elle était envahie de visions qui la terrorisaient. Elle vivait la peur, le jour et la nuit; elle s'était mise à créer pour survivre, pour maîtriser sa panique. Elle cousait beaucoup le jour, elle dessinait ou peignait la nuit et parfois elle vomissait des mots, des centaines de mots, rien que des mots sur des cahiers. Elle apprivoisait ainsi son angoisse, elles faisaient connaissance dans ce face-à-face coloré. Elle y puisait la force de continuer. Après chaque blessure, sous une avalanche de peur qui lui venait d'un cauchemar nocturne ou de visions qui la hantaient, elle dégringolait au fond de la grotte noire face au dragon, aux sorcières avec leur chevelure de serpents. Elle était là, fragile, face à la feuille blanche, un pinceau ou un pastel à la main, et elle laissait ses mains, son corps dessiner, son corps qui hurlait le mal à travers ses mains. Elle avait mal au ventre, aux seins, quand elle peignait ainsi, la nuit. C'était la douleur de son ventre qui arrivait jusqu'à ses mains, qui les guidait. Elle ne savait pas ce qu'elle faisait, elle n'avait pas d'autre projet que celui de se délivrer enfin de cette souffrance insupportable.

C'était comme si elle n'avait plus de tête, elle ne pensait pas à ce qu'elle allait faire, à rien. Sa tête était comme déconnectée, elle était juste branchée sur sa panique. La douleur de son ventre se traçait, s'inscrivait sur la feuille. Elle dépliait des rouleaux de papier kraft blanc sur une grande table et elle laissait courir le pinceau. Des vagues rouges, roses, violettes, orange, des couleurs de feu et de sang s'étiraient, s'étalaient sur le papier qu'elle déroulait au fur et à mesure.

Quand elle peignait longtemps la nuit, elle mangeait des œufs et du chocolat. Jamais elle n'avait mangé autant d'œufs de sa vie. Elle, qui avait eu tant de crises de foie, enfant, elle supportait très bien de manger cinq ou six œufs pendant la nuit. Elle suivait une sorte d'instinct; à ces moments-là, elle se sentait comme un animal qui aurait gratté la terre à la recherche de racines nécessaires à sa survie. A un certain moment, les douleurs cessaient, l'angoisse s'était calmée, la peinture était achevée, alors elle l'accrochait sur un mur et elle regardait. Elle restait assise, silencieuse, devant cette forme colorée, géante (deux à trois mètres) qui était sortie d'elle. Elle avait besoin de ce temps de méditation, de contemplation silencieuse. Elle ne pensait pas, ce n'était pas du tout de cet ordre, c'était plutôt de l'ordre de la rencontre avec l'inconnu. C'était comme si elle s'était libérée de forces négatives, malfaisantes, mauvaises, qui lui torturaient le corps. Sur le papier, sorties d'elle, ces forces devenaient positives, elles se métamorphosaient en énergie pour vivre, pour continuer la lutte. Elle avait matérialisé un combat intérieur.

Après chaque bataille, elle allait se coucher au petit matin, à nouveau solide, prête à vivre, à rire, à danser, à jouer avec sa petite fille. Elle avait retrouvé toute sa force dans cette aventure jusqu'à la prochaine chute, jusqu'à la prochaine nuit de peinture. Mais elle était sauvée elle n'avait plus besoin de béquille, de psy, d'aide, elle avait appris à se remettre debout seule, à se libérer de la panique. Elle n'avait plus peur, elle maîtrisait de mieux en mieux son angoisse, elle faisait moins de cauchemars, elle revivait, elle songeait à reprendre son travail.

Elle avait trouvé un moyen de se brancher sur sa blessure, de la vider du mal, d'être en contact avec une source profonde. Elle puisait dans le lieu même de son angoisse des forces vives. Pour avoir osé affronter seule ce qui la terrorisait, elle avait comme retourné la situation en sa faveur. Au fond du gouffre noir, elle découvrait un vrai trésor de vitalité. « Que ma faiblesse soit ma force! » La création permettait ce retournement. La création était donc pour elle la meilleure des thérapies. Elle était sauvée. Les formes géantes qui sortaient de son ventre, de ses mains, se transformaient elles aussi. Au début, des silhouettes ligotées, ficelées comme un rôti se dépliaient, prenaient des allures de bébés puis de femmes : femmes à plusieurs têtes avec des yeux partout, femmes-monstres, pour arriver à une femme géante avec une tête, un tronc, des bras et des jambes. Elle avait accouché d'une vraie femme de feu et de sang : une femme rouge, puis de dragons monstrueux, de bêtes imaginaires toutes plus terrifiantes les unes que les autres.

Elle avait aussi fait des bandes dessinées de huit mètres de long : c'était un combat de monstres et au milieu il y avait une forme rose, un bébé, entre les mâchoires, les griffes, les dents de ces bêtes velues qui se battaient.

Elle appelait ça : « Portraits de famille ».

Un homme rouge

L'homme ne pouvait que lui donner la mort. La mort se présentait à elle sous les traits d'un homme, celui de son grand collage.

C'est un homme rouge. Le sexe brandi, il tient un couteau, sa bouche ouverte ressemble à un piège à loups. Tout autour de lui, des morceaux d'un corps volent : un visage couvert de larmes, des seins, un ventre et un sexe blessés d'où jaillit le sang qui éclabousse des jambes, des bras, des pieds et des mains. Les yeux planent comme deux fantômes, témoins de cette scène de mise à mort. Des mains partout appellent au secours parce que la femme n'a plus de voix.

Les mains cherchent de l'aide. Qui va maintenant rassembler tous ces morceaux épars? Qui pourrait reconstituer le puzzle? La femme a éclaté en morceaux sous le pouvoir de l'homme, son père. Il l'a brisée en voulant la prendre, la garder pour lui seul. Il l'aimait, il ne lui voulait peut-être pas de mal mais il l'a brisée; elle et l'amour si pur qu'elle lui portait ont explosé. Elle ne pouvait plus aimer ce père-là, ni se construire face à lui. Il l'avait détruite. Elle ne savait plus qui elle était, elle avait perdu son reflet dans ses yeux tendres. Avant, il était fier d'elle, elle avait besoin de cette reconnaissance et de sa tendresse. Elle était perdue désormais, perdue dans un désert noir, silencieux. Elle n'avait plus de chemin, plus de voix. Elle s'était comme dissoute, envolée, elle était devenue immatérielle. Ce serait peut-être ainsi après la mort. Elle était sans doute déjà morte.

Son père l'avait prise et elle était morte pour le jeune homme qui devait l'emporter vers la vie comme dans les contes. Elle ne porterait jamais la robe blanche de l'épousée, la robe dont elle avait tant rêvé, enfant, dans l'atelier de sa grand-mère qui en fabriquait de si belles. Rolande lui avait promis de lui en faire une, un jour. Elle avait même tenu devant Marie une robe couverte de dentelles pour que la petite puisse encore mieux rêver en voyant, dans le miroir, son visage illuminé de toute cette blancheur. Marie fut si émue ce jour-là, autant que lorsqu'elle voyait une vraie mariée sortir de l'église tandis que les cloches sonnaient à toute volée l'espoir du jeune couple. Elle oubliait de courir après les dragées pour mieux voir ce spectacle lumineux dont elle s'emplissait les yeux.

Elle aussi, un jour, marcherait tout de blanc vêtue, elle partirait dans la vie au bras d'un jeune homme pour devenir une vraie femme..., l'épouse de l'homme qu'elle aurait choisi, qu'elle saurait aimer. Un jour elle connaîtrait ce bonheur-là, cette lumière-là. Ce rêve lui donnait des ailes, lui rendait le cœur si léger qu'elle repartait en sautillant, en dansant sur le sentier entre les jardins. Peut-être même qu'elle chantait tellement elle aimait ce spectacle qui promettait tant, qui donnait envie de grandir.

Jamais elle n'avait été, jamais elle ne serait une dame blanche, la mariée de son enfance, éclatante de lumière et d'espoir. Son père l'avait prise à quinze ans, son sperme l'avait souillée, salie à jamais. Il lui avait volé cette étape de la vie. Son père lui avait volé le blanc sur lequel tout peut s'inscrire.

Marie s'était mariée, un jour, avec deux témoins, dans une grande ville. Elle était juste allée chercher un certificat de mariage, un vulgaire papier qui lui permettrait de travailler avec son mari. Elle s'était moquée de cette cérémonie rapide, elle riait sans doute pour ne pas pleurer, pour ne pas penser à ses rêves de fillette. Elle avait déjà subi les affronts réservés aux filles-mères parce que sa fille avait deux ans quand ils étaient allés à la mairie. Maintenant Zoé aurait un père, tout rentrerait dans l'ordre. Il s'agissait d'une régularisation de situation pour la société, non d'un mariage comme elle en avait vu pendant toute son enfance.

Plus elle regardait vers le collage, plus elle détestait cet homme rouge, au sexe brandi, à la bouche en piège à loups. Elle détestait son père qui lui rendait la rencontre avec les hommes impossible. Elle détestait son père qui s'était couché sur elle, une nuit, sans un mot, comme si c'était la chose la plus naturelle du monde.

Mal de mes rêves brisés

Son cœur se manifestait à nouveau. Elle sentait une telle pression, comme si elle avait trop de sang. Elle avait trop à dire, tout à dire à la fois, tout ce qu'elle n'avait pas osé dire. Ce qu'elle écrivait lui faisait si mal : trop de douleur concentrée en elle, camouflée derrière son sourire depuis trop longtemps. Elle ne souriait plus. Elle pleurait à nouveau. Une mère/mer de souffrance la submergeait. Pourtant elle n'était pas anéantie, mais confrontée à la nécessité de traverser cette mère-là pour rejoindre le rivage de la vie, de sa vie, enfin délivrée de sa mère, de son père, de toute cette histoire de malheur. Elle arriverait seule et autre après cette traversée-là. Écriture/épreuve, écriture tant redoutée, écriture/vérité qui vous traverse comme une épée, vous brûle comme une torche, écriture/raz de marée. Le temps de la colère était passé. La colère plus facile que la douleur, qui évite la douleur.

Elle écrivait maintenant au rythme des larmes. Le

mal enfoui, dissimulé en elle, lui arrivait par vagues brûlantes, son cœur battait trop fort, si fort, elle avait peur d'en mourir. Elle avait toujours su qu'elle pouvait en mourir. Maintenant son corps le lui répétait à grands coups au cœur. Comment dire cette souffrance-là, sans faire éclater le cœur? Elle explosait, se tordait de douleur, le cœur déchiré.

Papa pourquoi es-tu devenu ce père étranger? homme au sexe de mort, à fuir absolument. Papa, pourquoi m'as-tu tuée avant que je parte pour la vie?

Je rêvais déjà du beau jeune homme qui grandissait quelque part pour venir à ma rencontre, à qui je parlais déjà, le soir, en secret, sur mon oreiller. J'avais un amoureux dans le cœur quand tu m'as prise, un amoureux de rêve, sans visage, aux mille visages, un amoureux d'avenir. Toi, avec ton sexe d'homme, tu m'as brisé le cœur, et tous mes rêves de jeune fille pure. Assouvi, tu t'es endormi près de ta fille que tu venais de briser, tu ne sais même pas le mal que tu m'as fait pour soulager tes désirs d'homme frustré. Tu ne t'es pas rendu compte. Tu m'as fait l'amour et tu t'es endormi, tranquille, sûr de ton pouvoir, sûr de ton bon droit, comme tous les autres pères qui violent leur petite fille et ne comprennent pas de quoi on les accuse, pourquoi on les accuse.

Presque trente ans après, j'ai encore mal de ton ignorance, mal de ton absence de culpabilité, mal de l'interdit transgressé, mal de mes rêves brisés.

A quoi as-tu pensé quand tu t'es couché sur moi? Un homme fou de désir pense-t-il encore? La tête qui tient le corps, la tête qui ligote le sexe, l'interdit dans la tête qui vous castre le sexe : chez toi, ça n'a pas fonctionné!... Tu as même recommencé avec la cadette.

Oh! le petit papa chéri de mon enfance, pourquoi es-tu devenu ce père-là? Pourquoi as-tu tout gâché? l'avenir et le passé.

« Écrire c'est souffrir » disait J. Bigras.

Une femme se tord de douleur sur un grand lit blanc. Ses larmes de sang inscrivent sa souffrance sur la feuille. La femme a encore perdu sa voix. Elle hurle d'une voix blanche et se tord sur la feuille blanche. Ses larmes seules peuvent inscrire le mal de l'inceste.

Des larmes rouges, comme le sang qui sort de son sexe blessé, sur la robe blanche de la grande poupée qu'elle avait faite pour se débarrasser du cauchemar qui lui collait à la peau. Elle se souviendrait toujours de ce rêve qui l'avait poursuivie comme un fantôme, des jours et des jours. Elle descendait dans une cave sombre aux murs gris, comme une prison, un tombeau plutôt. Elle sentait derrière elle, dans son dos, une présence, une menace, un homme était là, tapi dans l'ombre. Il était si proche maintenant qu'elle entendait sa respiration. Elle se retournait, l'homme lui plantait un couteau dans le sexe et s'enfuyait. Elle restait paralysée de douleur puis elle remontait, lentement, à la lumière. Là, elle voyait des amis, elle leur montrait sa blessure, elle ne pouvait rien leur expliquer, elle avait perdu sa voix. La souffrance l'avait rendue muette. Elle avait vécu plusieurs jours de terreur, sans cesse poursuivie par ce fantôme d'homme derrière elle. Puis elle avait fait un autre rêve. Une femme bâillonnée, toute vêtue de blanc, était ligotée à une chaise. Elle pleurait en silence. A la place du sexe, elle avait une horrible blessure, un grand couteau ensanglanté gisait à ses pieds, le sang sur sa robe blanche écrivait des mots. Elle s'approchait de la femme pour lire les mots rouges de sang : viol... vol. Elle s'apercevait alors que ce n'était pas une femme mais seulement une poupée inerte. Seul le sang rouge écrivait sur le blanc et les larmes coulaient sur les joues roses. Douleur muette de l'inceste qui ne peut s'écrire qu'avec le sang et les larmes. Elle s'était réveillée effrayée, puis lentement, elle avait compris, ce rêve lui donnait une piste, une issue à la frayeur qui lui collait à la peau comme la lèpre. Il lui fallait fabriquer cette poupée. Sitôt levée, elle était partie acheter du tissu, tout le matériel nécessaire à sa réalisation et le couteau de boucher qui lui faisait si peur. Elle était belle cette grande poupée blanche et rose. Elle l'avait conservée quelques jours ainsi, elle allait la voir de temps en temps, c'était la jeune fille des contes de fées. Un après-midi qu'elle était seule, elle s'était enfermée dans la pièce où elle gardait toutes ses sculptures, ses collages de monstres. Elle était restée longtemps assise par terre, à contempler la jeune fille blanche. Tout à coup, prise d'une sorte de rage, elle l'avait ligotée, bâillonnée, puis elle avait pris le couteau et labouré le sexe de la poupée à travers la robe, puis, se couvrant les mains de la peinture rouge, elle avait écrit les mots rouges sur la robe blanche. La poupée ressemblait à celle du rêve à présent. Elle regardait ses mains rouges, elle avait couru les laver, puis était revenue près de la poupée violée. Elle s'était sentie mal, si mal, elle avait éclaté en sanglots, elle voulait crier. Elle n'était plus que souffrance. Elle avait espéré une issue à son mal, mais elle se tordait de douleur à présent. Elle sombrait dans un abîme, elle avait le vertige. Que faisait-elle? Oui, il lui fallait du sang, du vrai sang, son sang, et le couteau était là, tout près d'elle. Le couteau qui la terrorisait et la fascinait. Elle résistait de toutes ses forces. Que faisait-elle? Non! Non! Alors elle avait entendu, on sonnait à la porte. Il fallait y aller, se lever, ouvrir la porte! C'était son ami. Elle était tombée dans ses bras, elle sanglotait. Il l'avait bercée, mise au lit. Elle revenait de très loin. Elle s'était endormie épuisée. Il était reparti, emportant le couteau.

Plus tard, elle avait réalisé le danger qu'elle avait couru. Elle ne devait plus recommencer. Elle avait eu si peur de basculer. Désormais, elle serait plus prudente. Elle avait senti ses limites, le besoin d'un compagnon, d'une épaule amie, de grands bras réconfortants. Cet homme l'avait sauvée, elle allait vivre avec lui un grand voyage au pays de l'amour.

Elle trouverait, pour quelque temps, la paix et le repos auprès de lui. Avec lui, elle quittait le pays de sa souffrance, pour vivre un grand incendie d'amour, où en se livrant enfin corps et âme à un homme épris d'absolu comme elle, elle avait brisé la chaîne, la statue de pierre avait volé en éclat. Lentement, la passion l'avait délivrée du sortilège, elle avait trouvé son corps de femme, un corps sensible, vivant. Un homme, fou d'amour, avait réussi à l'apprivoiser, la peur l'avait enfin quittée. Vingt ans après, c'était dans son histoire une nouvelle victoire de l'amour.

Quelques années plus tard, quand il était parti, elle était devenue entière. Cette rupture brutale l'avait secouée comme un électrochoc, elle avait senti la douleur d'un vrai coup d'épée au cœur, mais cette fois, elle avait fait face, debout, solide, forte de pouvoir enfin dire sa blessure. Elle avait saisi le stylo et commencé à inscrire lentement sa souffrance sur la feuille blanche; elle savait qu'elle irait jusqu'au bout de ce chemin-là. Écrire pour ne plus souffrir.

Je me revois, femme douloureuse, portant ma blessure comme un enfant mort-né dont personne ne veut. Devant le fruit de l'inceste chacun détourne les yeux, se voile la face. Ces mots-là rendent sourd et aveugle. Mais, moi, désespérée, errante, je montrais le fruit de mes entrailles vides.

J'allais, parmi les autres, le ventre ouvert, sans parole, à la recherche d'un père pour un enfant bâtard, monstrueux, qui n'avait existé que dans ma pauvre tête affolée.

Un rêve ancien me revient. Un homme puissant me forçait à promener un landau vide parmi des mères épanouies, qui exhibaient leur beau bébé vivant, gazouillant dans des poussettes. Et je trouvais injuste d'être ainsi contrainte non seulement à pousser un landau vide mais à devoir parler avec les autres mères, de ce fruit perdu, de l'enfant jamais né.

Et cette sculpture, enfermée dans ma cave, de la femme de deux mètres, mère aux seins généreusement inutiles, au ventre ouvert, vide, béance insoutenable. Le monstre est enfin sorti d'elle. Il semble rire de toute sa mâchoire de requin. Il se moque des humains, lui qui n'a rien d'humain, fruit d'un inceste père-fille, bête préhistorique, sortie du ventre d'une femme folle, fruit de la folie du père qui se jette sur sa fille vierge, dans le silence d'une nuit.

Cette sculpture dont je ne peux vraiment me séparer, je l'ai faite en stage, sous le regard interrogateur des autres. Les réactions, autour, ont été vives, même violentes. Ma sculpture suscitait, réveillait des peurs anciennes. Avec son ventre ouvert, cette femme posait trop de questions.

Alors, je me suis juré que je ne renouvellerais pas l'expérience. Ce que j'avais à exprimer était insoutenable. Je continuerai donc à cacher mes créations au fond de mes placards et de ma cave.

Elle avait remonté de sa cave une grande poupée : « Femme violette, femme violée, je te blanchis, je recouds ta déchirure sanglante et rongée. Ce soir, je ferme enfin ton ventre ouvert parce que tu as accouché d'elle, de l'autre, celle qui pourra vivre enfin une vraie vie de femme après tant d'années hors les mots, hors la loi.

Je te fais blanche pour te couvrir de mots noirs comme la mort, bruns comme la terre, rouges comme le sang.

L'écriture te sauvera, réparera l'infamie. »

Avant de recoudre la blessure béante de ton ventre ouvert, j'ai glissé un tube transparent contenant un texte, comme un message dans une bouteille jetée à la mer. Je l'ai attaché à une ficelle et à l'autre extrémité, j'y ai mis le stylo avec lequel j'ai écrit mon histoire sur ton corps.

Corps de femme couvert d'écriture, de mots enfin retrouvés pour dire toute la douleur de cette perte du sens. Quand le corps de la poupée fut recouvert de mots, j'ai pu commencer à rédiger ce livre, mais mon corps s'est couvert d'eczéma et la brûlure m'a accompagnée jusqu'au bout, cessant seulement lorsque je ne pouvais plus écrire, bloquée par un conflit interne, incapable d'avancer, paralysée devant la faute du père.

Femme marquée, femme écrite, je te sortirai de ma maison, je te montrerai pour qu'on sache qu'un père ne doit pas agresser sa fille, que l'inceste doit disparaître, que les pères doivent être punis pour leur crime.

Femme témoin d'un long combat intérieur, femme

enfin délivrée du poids de la honte, capable d'écrire jusqu'au bout la lettre d'accusation contre son père coupable, de ta blessure sort le stylo, instrument interdit, inaccessible jusque-là.

Désormais, tu pourras tout écrire, tout dire des blessures anciennes. Je vais t'ouvrir la bouche et tu pourras enfin parler et chanter.

Je vais fermer ton ventre ouvert et ouvrir ta bouche fermée.

Tu chercheras ta voix et tu la trouveras.

Tu as fait mille détours pour trouver ta voie, tu as fait mille détours pour avoir moins mal. Tu avais si mal de ne pouvoir dire comment et pourquoi tu avais mal. Tu ne pouvais que pleurer chaque fois que ta plaie saignait.

Désormais tu pourras dire à celui qui te blesse, comment il te blesse. Tes larmes se tarissent parce que des mots fleurissent dans ta gorge. Tu auras un printemps de mots.

Mens sur commande

Maman chérie, je t'écrivais de si belles lettres d'amour, pour la Fête des Mères, les mots me faisaient déjà pleurer. Je pleurais d'amour pour toi, pour papa, pour mes frères, mes sœurs. J'avais un cœur si grand, un cœur d'enfant si grand. De la pension froide et grise où je vivais pour préparer mon avenir de femme, la maison m'apparaissait comme un nid chaud, douillet. Au loin, maman, j'oubliais ta voix dure, tes gestes brusques, tes baisers rapides, tes colères, tes gifles, ton visage si triste, je m'accrochais à des images de toi, à ton visage animé quand tu me racontais ton histoire ou quand tu chantais des berceuses lorsque j'étais malade. Pour moi, dans mes rêves, tu devenais une maman douce, une maman d'amour, une vraie maman de rêve et mon cœur éclatait de bonheur quand je t'écrivais. Je t'envoyais les caresses, les baisers, que tu ne pouvais me donner. Je m'inventais une maman juste à la mesure de ma faim de tendresse. Je pensais à toi, le soir dans mon lit froid de pensionnaire, perdue dans le grand dortoir tout noir, je rêvais de la maison, du retour à la maison. Je comptais les jours, je les barrais sur un petit calendrier et enfin, je prenais le train, à Noël, à Pâques. Il fallait changer deux fois, la gare était à 5 km du village. Un voisin venait me chercher en voiture, ou mon père m'attendait avec un vélo. Vous n'avez jamais eu de voiture.

Bonheur des retrouvailles, il fallait constater combien les enfants avaient grandi, voir tout ce qui poussait dans le jardin, les poules et les lapins, aller dire bonjour à grand-mère, aux tantes, à l'épicière en passant. Il y avait tous les commentaires sur ma mine, mon air de bonne santé ou mon air fatigué de l'étudiante qui a beaucoup trop travaillé, mais qui revient triomphante avec un carnet de notes exemplaire. Et ma mère racontait : « Elle est encore la première, elle a eu le prix d'excellence, bien sûr elle mérite vraiment qu'on se sacrifie pour elle. »

Vacances, répit où elle retrouvait un autre rythme, son rôle d'aînée auprès des plus jeunes, à qui raconter des histoires. Les vrais bébés avaient remplacé la poupée, elle jouait encore à la maman avec eux. Elle essayait de les comprendre, elle aidait sa mère, se mettait au fourneau, faisait la vaisselle, reprenait les habitudes de la maison. Parfois, elle lisait assise près du fourneau, seul chauffage l'hiver. Ils étaient tous là autour, tous à vivre dans la même pièce, avec leur mère énervée, évidemment avec tous ses enfants dans les jambes. Elle se souvenait, rien que pour balayer, il fallait déranger l'un qui faisait un modèle réduit, l'autre qui jouait à la poupée dans un petit coin, celui qui traînait sa voiture sur la marche, son père qui lisait *Le Chasseur français.* Elle bousculait tout le monde, mais elle travaillait, elle. L'hiver, ils étaient tous les uns sur les autres. Heureusement l'été, pour jouer, les enfants avaient la cour, le hangar, le jardin, de quoi inviter les voisines et les copains.

Et puis, il fallait préparer les affaires, les provisions pour repartir, repasser le linge à peine sec, marquer les pots de confiture, tout ranger dans le panier en osier qui pesait presque aussi lourd qu'elle et qu'il faudrait hisser dans le train. Elle se souvenait, la peur, chaque fois, de ne pas y arriver, de manquer de forces. Quelquefois, un homme l'aidait à mettre ses bagages dans le train, mais ensuite, il lui parlait, il fallait s'en débarrasser. Au deuxième changement, elle retrouvait parfois des copines, elles commençaient à se raconter leurs vacances.

A la gare, la sœur les attendait avec une voiture pour mettre tous les bagages, elles allaient à pied avec elle jusqu'au pensionnat. Elle retrouvait l'odeur du réfectoire, du dortoir, l'atmosphère de la salle d'étude, son bureau, ses livres, ses cahiers, la chapelle. Il fallait reprendre la vie studieuse, le rythme dense des jours d'école.

En récréation, elles jouaient au ballon prisonnier, ou elles faisaient des rondes. Les sœurs animaient les récréations, car les bavardages par groupes de deux ou trois, où l'on se confiait des secrets, étaient dangereux. Il fallait nous occuper, tout contrôler, si ces jeunes personnes avaient préparé une révolution! Certaines avaient un mauvais esprit, les rebelles narguaient ouvertement. Toutes nous nous moquions, en douce, même à la chapelle où il était interdit de parler, on se disait en parlant de la directrice « t'as vu sa tête de sorcière? ». Il fallait juste éviter les fous rires, les fous rires salutaires.

Le dimanche, il y avait bibliothèque, nous pouvions choisir une ou deux vies de saints, il n'y avait aucun roman, Dieu trônait parmi ses saints à la bibliothèque. Nous étions dans un couvent et il fallait gagner des vocations. Elle avait lu et relu la vie de Maria Goretti, cette jeune fille italienne qui avait préféré se faire tuer, plutôt que livrer son corps à un homme hors du mariage.

Cette histoire l'avait bouleversée, elle s'en était imprégnée. Elle admirait cette jeune fille qui incarnait son idéal de pureté. Elle aimait aussi sainte Blandine au milieu des lions, saint François d'Assise, sainte Thérèse de Lisieux. Elle en avait lu des vies de saints, elle était comme eux, éprise d'absolu, c'est ce qu'elle appréciait dans toutes ces histoires. Elle y retrouvait sa soif de vérité. Le dimanche, il y avait la promenade avant les vêpres. Elles étaient en uniforme bleu marine avec un chapeau sur la tête et des gants blancs. Le dimanche on mettait le chapeau, les autres jours le béret, une jeune fille bien élevée ne sortait pas nu-tête. En ville, elles restaient en rang par deux. Parfois, elles rencontraient un pensionnat de garçons ou les petits séminaristes, elles devaient baisser les yeux ou tourner la tête : on ne regarde pas les garçons. Quand elles arrivaient dans la campagne, elles pouvaient marcher par petits groupes, à leur rythme. L'hiver, il faisait très froid, le vent soufflait sur cette plaine glacée. Elles rentraient pour les vêpres, allaient en étude et retournaient à la chapelle pour les complies. C'était une vie rude, austère, qui vous forgeait le caractère, où il y avait peu de place pour le péché, le plaisir.

Marie l'acceptait parce qu'elle savait qu'elle lui ouvrirait la porte du monde à découvrir. Elle avait soif d'apprendre, elle était appliquée, sérieuse. Elle avait surtout conscience d'être privilégiée et de coûter cher à ses parents. Elle devait mériter sa place en pension en étant toujours la première, elle travaillait sans relâche pour avoir le droit de rester là. Elle craignait tant de devoir retourner au village, si sa mère mourait ce serait à elle de la remplacer auprès de ses frères et sœurs. Elle attendait les lettres de sa mère qui lui donnaient des nouvelles de chacun, qui disaient que tout allait bien, qu'elle pouvait donc continuer à étudier.

Elle leur écrivait, mais un jour...

Venez ici, Marie!

La religieuse toute noire, avec ses cornes blanches sur le front, est là, bien droite, devant moi. Elle tient à la main la lettre que j'ai écrite à ma famille.

Qu'est-ce que j'ai fait de mal? Qu'est-ce que j'ai

écrit de mal pour qu'elle ait cet air mécontent? J'ai peur!... je ne sais plus rien des mots que j'ai tracés. Pourtant je n'ai fait que leur écrire avec mon cœur. Je leur ai dit combien je les aimais, combien j'avais envie d'être au chaud avec eux, comment mon lit était froid, sans leur baiser du soir.

Les mots tombent comme des couperets. « Vous n'avez pas honte, petite égoïste, d'affoler ainsi vos parents? Vous ne pensez qu'à vous, en vous laissant aller à la tristesse, ça n'a pas de sens!... Vos parents font tant de sacrifices pour vous mettre en pension et vous vous comportez en enfant gâtée. Vous allez me recommencer cette lettre tout de suite.

Votre mère qui se fait tant de souci pour vous, il faut la rassurer au contraire, lui dire que vous avez du cœur à l'ouvrage et de gentilles camarades.

Vous en avez, je vous ai vu bavarder avec Simone et Antoinette, alors cessez cette comédie et écrivez-moi une lettre digne de vous. » Et elle déchire ma lettre.

Les autres sont parties jouer et je suis là, seule dans la salle d'étude déserte, seule face à ma lettre déchirée, seule devant une feuille blanche. Tous les dessins que j'avais faits pour eux, tout cet amour que j'avais écrit avec une émotion si intense, en retenant mes larmes...

Retiens tes larmes car si tu pleures tu vas déclencher une autre avalanche de mots. Écris et tais-toi!... J'ai si mal que la feuille reste blanche. Écris n'importe quoi, ça n'a plus d'importance, elle a coupé le seul lien qui restait avec ta famille. Elle a brisé le plus grand bonheur de la pension, celui du courrier. Maintenant, écrire sera une torture. Quels mots choisir puisqu'il ne faut rien dire de vrai?

Écris des mots vides de sens puisqu'il le faut. Écris ce qu'elle veut que tu dises pour avoir la paix. Mens sur commande pour lui faire plaisir, pour avoir le droit de rester dans cette pension. Ici, tu vas devoir apprendre le mensonge et l'hypocrisie. Mens et ne te rebelle pas! Fais semblant.

Elle a écrit une lettre pleine de mensonges avec un cœur qui déborde. Elle est seule parce qu'elle ne veut pas leur ressembler, elle est seule car elle devra toujours tricher pour survivre dans ce monde qu'elle hait. Elle est seule et les mots ne l'aideront plus. L'adulte qui oblige à mentir, à tricher, ordonne au nom du 8e commandement : « Tu ne mentiras pas. » Utiliser les mêmes armes qu'eux, devenir « sainte nitouche », sage comme une image, élève consciencieuse, sérieuse, appliquée, pour avoir le droit de faire des études.

Elle acceptait donc d'être cette adolescente soumise, d'enfouir toute rébellion en elle parce qu'elle savait que c'était la meilleure protection, sa meilleure chance pour réaliser ses rêves.

Quand son père l'avait arrachée à son avenir, à son histoire, elle n'avait rien d'une victime. Elle était même une adolescente déterminée, une brillante élève. Depuis l'âge de onze ans, elle avait conscience de tenir les rênes de sa vie entre ses mains.

Toutes les questions qu'elle ne pouvait poser aux adultes, sous peine de recevoir des gifles pour curiosité déplacée, malsaine, impertinence, impolitesse, elle y cherchait, seule, des réponses. Elle fouillait dans les livres, les vieux papiers. Elle adorait lire les lettres, les livres rouges aux feuilles jaunies, qu'elle trouvait dans les greniers, au presbytère de son oncle, dans les chambres chez sa grand-mère. Tout l'intéressait, surtout le monde des livres qui débordait de traces de vie. Elle voulait tout comprendre, elle avait besoin de réfléchir. En épluchant les légumes, en repassant le linge, elle tournait dans sa tête mille questions.

Devenir indépendante, gagner sa vie, dès que possible, était son premier but. Elle s'y accrochait, y puisait force et patience, ce qui lui permettait de supporter les humiliations inhérentes à sa condition de fille pauvre qui ne veut pas rester à sa place.

Femmes en prière

Les sourires, les courbettes qu'il fallait faire à la Révérende Mère, pour avoir le droit de rester en pension, pour mériter la place donnée, par charité, à cette pauvre fille de jardinier.

Non! elle ne pouvait oublier toute cette atmosphère grise, ce monde de silhouettes noires qui hantent les longs couloirs du couvent et l'immense dortoir.

Ces habits noirs qui sentent le renfermé, ces corps de femme mutilés, ces seins écrasés, gommés, dissimulés, ces gestes rétrécis, ces démarches silencieuses, on ne fait pas de bruit en marchant, on ne déplace que du silence comme les fantômes. Il faut frôler le sol, vivre en esprit comme une âme, comme si on était déjà là-haut, comme si on glissait sur les nuages. Il ne faut pas avoir envie, désirer. Tous les plaisirs de la chair interdits, même la nourriture dont il faut user sans excès. Il faut manger deux tartines le matin au petit déjeuner, ni plus ni moins. Tout est mesuré, réglementé.

Rien qui ne soit étouffé, contrôlé, ratatiné, éteint. Femmes éteintes, grises comme des cendres, tristes comme la pluie, froides comme l'hiver, femmes gelées.

Femmes mortes au monde d'ici-bas, femmes promises à l'époux céleste. Femmes en prière pour combattre le démon qui habite le corps, se loge dans la bouche, l'estomac, les yeux, le sexe. Corps bannis, interdits des religieuses de son adolescence.

Rien de vivant dans ce couvent-là, rien n'éclate, ne vibre, ne crie, ne chante, ne danse, ne saute, ne court, ne vole, n'enfante, n'explose. Rien que des petits pas, des petits cris, des petits rires, des petites bouchées, des petits gestes, des regards effarouchés.

On ne regarde pas quelqu'un dans les yeux petite effrontée, on ne dévisage pas quelqu'un ainsi, surtout pas un supérieur. On baisse les yeux, avec respect.

Pour supporter, elle rêvait à sa vie future. Elle travaillait, seule distraction possible entre le dortoir, la chapelle, le réfectoire et la salle d'étude.

A vivre dans un couvent, elle avait vu de près ce que devenaient les jolies novices qui arrivaient pleines de vitalité : le regard se ternit, la démarche perd de sa vivacité, de sa souplesse, les gestes se rétrécissent. En deux ans de dressage, elles devenaient des fantômes comme les autres, se confondant dans la foule noire de la communauté.

Elle qui avait voulu, enfant, devenir religieuse, devant cette triste réalité, elle avait perdu la vocation. Jamais elle n'accepterait de ressembler à ces femmes vêtues de noir, tellement ternes, dont il n'émanait plus rien de vivant. Elle avait une idée bien plus grande, bien plus belle de Dieu qu'elle cherchait dans la lumière des regards. Pour elle, Dieu c'était la vie. Elle retrouvait Dieu dans les fleurs, les arbres, le chant des oiseaux, une coccinelle, un enfant, dans la rencontre entre les humains.

Alors, elle s'était accrochée aux textes sacrés. Elle lisait, relisait l'Évangile, ces paroles-là lui ravissaient le cœur. Dès qu'elle l'avait pu, elle avait quitté les couvents, institutions religieuses, églises et chapelles pour l'aventure de la vraie vie.

Elle passait ses vacances dans des chantiers de jeunes, épris d'un idéal de non-violence. Ils faisaient des adductions d'eau pour des paysans, dans les Pyrénées, maniant la pelle et la pioche huit heures par jour. La nuit leur appartenait, ils chantaient, dansaient, se promenaient sous le ciel étoilé, ils reconstruisaient le monde. Ils avaient vingt ans.

« L'homme religieux est assoiffé de l'être », dit Micea Eliade dans *Le Sacré et le Profane.* Pourquoi les religieux rencontrés dans son enfance ne savaient-ils que bafouer l'être, le piétiner, l'humilier, le blesser? Un seul semblait correspondre à cette définition. Il émanait de lui cette pureté, ce respect pour la vie, la dignité de l'autre. C'était un moine capucin, son oncle, le frère aîné de son père. Près de lui, elle se sentait vraie, entière, il avait le don de vous rendre à vous-même votre dignité. Son regard, à lui seul, vous remettait l'âme en paix. Il ne posait jamais de questions embarrassantes comme les autres. C'était un être de silence. Elle se souvient très bien de ce qu'elle avait éprouvé, enfant, près de lui. C'était comme si elle entendait la qualité de son silence intérieur dans son cœur de petite fille. Cet homme vivait vraiment la pauvreté, elle revoit ses pieds rougis par le froid, dans ses sandales. Il existait une cohérence entre ses paroles et sa vie qui l'impressionnait et lui faisait croire que la pureté, l'absolu étaient possibles à l'être humain. Cet homme lui avait donné le goût de la vérité mais, auprès de lui, elle mesurait l'hypocrisie des autres. L'hypocrisie du cœur qu'elle savait si bien détecter et qu'elle détestait tant. Il ne savait pas dire du mal, faire mal avec les mots, lui. Il avait des gestes francs, chastes et purs, elle se sentait en sécurité avec lui.

Il y avait un abîme entre cet homme et les curés aux mains baladeuses qui posaient des questions curieuses, malsaines, au confessionnal. Toutes ces questions sur la pureté, qu'ils posaient aux petites filles, reflet de leurs pensées obscènes, expression de leur sexe frustré.

Elle se souvient comme elle avait peur au confessionnal. Devait-elle dire qu'elle avait des pensées impures? Mais qu'est-ce que c'était au juste? Si elle disait oui, il ne manquerait pas de les faire raconter en détail. Quand elle n'en parlait pas, il insistait, posait des questions précises qui la déroutaient. Comme elle tremblait dans l'obscurité, les questions du curé l'avaient plusieurs fois perburbée.

Ces hommes étaient de vrais obsédés sexuels qui troublaient son cœur de fillette; elle avait peur du curé, elle récitait vite les quatre Ave Maria donnés en pénitence. Ces prières dites avec ferveur calmaient son cœur bouleversé par des paroles qu'elle ne comprenait pas. Elle avait demandé à une camarade ce que voulaient dire ces questions, celle-ci lui avait raconté ce qu'il fallait dire pour calmer la voracité du curé sur les pensées impures.

C'était sans doute pour cela qu'elle avait pleuré quand sa mère lui avait parlé des règles. Elle avait dit qu'elle n'en voulait pas. Elle ne voulait pas de toute cette angoisse, elle ne voulait pas être femme, non jamais! Elle ne voulait pas de sexe, puisque de toute façon, ce n'était que source d'ennuis, d'angoisse et de péché. Elle voulait être un pur esprit, elle niait son corps. Elle avait réussi, elle n'avait pas de règles à quinze ans. Elle vivait dans sa tête, qui triomphait, elle réussissait dans ses études. Sa tête lui procurait tant de joies; elle échappait ainsi au malheur d'être femme. Elle était dans ce rêve de pureté de l'être, qui lui donnait tout le bonheur de la pensée qui s'enrichit au contact du monde des livres, quand son père avait fait irruption, brutalement, avec son sexe d'homme, lui rappelant ce qu'elle niait de toute son énergie. Elle serait une femme, malgré elle, malgré son refus. Il l'avait violée pour la transporter sur la planète des femmes à posséder, à prendre et à jeter, des femmes/objet de la jouissance de l'homme. Il l'avait arrachée brutalement à son rêve de devenir une tête qui pense, qui se construit sa propre philosophie au contact des autres, à son rêve d'être autonome grâce à son cerveau, il avait pris la place du Prince Charmant et l'avait enlevée du monde de l'esprit où elle vivait, pour la déposer dans un monde peuplé d'hommes en rut, il l'avait livrée à la violence de leur sexualité bestiale, entendue dans tous leurs propos obscènes et leurs histoires cochonnes.

Il avait été poussé à cet acte, sans doute, par les refus répétés de sa femme qui ne pouvait lui offrir son corps, sa mère à la conscience torturée par les propos du curé. La haine des curés lui venait de là, du viol de la conscience des femmes par des directeurs de conscience frustrés qui proposaient des modèles de vie reflétant leur propre choix : l'abstinence, ou faire l'amour pour avoir des enfants, dons de Dieu.

N'y avait-il rien de mieux au monde pour une femme que d'enfanter? La femme n'est en vie que pour cela. A une certaine époque, l'Église ne se demandait-elle pas si la jouissance de la femme pendant l'acte de procréation était ou non un péché?

« Notre culture est bien loin de placer l'amour sexuel au rang des expériences spirituelles. La religion occidentale nous a, depuis trop longtemps, confisqué le sacré », dit Frédérique Gruyer. « Le clivage entre l'esprit et le corps, établi par toute la tradition judéochrétienne, aboutit aujourd'hui à la dissociation croissante de la sexualité et de l'amour. »

La religion qui divise, dissocie, sépare l'âme et le corps, l'amour et le sexe, le profane du sacré, cette vie et l'autre vie. Diviser pour régner.

Passer devant le lavoir

Il me faut un coin de verdure pour écrire ce père encore inconnu, qui se révélera, j'en suis sûre, sur des pages d'écriture.

Il n'avait pas besoin de dire, un regard suffisait. Son autorité, il la dispensait sur commande de ma mère qui tirait les ficelles de la marionnette autorité.

A table, il parlait peu, il répétait, comme en écho à la voix de ma mère, comme à contrecœur « Mange ta soupe! », « Tiens-toi tranquille! » A la maison, commander ne semblait pas l'intéresser. Mais quand il travaillait dans son atelier, au jardin, quand il expliquait les choses de la vie, quand il nommait, montrait avec des mots essentiels et un certain sens de l'humour, ce père-là avait pour moi toute son autorité, je l'aimais et pour rien au monde je n'aurais voulu en changer.

L'autre, celui qui était sous le joug de ma mère, celui qui grondait sur commande, n'était-il encore qu'un petit garçon?

A la maison, c'était aussi lui qui nous câlinait. Quand il avait terminé sa journée de travail, il avait du temps pour la tendresse pendant que ma mère lavait la vaisselle, balayait, couchait les enfants, repassait ou raccommodait les vêtements. Étant l'aînée, je devais l'aider mais dès que je le pouvais, je me glissais sur les genoux de mon père et je parlais avec lui. Quand il avait travaillé chez les voisins, il avait toujours quelque anecdote à raconter. Il était plus souvent au courant des dernières nouvelles que ma mère qui n'avait pas le temps de s'attarder à écouter les bavardages des commères. A l'épicerie, la boucherie, elle surprenait quelques bribes de conversation, elle les racontait aux repas. A table, dans toutes les maisons, il se racontait les mêmes petits événements. Les potins du village circulaient de maison en maison.

Les laveuses étaient les colporteuses idéales : elles lavaient le linge sale des familles et savaient toutes sortes de choses cachées. Elles pénétraient mieux que personne dans l'intimité des gens. Elles annonçaient toujours les premières les futures naissances, à cause des inévitables serviettes hygiéniques, dont elles tenaient une comptabilité serrée. Leur pouvoir se situait dans ce privilège de dévoiler les secrets, c'était le pouvoir d'indiscrétion.

Souvent elles insinuaient, suggéraient sur un ton anodin les nouvelles les plus excitantes, les plus sidérantes; aussitôt ma mère mordait à l'hameçon et j'assistais médusée aux récits, fabulations, conversations de deux Normandes en quête de distraction.

C'est fou ce que le linge sale peut parler à un œil averti, doublé d'une oreille furtive. Les commérages étaient la loi du groupe en Normandie. Tout le monde y avait droit et y ajoutait son grain de sel. Ces révélations me posaient beaucoup de questions, comment se protéger de ces langues de vipère? comment camoufler, dissimuler, garder des secrets dans ce pays où tout se sait, où l'on risque d'être la victime de faux bruits, de fausses rumeurs?

Passer devant le lavoir près de l'église était une torture. Le temps où vous longiez le trottoir était ponctué d'un silence, aussitôt suivi de chuchotements sur votre compte.

Le lavoir était un endroit dangereux, à éviter à tout prix, car chaque passage déclenchait une avalanche de mots sur vous et votre famille. Ils partaient dans toutes les directions, circuleraient dans toutes les maisons et aucun filet ne pourrait plus jamais les rattraper. De plus, en cours de route, ces quelques mots chuchotés deviendraient de vraies histoires, prendraient un accent de sincérité, et chacun jurerait que c'est la plus pure vérité, qu'il en donnerait sa main à couper.

Le père chéri de mon enfance

Elle lisait allongée *Le Psychanalyste nu* de Julien Bigras; ce faisant elle « associait », quittant l'auteur pour ses propres rêveries, et les images de son passé revenaient comme des flashs. La cave de sa grand-mère, que s'était-il donc passé là? Elle était petite, un homme était enfermé dans la cave avec elle, son frère, pour rire, l'avait enfermée mais il y avait un homme derrière un tonneau. C'était son oncle, ou un ouvrier de son grand-père. Un homme l'avait frôlée, touchée dans le noir, elle était restée paralysée de peur. Elle ne savait plus que le noir et ce corps de fillette pétrifiée sous une main d'homme.

Elle aimait les caves et les odeurs mêlées du cidre, du garde-manger, des pommes de terre, des carottes et des pommes. Lieu des nourritures interdites, elle y allait quelquefois seule pour y manger une pomme, ou avec son frère pour y boire du cidre doux en cachette. Elle adorait manger ailleurs qu'à table, manger les tomates, les fruits dans le jardin, sur l'arbre. Elle aimait prendre, se nourrir des produits de la terre. Elle se ressentait, ainsi, comme reliée à la vie. Elle avait retrouvé dans les textes indiens de *Pieds nus sur la terre sacrée* sa relation de petite fille à la nature, celle que son père lui avait enseignée dans le silence des petits matins, lorsqu'elle allait lui dire bonjour quand il bêchait dans la fraîcheur de la rosée, au fond du jardin. C'est lui qui l'avait reliée à la terre-mère et dans ses moments de désespoir, elle se retrouvait toujours là, couchée à même le sol, puisant, pompant, têtant l'énergie de la terre pour survivre. Elle marchait dans les forêts, se roulait dans les feuilles mortes, restait l'oreille collée aux arbres. Elle écoutait les arbres, la voix des arbres lui arrivait directement sur sa blessure. Elle repartait alors sereine, solide, délivrée de ses migraines, lavée de toute souffrance pour quelque temps.

Elle revenait à la terre ou à ces moments de bonheur partagés avec son père, dans le silence peuplé des chants d'oiseaux, d'un matin si doux à vivre, là, près de lui. Parfois, il lui disait : « Tiens regarde! » et il lui montrait la première tomate qui rougissait de plaisir tandis qu'ils contemplaient, en silence, ensemble, ce beau fruit qu'il avait fait pousser avec amour. Ou bien il cueillait une fraise, la plus belle, il l'essuyait un peu sur sa manche, la lui offrait et elle savourait, dans le miroir de ses yeux ravis, ce fruit merveilleux qui avait le goût de sa tendresse. Parfois, il cueillait une rose, celle qu'elle choisissait, il lui apprenait à cueillir les fleurs sans faire mal au rosier. Il avait ces gestes doux, délicats, lents de celui qui connaît le temps qu'il faut au rosier pour faire pousser sa fleur. C'est dans le silence de ses gestes qu'elle avait appris à parler aux arbres et aux fleurs. Elle se souvient quand elle était petite, elle disait à la pomme qu'elle voulait cueillir : « Excuse-moi, je vais te croquer parce que tu es trop belle et tu sens si bon. » Elle prenait la pomme, la sentait, dansait avec elle, la goûtait, la savourait. Ivresse de fillette qui se livrait au plaisir innocent de sentir ce parfum de fruit qu'elle allait dévorer. Bonheur de fillette d'avoir un père si tendre qui lui avait appris à goûter la vie et à se regarder si belle dans ses yeux. Mon père, mon miroir. Pourquoi as-tu brisé ce miroir avec ton sexe d'homme? Pourquoi n'avait-elle pas lu, naïve qu'elle était, que l'expression de ses yeux avait changé, qu'il la regardait, non plus en père, mais en homme plein de désir? et que ce beau fruit qu'il avait vu pousser, lentement auprès de lui, il allait y goûter le premier. C'était son droit, c'était sa fille. Elle n'avait rien voulu voir, ni entendre des messages sexuels qu'il lui envoyait parce qu'elle ne voulait pas être une femme, elle voulait toujours rester sa petite fille, accrochée qu'elle était à ce bonheur-là, à cet amour-là, si beau, si pur, si vrai, si doux.

Toi, tu étais si doux, si tendre. Tu m'as prise, il ne fallait pas, tu n'avais pas le droit de te coucher sur moi, d'avoir un sexe si dur, de me faire l'amour comme à une femme, comme à ta femme, comme à ma mère. Tu m'as écrit dans cette lettre que tu ne voulais pas me faire de mal. Tes mots m'ont fait si mal, quand je les ai lus, tu étais lâche. Qu'était devenu le père chéri de mon enfance? Toute cette souffrance parce que... Je peux entendre maintenant ton aveu, il y a quatre ans je ne pouvais pas : « Je me suis contenté de te serrer contre moi et par-dessus ta chemise de nuit, d'ailleurs le Bon Dieu a voulu que l'écoulement s'est fait presque aussitôt. »

Tu n'aurais pas violé mon sexe, mais tu as violé mon âme, mon esprit. Tu m'as volée à moi-même, tu as brisé tous mes rêves de jeune fille neuve, blanche et tu m'as précipitée en enfer pour de longues années. Tu as transgressé un interdit, j'en transgresse un autre, j'enfreins la loi du silence pour retrouver mon « je » que tu m'as ravi dans le silence d'une nuit. Je n'ai d'autre arme que ma parole retrouvée, une parole nue.

Je suis obligée de dire cette vérité, ma vérité pour me retrouver entière, pour laver ma blessure de ton sperme d'homme. Papa, je te quitte pour toujours. Je suis une femme désormais, j'ai l'âge que tu avais quand tu m'as prise pour toi tout seul, quand tu as fait de moi ta prisonnière, une victime de l'inceste. J'ai été obligée de sortir de moi tout le mal que tu m'as fait, d'étaler ma souffrance nue, sur une feuille blanche pour retrouver le blanc de la jeune vierge où tout peut s'inscrire. Je peux désormais reprendre mes rêves de jeune fille, penser à l'homme qui m'attend quelque part et que je pourrai aimer enfin libre.

Je peux enfin cesser de survivre en victime apeurée, gelée, je peux enfin cesser ce ballet dangereux avec la folie et la mort où j'ai usé tant de forces, pendant toutes ces années, pour me sauver, sûre d'arriver un jour quelque part, au pays de la Parole vraie. Sur ces chemins de vérité, je pensais trouver la haine, avec tant de rage enfouie en moi, mais je n'ai pu qu'écrire avec mes larmes que je t'aimais toujours et retrouver intact en moi l'amour d'une petite fille pour son père. Mais désormais tu n'es plus un amant interdit, tu es redevenu un père, mon vieux père, à qui je pardonne son désir d'homme qui a failli me tuer. Je n'ai plus envie que tu meures, ni de te voir en prison parce que même si la honte s'abat sur toi, elle devrait aussi s'abattre sur les milliers de pères qui ont, eux aussi, emprisonné leur fille dans leur désir, les précipitant dans le tunnel noir des douleurs de l'inceste.

J'ai quitté le papa de mon enfance, l'amant interdit, avec l'espoir de retrouver un jour un vieux père, sans doute lourd des souffrances de toute une vie d'homme, mon père.

Une vraie tête d'épouvantail

Marie allait à la maternelle depuis peu. Au début, elle était fière, à cause de l'initiation au monde des grands. Elle avait donc quitté sa maison, son frère, ses jeux mais elle avait très vite déchanté. C'était donc cela : rester assise longtemps sur un banc dur et faire des rangées de bâtons bien droits sur la ligne, se faire gronder par une bonne sœur vieille et laide. Au bout de quelques jours, elle avait refusé d'aller à l'école, hurlant sa colère. Sa mère avait voulu l'emmener de force mais la petite lui avait échappé plusieurs fois. Hélène n'avait pas cédé, elles avaient donc gravi ainsi la colline jusqu'à l'école et quand elles étaient arrivées à la porte de la classe, essoufflées, il était fort tard. Marie criait encore de sa voix la plus perçante. C'était un vrai scandale, sa mère avait honte et se confondait en excuses auprès de la religieuse.

Mais la petite ne voulait pas entrer, il fallut la

traîner, elle refusait encore de s'asseoir sur le banc, rebelle jusqu'au bout. Alors les deux femmes, fortes de leur autorité, avaient pesé de tout leur poids sur le jeune dos raide qui avait fini par plier.

Marie eut alors un dernier réflexe de rage, elle attrapa le voile de la bonne sœur avec une telle force que la cornette et le voile arrachés dévoilèrent la vraie tête de la maîtresse : les cheveux gris, mal coupés, de la sœur qui perdit ainsi tout son prestige. Les petites filles étouffaient de rire devant ce triste spectacle. La maîtresse avait une vraie tête d'épouvantail.

La sœur, remettant sa cornette, reprit vite son autorité et sa baguette. Après cet incident Marie devint une élève sage et appliquée. Elle eut souvent droit au ruban rouge de la médaille d'honneur. Elle avait sans doute compris le système, elle joua beaucoup à la maîtresse autoritaire avec des plus petits ou sa poupée, à cette époque.

Devant cette vraie tête, tellement ridicule, bouleversante d'humanité, la fillette put se mettre au travail, accepter la loi d'un système qui repose sur un masque aussi fragile. C'était donc ça une maîtresse d'école.

Chaque fois qu'elle sera attaquée par son autorité, il lui suffira du flash de la vraie tête de la maîtresse pour reconnaître la faille de l'institution, la mise en scène de la farce et retrouver sa vraie place, son intégrité. N'importe qui pouvait bien jouer à des rôles de pouvoir. Le pouvoir ne résidait que dans le déguisement et la mise en scène.

A chaque coup reçu, il suffisait de faire s'effondrer la mise en scène, comme un ouragan qui ferait s'envoler les décors, arracherait les déguisements et laisserait l'acteur nu, fragile avec sa baguette de bourreau à la main. Alors le coup ferait moins mal et la victime pourrait garder sa dignité intacte et s'accrocher à son noyau dur de vérité.

Ce réflexe l'avait sauvée à six ans et aidée à survivre toute sa vie, face à tous les pouvoirs, à tous les coups et même face à son père. Le viol avait eu lieu, son père l'avait « brisée mais non vaincue ». Il l'avait bâillonnée, enchaînée, emprisonnée au piège de l'amour pour si longtemps, mais la lionne, en elle, avait torturé son corps pour qu'il parle, qu'il dévoile les mensonges et accède un jour à la parole vraie.

Toute son enfance elle avait eu « mal à sa mère », vomissant son angoisse à elle, le corps brûlant de ses fièvres à elle. Elle avait pu s'enfuir, partir en pension et perdre, brusquement, toutes ces somatisations, trouver un peu d'indépendance, construire sa vie mais pas pour longtemps.

Son père, voyant fuir le beau fruit de sa semence l'avait agressée, reprise, sûr de son bon droit, de sa toute-puissance. Pendant presque trente ans, elle avait eu « mal à son père », le corps attaqué par toutes sortes de symptômes, ne lui laissant jamais aucun répit : l'anorexie, les migraines, la stérilité, les maux de ventre, de dents, de jambes, de dos, d'yeux, de gorge, de cœur, de seins, de peau.

Sa peau avait brûlé deux fois, dans un véritable incendie : l'eczéma généralisé.

La première fois, il y a huit ans, un ami lui avait brusquement demandé pendant l'amour, « Qu'est-ce qui s'est passé avec ton père? » Cette simple question, et le fait qu'il se couche sur elle, avaient ouvert une porte et ramené à la conscience les premières bribes de vérité.

Son ventre s'était ouvert laissant enfin échapper quelques fragments du secret. Elle avait senti, le temps d'un flash, comme une grande bête chaude, le sexe très dur, la respiration haletante, puis elle avait basculé dans le noir, comme évanouie. Elle s'était réveillée plus tard, son ami s'était levé. Elle voulait bouger, mais ne pouvait plus. Alors ce fut la panique, elle réalisa qu'elle ne commandait plus ses jambes, elle était paralysée. Elle sombra à nouveau. Quand elle reprit conscience elle lutta, rassembla toute son énergie pour retrouver le contrôle de son corps. Enfin sa main bougea. Lentement, elle reprit possession de ses jambes, de ses bras, de son dos, elle réussit à se lever, toute chancelante et fragile. Que s'était-il donc passé?

Le week-end suivant, elle devait aller à Paris rejoindre son ami. Elle prit un billet et le lendemain se retrouva comme dans une fournaise. Son corps s'était recouvert, en une nuit, de boutons rouges, provoquant des démangeaisons insupportables. Le médecin consulté pensa à un urticaire géant, à une allergie.

Elle partit quand même et passa un week-end en enfer. Plus tard, un dermatologue diagnostiqua un eczéma de type allergique. Alors commencèrent pour elle les longues nuits dans le feu. Pour oublier les brûlures, elle peignait, dessinait la nuit.

Cette épreuve dura plusieurs mois; maintenant, elle savait les dangers qu'elle courait à vouloir connaître le secret enfermé dans son ventre.

La deuxième crise s'était déclarée pendant qu'elle fouillait dans sa mémoire pour retrouver, pour rassembler toutes les bribes découvertes pendant ces dernières années, grâce à des hasards, des rencontres.

Elle n'avait pas pour autant ruiné la Sécurité sociale, ni fréquenté les hôpitaux. Elle avait appris à décoder sa souffrance, à utiliser l'homéopathie. Elle avait rencontré des médecins compréhensifs qui l'ont aidée à décrypter les messages de son corps.

Toujours sur la corde raide, confrontée à l'idée de la mort, elle avait réussi jusqu'à ce jour à vivre, à travailler avec le sourire malgré tout, poussée par un instinct de vie qui lui faisait inventer des solutions.

Elle avait ainsi tracé son chemin, silencieuse, douloureuse, mais souriante, accrochée à la vie comme du chiendent, puisant des forces partout où c'était possible, dans l'amour, la tendresse, l'amitié, les livres, la création, son travail, les arbres, la terre, la musique, le chant des oiseaux...

De voir tous ces enfants développer leurs possibles sous ses yeux, lui redonnait sans cesse l'espoir fou qu'un jour, elle aussi se relèverait complètement, se laverait de sa souillure, retrouverait sa voix et se ferait entendre.

Non! elle ne mourrait pas avec son cri en travers de la gorge.

Vous, les Blancs

Elle se souvient de son bonheur lorsqu'elle avait interrogé les femmes africaines sur leurs habitudes, leurs coutumes. Elle travaillait dans un service d'animation rurale et d'éducation populaire. Avec un sociologue, elle avait mené une enquête dans plusieurs villages, pour comprendre le milieu, la mentalité des paysans avant de commencer le vrai travail d'animation.

A la question : que se passe-t-il si une jeune fille est enceinte avant de se marier? elle entendait partout les mêmes réponses dites avec le sourire et les rires. Pourquoi poser une telle question? un enfant, c'est une richesse que la vie vous donne. C'est un cadeau de la vie. Si la jeune fille a déjà un enfant, l'homme la prendra avec l'enfant et cela prouve qu'elle peut être féconde encore. Dans un pays où la religion n'interdit pas le sexe, où la mortalité infantile est si importante, un bébé qui grandit bien c'est du bonheur pour tout le village, c'est la race qui se perpétue, la vie qui continue. Il n'y a aucun drame là-dedans.

Elle se souvient de son émerveillement, au fur et à mesure que l'enquête progressait. Elle admirait la sagesse de leurs règles de vie tellement mieux adaptées, dans tous les domaines, que celles de son pays natal. Elle avait vécu là cinq années de grand bonheur. Dans la brousse africaine, elle n'avait cessé d'apprendre. Elle avait reçu à travers les attitudes, les regards, les gestes, au-delà des mots, sa plus belle leçon d'humanité. Elle se souvenait aussi de toutes les discussions avec David, leur cuisinier. Ils confrontaient leurs manières de vivre, d'éduquer les enfants. Elle reconnaissait qu'il avait souvent raison. Il avait une quarantaine d'années, beaucoup vécu et côtoyé les Blancs. Il émanait de cet homme une très grande bonté et une grande force.

Un jour, David les avait mis en garde contre un Blanc de la Coopération qui venait manger chez eux. Il leur avait dit : « Il faut se méfier de lui, il est vraiment méchant dans son cœur, il peut vous faire du mal. »

Cet homme-là, si chaleureux, aimable avec tout le monde, ce n'était pas possible, ils ne l'avaient pas cru. Plus tard, ils s'aperçurent pourtant de son double jeu, de ses trahisons; il leur avait fait du tort effectivement. Elle en parla avec David, lui racontant ce qui s'était passé à Paris contre eux, elle avait demandé comment il avait pu deviner ses vraies intentions, en le voyant si peu de temps.

Il avait répondu : « Vous les Blancs, vous savez beaucoup de choses, vous dites beaucoup de paroles compliquées mais nous les Saras, on sait reconnaître le plus important, ce qu'il y a dans le cœur de l'homme. Tu n'as pas vu ses yeux, il y avait beaucoup de méchanceté dans ses yeux, même s'il jouait au gentil. »

Sa petite fille était née dans ce pays dont elle parlerait encore; mais elle voulait revenir à ces histoires de secrets.

Elle avait entendu parler, toujours par sous-entendus, par bribes, d'une de ses tantes, une sœur de son père :

Nicole avait mis au monde l'enfant d'un grand amour impossible parce que le père était issu d'une famille riche qui s'était opposée au mariage.

Nicole n'était qu'une femme de chambre, même si elle était belle, intelligente et aimée du père de l'enfant. Le bébé est né à Paris, dans le plus grand secret et il lui a été arraché pour sauver l'honneur d'une famille catholique exemplaire.

L'enfant a été mis à l'Assistance tandis que Nicole s'enfermait dans la révolte et une souffrance qui l'a conduite bien souvent dans sa vie à l'hôpital. Au nom des principes et de la religion, on a poussé cette femme à la folie et déraciné un enfant, lui arrachant ce qu'il avait de plus précieux : l'amour de sa mère.

Nicole s'est droguée à l'éther, elle avait des accès

de rage contre les enfants et toute sa vie elle a été surveillée et prise en charge par ses sœurs et l'hôpital.

Quelle vie de malheur pour un amour impossible et pire, une maternité brisée. Quelle barbarie au nom de l'hypocrisie! comment peut-on survivre à un tel désastre quand on a vingt ans, de l'amour plein le cœur et le ventre?

Seules, la rage et la révolte l'ont maintenue en vie plus de cinquante ans. L'honneur de la famille camoufle tant de drames, d'amours massacrés, d'horreurs tenues secrètes.

A quinze ans, quand j'ai cru que j'étais enceinte d'un monstre, j'avais pressenti tous ces malheurs des femmes de ma famille. Mon angoisse avait l'empreinte de leurs cris étouffés. Les ai-je entendus quand je dérivais dans les couloirs vides de l'anorexie?

C'était la voix de Nicole qui me revenait, une voix trop forte, trop haute, pour crier quoi? Cette femme plutôt passive, indolente, comme anesthésiée, choquée qui fumait sans arrêt, parlait trop fort. Elle posait des questions, elle ne parlait jamais d'elle. Elle n'avait pas de vie. Qui lui avait volé sa vie?

Marie avait-elle eu peur de devenir comme Nicole? C'était les mots du docteur à propos de l'hôpital qui l'avait réveillée d'un trop long cauchemar.

La peur de l'hôpital, la peur d'un avenir semblable à celui de sa tante l'avait secouée, l'avait sortie de sa torpeur et de ses errances. Les neuf mois étaient écoulés, son ventre était plat. Elle avait assez payé la faute. La peur de l'hôpital, de la dérive totale, l'avait ramenée sur les rives de la vie.

Elle avait enfoui la faute dans son ventre. Elle avait pu reprendre ses livres, s'accrochant aux mots, elle avait réussi à se remettre debout, la faute camouflée en elle, si lourde à porter.

« La faute, la plus terrible faute, n'est pourtant qu'une pauvre chose qui s'évanouit sous le regard. Reconnue, elle disparaît comme une ombre lorsque vient la lumière. La conscience des hommes, qui vit, en eux et entre eux, de reconnaissance, de symboles, en sort augmentée. Tout ce qui est manifesté est lumière. »

Cette conclusion de Marie Balmary faisait exploser son cœur en sanglots douloureux. Pourquoi avait-elle encore si mal?

Une grande leçon d'humanité

Un jour, en Afrique, à l'heure de l'apéritif, elle avait rêvé à ce qu'elle aimerait faire avec les femmes. Le Haut Commissaire à l'Éducation Populaire l'avait écoutée, puis lui avait proposé d'essayer, si elle voulait prendre le risque de ne pas être payée, ou très mal, la première année.

Elle avait osé parce que l'enseignement ne l'intéressait pas. Elle travaillait dans un lycée entourée de collègues qui ne pensaient qu'à l'argent et qui méprisaient les élèves.

Elle avait donc commencé à vivre dans un quartier d'une petite ville, à habiter une case en terre, au toit de paille, à rencontrer les femmes chez elles. Elle s'était habituée à un rythme totalement différent. Elle avait appris leurs gestes, au milieu des rires devant sa maladresse à piler le mil ou à le vanner.

Très vite, les femmes, intriguées par la présence de cette Blanche qui vivait là parmi eux, disponible, en apprentissage, étaient venues à elle et lui avaient demandé d'échanger leurs compétences. Elle était blanche, elle devait savoir coudre. Elles voulaient apprendre à faire des vêtements pour leurs enfants et elles-mêmes parce que les tailleurs les exploitaient. Traditionnellement, ils gardaient les chutes, mais ils avaient tendance à faire des vêtements trop étroits pour prendre davantage de tissu dans lequel ils taillaient d'autres vêtements. C'était tout bénéfice pour eux!

Comme les femmes ne pouvaient acquérir qu'une

ou deux pièces de coton par an, pouvoir coudre était pour elles de la plus grande importance.

Marie ne savait pas tailler les vêtements mais elle avait vu faire sa grand-mère et sa mère. Leurs gestes lui revenaient en mémoire. Elle devait bien avoir une hérédité de ce côté-là. Alors, les week-ends, elle avait décousu une de ses robes, puis un pantalon, et les utilisant comme patron, elle avait appris à coudre, à monter des manches, un volant, à faire un ourlet.

Les gestes de couturière lui arrivaient avec la voix sèche de sa grand-mère. « Mais non, voyons, il faut d'abord mettre bord à bord, faufiler, essayer, recommence! » Elle se trompait, recommençait et le soir elle avait une nouvelle robe ou une jupe.

Forte de cette première expérience, elle avait osé et accepté d'enseigner le peu qu'elle savait. Poussée par la nécessité, elle se lançait dans l'aventure. Elle avait récupéré du tissu dans une usine textile qui venait d'ouvrir non loin de là. Munies de fil, d'aiguilles, de deux paires de ciseaux, elles avaient commencé à coudre à quelques-unes, assises sur des nattes, entourées d'enfants.

Les femmes apportaient de vieux vêtements sales, déchirés qui servaient de patron. Elle coupait le précieux tissu avec angoisse. Les premiers hauts de pagne (sorte de corsage) étaient réussis. Les femmes ravies voulaient toutes les essayer. Habituées à observer les gestes, elles apprenaient vite. Elles se piquaient souvent au milieu des rires. A cause de nos premiers résultats le nombre des femmes augmentait, mais je n'étais pas vraiment débordée car elles savaient attendre. Les premières s'enhardissaient et se mettaient à couper à la lame de rasoir. Nous passions des après-midi sous les manguiers à coudre ensemble. Elles chantaient, les bébés dormaient dans leur dos ou têtaient leur mère. Les plus grands se chamaillaient pour les petits bouts de tissu qui traînaient, avec lesquels ils jouaient et rêvaient. Je prenais des photos de chaque nouveau modèle, je faisais un album pour présenter notre collection.

Plusieurs mois plus tard, le Haut Commissaire nous

envoyait une machine à coudre Singer à main. L'année suivante je signais un contrat Coopération de conseillère en éducation populaire. Je quittais ces femmes qui savaient coudre pour commencer des enquêtes avec un sociologue, en brousse.

Je faisais, désormais, partie d'une équipe d'animation rurale où j'avais la responsabilité du secteur Femmes. Nous avions une tâche difficile : améliorer la communication entre les services techniques, fonctionnaires et ingénieurs agronomes français, et la population qui résistait aux changements imposés de l'extérieur, et peu adaptés à leurs coutumes.

Après une enquête sur le fonctionnement des structures communautaires, nous avions organisé des stages d'information où se rencontraient des représentants choisis par les villages et les fonctionnaires de l'agriculture, l'enseignement, la santé, l'administration du secteur. Ces derniers apportaient une information sur les activités de leur service, leur rôle, leurs objectifs. Les paysans parlaient de leurs difficultés, des injustices dont ils étaient souvent victimes. Ils s'expliquaient, réglaient leurs comptes souvent avec beaucoup de calme, de tact, de dignité, utilisant un langage imagé, truffé de proverbes. Ensemble, ils cherchaient des solutions à leurs problèmes de survie. Il n'y avait pas de moyens, pas de dispensaire, d'école, de subventions. Il fallait inventer des solutions ensemble, au lieu de lutter les uns contre les autres.

Pour être plus précis, chaque fonctionnaire abusait du moindre pouvoir qu'il avait et les paysans étaient exploités de toutes parts. Ils payaient plusieurs fois l'impôt sans comprendre l'utilité du reçu dont certains ne connaissaient pas l'existence. L'infirmier qui dispensait en principe des soins gratuits se faisait payer pour nettoyer une plaie ou donner des médicaments.

Les représentants villageois, pour mieux nous faire comprendre ce qu'ils vivaient, jouaient des saynètes, mimant une rencontre avec le moniteur d'agriculture, le marché de coton ou l'école. Ils se révélèrent de grands comédiens capables de tout dire d'une relation de pouvoir, avec quelques gestes, une mimique, un regard.

Dès le premier stage d'hommes j'avais soulevé les problèmes concernant davantage les femmes : l'accouchement, la santé, la nutrition des enfants. La mortalité infantile était très forte dans cette région. Je me heurtai très vite à des refus. Qui ferait à manger aux maris si j'organisais des stages de femmes d'une semaine? Et surtout les femmes, si on leur ouvrait trop les yeux, déjà qu'elles étaient difficiles à mener, alors ça serait impossible de les faire obéir. Il existait là des dangers, un risque important qu'ils mesuraient bien. Ils racontaient comment s'exerçait déjà la rébellion des femmes. A travers leurs exemples, nous comprenions mieux la complexité du rapport homme/femme, la répartition des tâches, des rôles dans la communauté.

Ils acceptèrent pourtant une première expérience qui fut très réussie grâce aux femmes elles-mêmes et au génie pédagogique des jeunes animatrices que je formais « sur le tas ». Celles-ci avaient fréquenté l'école jusqu'au certificat d'études, elles étaient célibataires, donc disponibles, et très motivées par l'expérience.

Les femmes jouaient aussi des saynètes pour me dire leur vie, leurs problèmes. Si je posais une question, la réponse m'arrivait aussitôt sous forme d'une improvisation à deux ou trois. J'aurais pu me passer de la traduction des dialogues, tellement le jeu corporel était éloquent.

Très vite je m'aperçus qu'elles travaillaient aussi la nuit. Les animatrices m'expliquèrent que les stagiaires avaient peur d'oublier tout ce qu'elles avaient appris du moniteur d'agriculture ou de l'infirmière, alors elles chantaient et dansaient en répétant les idées essentielles, les consignes à transmettre au village.

Elles inventaient aussi de nouveaux chants, chaque nuit, se servant de la mémoire du corps pour inscrire les idées nouvelles au rythme de la danse. Les jeunes femmes utilisaient toutes les ressources de leur culture dans l'expérience.

De retour au village, elles furent bien accueillies,

écoutées et les idées nouvelles faisaient leur chemin. Dans les villages voisins, il y avait de la demande, nous organisions d'autres stages pour arriver plus tard à des stages mixtes où hommes et femmes, ensemble, prenaient en main le devenir de leur communauté, confrontant leurs points de vue, leurs solutions : construire une maison de santé, avoir une pharmacie de village...

Les femmes réclamaient une formation pour les matrones car il y avait souvent des accidents à la naissance; elles voulaient aussi apprendre, échanger des recettes pour nourrir les enfants au moment du sevrage, avec les produits de la brousse.

Il me fallait faire face, trouver les techniciens compétents, fabriquer du matériel pour visualiser, par exemple, le développement et la progression du bébé dans l'utérus. La sage-femme tchadienne se heurtait aux traditions qui étaient là pour expliquer le moindre événement. Par exemple, si le bébé tardait à venir, c'est que la parturiente cachait le nom de ses amants. Il suffisait qu'elle donne leurs noms au mari et le bébé sortirait. Ensuite, les amants et le mari se feraient des cadeaux de réconciliation.

Quand la sage-femme, avec beaucoup de patience, expliquait l'accouchement à ces vieilles matrones qui avaient mis au monde tant d'enfants, celles-ci s'accrochaient à ce qui leur avait été enseigné depuis si longtemps. La sage-femme tchadienne reprenait, expliquait, faisait jouer des accouchements difficiles et je voyais se dérouler, sous mes yeux, tous les rites autour de la naissance.

Je me souviens, avec émotion, de ces gestes symboliques d'accueil du bébé dans la communauté par les femmes : leur façon de présenter le nouveau-né aux quatre points cardinaux, de souffler dans tous les orifices, de couper le cordon avec une tige de mil. Chaque geste avait un sens qui disait le bonheur d'accueillir l'enfant comme un cadeau de la vie.

Toutes ces scènes se passaient dans une atmosphère étrange qui me bouleversait. La sage-femme, l'animatrice, avec patience, décidaient avec les matrones des rites qu'il fallait abandonner ou modifier parce qu'ils mettaient en danger la vie du bébé ou de la femme. Elles inventaient ensemble d'autres gestes, une nouvelle symbolique, pour éviter le tétanos ombilical qui sévissait à cause de certaines coutumes. L'ambiance était grave, animée et chaleureuse. Ce sont ces femmes-là, des animatrices, des paysannes, des matrones qui m'ont appris à devenir femme. A ces femmes fortes, joyeuses, vivantes, souriantes, généreuses, chaleureuses, j'avais envie de ressembler.

J'étais censée leur apporter des progrès de ma civilisation, mais jamais je n'ai eu autant le sentiment d'apprendre. Leur culture me passionnait, il y avait beaucoup de sagesse dans leur façon de vivre ensemble, tellement plus de cohésion, de solidarité, de joie, que dans le village normand d'où je venais. Leur attitude avec les enfants me remplissait de bonheur.

Dans chaque stage il y avait une vingtaine de femmes et quelquefois une dizaine de bébés. En France, on ne pourrait envisager de mettre dix bébés dans une pièce où le but est de parler ensemble de longues heures. Là-bas, c'était possible parce que les femmes ne laissent pas pleurer les enfants ou, si l'un d'eux ne se consolait pas assez vite, la mère partait avec lui, le promenait, le berçait et revenait tranquillement avec son enfant endormi sur l'épaule. Jamais elles ne s'énervaient ou ne criaient, elles avaient toujours des gestes d'entraide, de solidarité pour une mère dans l'embarras.

J'aimais leur façon d'être, douce et calme, qui contrastait tellement avec les gestes brusques, énervés de ma mère ou de ma grand-mère. Là-bas, je retrouvais aussi le monde secret, occulte des guérisseurs et des sorciers de mon enfance. Les animatrices me parlaient des mauvais esprits qui parcouraient la brousse. Elles en voyaient parfois quand nous revenions la nuit des réunions de village. Elles me racontaient leurs peurs et beaucoup d'histoires qui ressemblaient au monde magique de mon enfance. J'aimais rouler la nuit, dans ma 2 CV, sur les pistes de brousse, entourée d'esprits et de bêtes sauvages. Curieusement, je n'avais pas peur. Plusieurs fois, je suis tombée en panne, chaque fois des hommes nous ont aidées à pousser la voiture ou conduites au village où mon mari ou quelqu'un de l'équipe venait nous dépanner. Nous donnions toujours notre itinéraire car nos voitures n'étaient pas en très bon état. Cette vie ressemblait tout à fait à mes rêves de petite fille. L'Afrique m'a beaucoup appris. J'ai reçu là une grande leçon d'humanité qui reste toujours pour moi un lieu de références.

Se retrouver, chaque été, dans le métro parisien était un choc terrible. Devant cette foule de visages fermés, tristes, muets, je me posais tant de questions que j'en avais la migraine. Les images des deux pays se superposaient dans ma tête. D'un côté la pauvreté, le dénuement, semblaient se marier avec l'accueil, la générosité, le rire, la convivialité. De l'autre, l'abondance engendrait la méfiance, la non-communication, la peur et la tristesse. J'avais envie de reprendre l'avion, de retourner au cœur de l'Afrique où j'ai appris à devenir une femme et une mère.

Nommer cette zone incendiée

Je me sens si fragile, tortue sans carapace. Je suis vide d'énergie, comme une convalescente qui a lutté de longs mois contre un mal tenace et mystérieux, entourée de regards impuissants. Je ne me bats plus mais le combat m'a épuisée. J'ai brisé ma prison de verre, je suis sortie de la cage mais pas encore habituée à la chaleur, au bruit, à la vie qui semble très proche, si violente tout à coup, sans ma protection habituelle.

J'ai brisé la prison invisible où j'étais enfermée depuis si longtemps et je ne m'habitue pas à la chaleur de l'été. J'ai besoin des ombres fraîches de la forêt, d'être au contact du végétal. J'ai besoin d'être couchée dans l'herbe, de renaître, de pousser comme une plante au sein de la terre. Je me sens si petite, jeune pousse fragile. Le soleil brûle ma peau trop neuve après le passage de l'incendie de l'eczéma. J'ai besoin de respirer des odeurs de terre, de humer des senteurs de foin, de me laisser bercer par les ruisseaux qui chantent sur les pierres.

J'ai brisé les murs de verre qui me séparaient de la vie, mais j'en suis tout étourdie. Je reste là, clouée sur place. J'ai enfin retrouvé le sens, mais j'en reste comme abasourdie. Le choc de la révélation m'a terrassée. Tous ces mois passés à explorer mon mal, à parcourir les recoins de ma blessure, à gratter au fond de la faille, à vider toutes ces eaux sales, à nettoyer, à purifier, pour toucher enfin du solide, du dur, le fond. Toutes ces heures passées à capter des sons étranges, des bruits inconnus, l'écho de mes cris, à décoder enfin le sens de toute cette souffrance.

Maintenant que j'ai compris, il me faut parcourir avec des mots mon histoire à l'envers, rassembler, mais je manque de force, je me suis vidée de ma substance. Je reste allongée sur un lit, à lire des romans de femme, qui parlent leur langue. Après, je pourrai sans doute raconter tout ce qui m'est arrivé dans le silence d'une nuit, dans le corps à corps entre le père et sa fille, tout ce qui m'a été dit dans le silence de la chair qui parle, tout ce que le sexe du père inscrit de malédiction sur le corps vierge de sa fille.

J'ai surtout besoin de dormir et de rêver pour bien saisir la nature et le sens de cette cage où je me suis enfermée pour survivre au malheur de l'inceste. Brusquement, ma tension a chuté, mon corps m'oblige au repos, je peux à peine marcher, je vis au ralenti, après tous ces mois de tension extrême où je sentais la bombe en moi, toujours au bord de l'explosion. La colère a disparu laissant place à une paisible indolence, presque à l'inertie. Je rêve d'être traversée par un torrent d'eau fraîche. Il me faut continuer la purification, après le feu, l'eau, j'ai besoin de me laver de tout ce passé.

Il fait si beau dehors, et je reste là enfermée derrière les volets clos à lire des livres où les autres font ce parcours à l'envers que je ne réussis pas à faire.

J'en ai mesuré l'importance, la nécessité mais ma tête refuse de fonctionner, mon corps d'avancer. Alors je me contente de lire des témoignages, des romans qui parlent d'enfance perdue, d'accent perdu. C'est surtout à cause du livre de Sheila Macleod sur son expérience d'anorexique que j'ai pu briser la cage de verre où je vivais avec mes morceaux éparpillés. C'était une cage transparente, ma protection invisible pour les autres, qui servait de lien entre tous mes morceaux, ma cage devenue moi face au monde.

Maintenant que j'ai brisé cette protection, dont je n'avais pas conscience, je ne sais plus communiquer avec les autres parce que je ne connais pas ce corps de femme, enfin rassemblé, soudé, qui est le mien.

J'ai mis neuf mois à explorer tous les dégâts de l'inceste sur moi et j'en suis effarée. Après le viol, je n'ai fait que survivre, me construire des protections, fuir les dangers comme un animal traqué, sans cesse aux aguets, face à la mort. Pour avoir tant couru dans ma fuite face aux chasseurs, je n'ai plus de jambes, l'énergie de la survie, la rage et la colère m'ont quittée, je suis sur un lit, réduite à ne plus pouvoir bouger, cherchant à vivre autrement.

J'ai faim de vie, mais je ne peux échapper à la nécessité du repos, ce temps indispensable. Quand j'ai commencé à écrire, je ne savais pas les risques que je prenais. C'était juste, comme le reste, de l'ordre de la nécessité, je n'avais pas le choix.

J'ai commencé à explorer les dégâts en moi, mais devant l'ampleur du désastre, je reste interdite. Il va falloir nommer cette zone incendiée que j'ai traversée, en aveugle, en muette, en sourde, enfermée en moi-même pour ne pas mourir de douleur. Je suis sortie du tunnel, mais la lumière est trop violente, la chaleur trop vive. Je ne peux revenir en arrière, je le savais. Ce qui s'est révélé dans ce parcours ne pourra plus être oublié, enfoui. Il me reste à le communiquer. Il me reste, le plus dur peut-être, à retrouver ma langue pour exprimer, avec des mots justes, ce qui se passe dans le corps à corps d'un père incestueux avec sa fille adolescente qui aime son père d'un amour si pur, et qui se voit entraînée en enfer, maudite, sans pouvoir bouger, prisonnière à jamais du désir de l'homme, son père.

Plutôt mourir!

En faisant de moi une femme par force, mon père avait brisé l'identité que je me construisais en secret, le miroir où je me reconnaissais. Il avait fait de moi une chose pour l'homme, une poupée à prendre.

Devant ce désastre je devins anorexique, m'accrochant au déni de ce corps de femme violé, auquel il avait redonné le sens même que je fuyais. Refuser ce sens-là pour celui de pur esprit, corps sans nourriture terrestre, devenu hyperactif, assoiffé de mots. Renoncer aux repas au profit des livres, de la culture, pour échapper encore et toujours au destin de femme à prendre, de mère qui donne son corps à manger, dont l'énergie est dévorée par les enfants.

En refusant toute nourriture, je passais de la rébellion secrète à la rébellion ouverte, mais personne ne pouvait en décrypter le sens. La violence qui m'habitait en secret depuis toujours, je l'exposais désormais aux regards, elle s'exerçait sur mon corps qu'elle détruisait lentement. Je n'étais plus qu'un sac d'os contenant un esprit purifié à l'extrême. Je n'étais plus une femme aux formes rondes à désirer, à toucher, à prendre.

Je n'étais plus qu'une rebelle qui dit : « Non! », qui exprime son désir d'être Autre : une femme qui pense par elle-même, quelqu'un d'autonome qui échappe de cette façon aux modèles imposés, même si ce refus conduit à la mort. J'étais acculée à la mort, c'était le seul chemin qui restait.

Plutôt mourir que d'être la chose du désir interdit de mon père! Il m'avait terrassée, projetée en enfer. Je choisissais la voie du ciel, en devenant une sorte d'ange lumineux qui retournait vers Dieu-vie, malgré lui, malgré eux, malgré le curé et les bonnes sœurs. La vie sur terre m'était interdite, je choisissais l'autre vie, la voie de l'âme, la purification par l'abstinence, l'inanition : une sorte de délire mystique.

Je ne pouvais être ce que j'avais décidé, seule dans ma tête, dans le miroir de l'avenir, mon père l'avait brisé avec son sexe, il ne me restait plus que la voix du non-être, la voie de la mort.

Murée dans le silence par le viol du silence, transplantée dans un désert vide de sens, emprisonnée dans un piège-labyrinthe immense, enfermée dans un corps squelette, je hurlais d'une voix blanche, sans être entendue par quelque oreille humaine, aux prises avec deux géantes, la folie et la mort. Je me suis débattue, seule, pendant neuf mois. J'ai erré dans les couloirs vides de l'anorexie, à la recherche du sens perdu de ma vie.

La violence du sexe de mon père m'avait détruite, faisant de moi une poupée cassée, désarticulée, mais je redevenais une, entière, à travers ce « non au viol » qui ne pouvait être entendu, à travers la cellule capitonnée où m'enfermait l'hypocrisie du monde qui m'entourait. Je ne pouvais hurler avec ma voix, je n'avais plus de voix. Mon père m'avait arraché la langue, il m'avait hypnotisée par la force de son pouvoir-amour.

J'étais donc là, tentant de rassembler mes morceaux, en un ultime geste d'espoir de vie. Donner à voir un corps squelettique de « victime de camp de concentration » pour essayer de désigner le bourreau. Mais personne ne pouvait comprendre car le bourreau semblait enfermé dans le corps de la victime.

Je ne pouvais, cependant, désigner le bourreau autrement, prisonnière que j'étais de son pouvoir-amour, même si le mot amour, tout comme celui de père, ou d'amant, n'avait plus aucun sens pour moi.

Le père devient l'amant une nuit, pour redevenir le

père le lendemain matin, tout cela sans un mot. La chair nie le verbe. La chair détourne le sens de la parole. Le sens bascule. Le mot père explose dans le contact des sexes du père et de la fille : contact impossible, inimaginable, perte totale des repères, du sens des mots, du sens de la vie.

Absence de langage. Il n'y avait pas de mot pour dire ce qui venait d'arriver. Je ne connaissais pas le mot inceste, ni viol, ni même sexe.

Je n'avais entendu parler de sexualité qu'à travers les histoires cochonnes des hommes, aux repas de famille : mariages, baptêmes, communions, où quand ils avaient bien bu, ils parlaient de la vache et du taureau, du bouc et de la chèvre... Ces histoires de bêtes qui faisaient dégringoler les humains au rang de l'animal déclenchaient des rires gras qui atteignaient mon cœur de fillette comme un fouet. J'avais mal pour eux et cela me confirmait dans mes options de ne jamais devenir adulte comme eux. Il me fallait échapper à leur pouvoir le plus vite possible, fuir les hommes, ces loups dangereux.

Face à ce monde menaçant, mon père était censé me protéger. Je le vivais alors comme un refuge possible, un rempart solide, celui qui me défendrait, à coup sûr, d'agresseurs éventuels. Impossible d'imaginer que le père, ultime recours, protecteur attitré, se retourne contre l'enfant.

Ce magnifique corps de vierge, plein de santé, va lentement s'éteindre, se recroqueviller, se ratatiner. Même à l'intérieur, les organes qui la désignaient comme une femme vont se rétrécir, les ovaires et l'utérus se taisent, se fripent. Elle va redevenir une petite fille. Elle va donner à voir l'image de la mort qu'on lui a donnée dans le silence d'une nuit. Elle va tenter de dénoncer ce qu'elle ne comprend pas, avec ce qui reste d'elle-même : sa dépouille.

Mais le bourreau se défend, il a désigné une autre cible : les bonnes sœurs de la pension et la mauvaise nourriture. Lui qui ne se met jamais en colère, il va aller faire un scandale chez les sœurs. Il retire sa fille de cette pension! Il joue bien la comédie, il reste aux yeux de tous le bon père qui défend son enfant, insoupçonnable, bon chrétien, chef de famille exemplaire!

Le médecin de famille vient régulièrement, ordonne des médicaments. On la pique de partout, elle a les bras bleus. Il change de traitement, il ne comprend rien. Il a prononcé le mot d'anorexie. Il ne peut décoder ce que dit son corps de prisonnière qui hurle à la mort pour chercher la vie dans le regard de l'autre. Il ne sait pas que la violence qu'elle met à se détruire est le symbole de cette violence qu'elle a subie et qu'elle ne peut dire autrement.

Mais de sa prison, elle hurle et elle s'échappe du désir de l'homme en devenant l'image de la mort. Seule la mort ne peut être désirée par l'homme. Personne ne pourra plus jamais lui mettre la main aux seins, aux fesses, désirer ses rondeurs de vie qui ont fait place à un squelette fragile et douloureux.

Ce squelette la brûle jour et nuit. Ses yeux secs brûlent dans le noir. Tout brûle en elle. Elle se consume lentement sous les regards impuissants. Elle brûle pour atteindre le regard du bourreau, pour qu'il se désigne, qu'il nomme son acte, qu'il se dénonce et dise dans quel enfer il l'a précipitée, et pourquoi elle se brûle elle-même à défaut d'être brûlée comme sorcière pour avoir fait l'amour avec le diable, son père.

Une nuit, il est devenu le diable, il l'a jetée en enfer, et il est retourné le dimanche suivant à l'église, chanter la messe, communier comme si rien de cette nuit-là n'avait existé. Il venait de commettre un crime parfait que personne ne pourrait jamais soupçonner. Par précaution il lui avait arraché la langue mais, même si elle parlait, il suffirait de dire qu'elle était folle, qu'elle avait perdu la tête à trop étudier. Qui pourrait croire une chose pareille de lui? D'ailleurs, elle se taisait, elle lui obéissait, elle était donc bien en son pouvoir à nouveau. Elle était redevenue sa fille chérie, soumise, obéissante. A la prochaine occasion, il la baiserait encore. Elle était à lui, à lui seul. On n'échappe pas comme ça à l'amour de son père. Qu'est-ce qu'elle croyait avec tous ses livres?

Avec sa bouche de père, avec sa langue de diable à l'odeur de soufre, il lui avait brûlé la langue étrangère. Il l'avait brûlée pour qu'elle ne parle jamais de ces baisers-là. Avec son sexe de feu, il avait creusé en elle un gouffre maudit où elle se perdrait chaque fois qu'elle essayerait de penser, de nommer ce qu'il avait fait là, lui, le père, couché dans le noir sur le corps blanc de sa fille. Il l'avait envoûtée et avait commis l'irréparable, l'innommable en elle, hors des mots, hors du sens pour qu'elle ne les retrouve jamais. C'est cela le viol du silence qu'il faut déchirer pour sortir de l'enfer. Il avait brouillé toutes les pistes pour qu'elle ne dise jamais ce qu'il avait fait d'interdit en elle, cette nuit-là.

Elle avait dû errer, presque trente ans, dans le gouffre noir qu'il avait creusé en elle avec la folie de son désir, pour retrouver enfin la vérité en même temps que le sens de la vie, le sens des mots et sa langue.

Maintenant qu'elle les avait retrouvés, il lui fallait dire la vérité, car personne d'autre que les victimes d'inceste n'ont le droit de parler de ça.

Les spécialistes, les champions de l'hypothèse et des constructions théoriques sur le sujet ne savent pas de quoi ils parlent. Ils n'ont pas traversé la zone incendiée que l'inceste creuse dans le corps de parole de la femme violée par son père.

Suzanne et Zoé

> *« Nos mères sont nos enfants et nous voulons que nos enfants soient nos mères... Je la porte en moi alors qu'elle m'a déportée. Je porte ses vœux, ses désirs, ses lois. Je n'arrive pas à m'en débarrasser. Même si je suis différente d'elle, c'est encore en réaction, encore par rapport à elle. Imbrications de femmes dont je ne peux me tirer qu'en devenant un homme. »*
>
> Michèle Manceaux

Je dévore ce livre-reportage d'une vie de femme, de vies de femmes entremêlées mais plus j'avance, plus je pense à ma fille et non à ma mère.

Pendant ses deux premières années nous étions au cœur de l'Afrique. Une jeune fille nommée Suzanne s'occupait de Zoé, tandis que j'allais travailler en brousse avec les femmes pour un service d'animation rurale.

Suzanne a élevé Zoé à l'africaine. Quand elle n'avait rien d'autre à faire elle la mettait sur son épaule et Zoé dormait contre la chaleur de sa peau, elle ne la laissait pas dans son berceau. Elle avait ces gestes lents et sûrs, précis et doux qu'ont les Africaines avec leurs enfants. En deux ans, nous n'avons cessé de nous apprendre l'une à l'autre. Je l'ai initiée à la couture, à la broderie, je répondais à toutes ses questions sur la France mais elle m'a appris ce que ma mère n'avait pu me donner. Elle était si paisible, calme, douce avec le bébé. Je l'admirais pour son aisance naturelle à materner, elle était jeune pourtant, elle n'avait que quinze ans. Elle s'occupait à merveille de Zoé tandis que je courais la brousse, organisais des stages, formais les animatrices.

Quand je rentrais, je retrouvais ma fille toujours souriante, épanouie, alors je jouais avec elle, je dansais avec elle, je me promenais avec elle, je lui donnais à manger en riant, en jouant.

La retrouver si belle, si calme était une telle fête! Je jouissais de ce bonheur sans en perdre une miette. Zoé n'a presque jamais pleuré, là-bas, on ne laisse pas pleurer les bébés.

Elle a juste pleuré au moment du sevrage que j'ai fait trop tôt. Je « devais » reprendre mon travail, mais en fait, rien ne pressait. Qu'est-ce qui m'a poussée à le faire si vite?

Il me fallait gagner ma vie, je ne supportais pas d'être payée à ne rien faire, ou je ne supportais pas tout ce lait qui coulait de mes seins, qui débordait même, mouillant toutes mes robes.

Je ne supportais pas l'odeur de mon lait qui me troublait. J'ai donc commencé à diminuer les tétées, me battant avec le bébé sous le regard horrifié de Suzanne et de David le cuisinier qui me traitait de « sauvage ».

Ce que je faisais était incompréhensible pour lui, tellement contre nature, une mère qui a du lait le donne à son enfant, le travail pouvait attendre, « le travail, ce n'est rien, auprès d'un enfant qui a faim » disait-il! Mais pour moi, il ne pouvait attendre. J'étais tout de même une mère célibataire pour la Coopération qui m'employait, et ce statut me culpabilisait, mon éducation n'était pas si loin, malgré mes bravades et ma rébellion.

J'avais peur de la répression et je devais donc prouver, au plus vite, ma compétence, organiser vite de nouveaux stages. A la Coopération, nous n'avions pas que des amis, loin de là, je le savais. Je devais donc dire : « Présent! je suis là, ce n'est pas parce que j'ai un bébé que tout va s'arrêter, au contraire. » Et me voilà repartie aux réunions dans les villages, à courir la brousse, à réaliser des documents photos pour les prochains stages tandis que Zoé dort sagement sur l'épaule douce de Suzanne qui lui chante des berceuses saras, ou qui rêve à tous les beaux bébés qu'elle aura bientôt.

Eh bien oui! je dois me rendre à l'évidence, j'ai

reproduit ce combat de la mère et de sa petite fille autour du sein, pas pour les mêmes raisons bien sûr.

Mon corps à moi ne saignait pas, mon corps de mère était épanoui, il débordait même du plaisir d'allaiter et de lait, mais ma tête était dévorée par l'angoisse de perdre mon travail, ce pour quoi je m'étais tant battue. On tolérait ma situation de fille-mère qui vit avec un homme marié, père de deux enfants, qui ne réussit pas à divorcer parce que son épouse répudiée s'accroche à son refus. De cette façon, elle le tient, elle l'enchaîne encore à leur souffrance et à leur passé.

Mon bonheur lumineux de cette période avait un côté sombre. Le revers de la médaille, c'était la douleur de cette femme que je connaissais, pire, que j'aimais et cette douleur me déchirait. « On ne construit pas un bonheur sur le malheur des autres » m'avait dit ma mère. « Dieu te punira! », « Ça ne durera pas ». Elle avait raison, ça n'a duré qu'une dizaine d'années. Alors pour oublier la souffrance de cette femme, ses cris qui me poursuivaient, je te prenais dans mes bras ma petite, et je partais sur le chemin, vers la savane et je te racontais des histoires merveilleuses où l'amour peut être simple. Quelquefois, quand j'étais seule, je mettais de la musique et je dansais avec toi, tout doucement, ou bien je tourbillonnais avec toi et je te faisais rire, rire. Je nous plongeais dans le vertige du rire pour oublier que l'amour est compliqué et fait toujours mal à quelqu'un quelque part. J'appelais les fées, je faisais mille vœux pour que toi tu connaisses un jour un vrai jeune homme qui t'emporte vers la vie et le bonheur comme dans les contes.

Un livre plié

« L'être humain mange de l'écriture pour constituer à travers le symbolique sa réalité psychique. »

Je suis dans un train, je lis *Manger le livre* de

Gérard Haddad et l'angoisse monte. Ma gorge se serre si fort, là, au milieu des voyageurs. Les idées filent dans ma tête, c'est un véritable feu d'artifice.

Je pense à ce rêve, où je retournais dans ma chambre de jeune fille pour y prendre mes livres. Je n'y retrouvais que la Bible et mes dictionnaires.

Et cette impression douloureuse de courir, sans arrêt, après le mot juste, d'avoir perdu le vrai sens des mots, de ne plus pouvoir nommer ni les choses, ni les êtres, de savoir dans ma tête seulement. Toutes ces idées fulgurantes qui me traversent sans pouvoir être saisies, capturées jamais. Le langage me fuit, je ne peux me l'approprier.

Je sais, mais je ne sais pas dire. Je sais en moi, mais je n'ai pas d'outil pour communiquer mon expérience. Ma deuxième naissance se fera sur le papier blanc, ma naissance sera ce livre. La zone brûlée, incendiée de mon être sera enfin explorée, elle cessera d'être le danger permanent d'explosion. Alors je pourrai parler sans cette émotion trop forte qui sème la panique, bouscule, éparpille les idées et les mots.

Il me faut naître au monde de la Parole. Il me faut vivre avec le dictionnaire dans la poche, me réapproprier chaque mot, comme si j'en avais perdu le sens, parce que j'en ai perdu le sens.

« A quoi ressemble un enfant dans le ventre de sa mère? à un livre plié » dit le Talmud. Cette citation me bouleverse, m'emplit d'espoir. Je suis sûre maintenant de naître bientôt au monde de la Parole. Je vais retrouver le sens de chaque mot, je n'ai pas dévoré tous ces livres pour rien. Je ne me ruine en achetant des livres que pour mieux me construire. Je vais pouvoir enfin exprimer toutes ces intuitions qui me traversent comme des étoiles filantes insaisissables, fulgurantes de vérité. Je vais enfin pouvoir reconstruire ma tête fendue, je vais colmater, réparer la faille, mieux la souder au feu intérieur qui me dévore.

Après cinq ans d'Afrique, j'étais revenue en France ne sachant plus écrire. J'avais perdu l'orthographe de ma langue et je devais reprendre un poste d'institutrice. J'avais égaré l'orthographe dans la brousse africaine, lentement, au rythme des longues heures d'attente, à rêver tranquillement comme eux. Vivre immergée dans une autre culture tellement silencieuse, ralentie, avait eu sur moi l'effet d'un lavage de cerveau. Ma tête était envahie d'images, j'étais au cinéma permanent. A vivre en brousse, hors les mots, à communiquer surtout sur un mode non verbal, corporel essentiellement, j'avais perdu ma langue et changé d'univers mental. Quelle aventure!

Arrivée à l'école, devant les trente élèves face au tableau noir où il fallait écrire, je ne savais plus rien; alors j'avais tout simplement avoué aux enfants que j'avais oublié comment s'écrivait le mot et je prenais le dictionnaire devant eux, pour en chercher l'orthographe. Au début, ils disaient étonnés : « C'est drôle, une maîtresse qui ne sait pas tout » ou bien « La maîtresse a tout oublié », et le geste d'aller vers le dictionnaire leur est devenu aussi naturel qu'à moi-même. Nous apprenions ensemble.

Devant la nécessité, je me suis réapproprié la langue et nous avons découvert ensemble le vrai sens des mots, guidés par la même soif. Bien des problèmes d'orthographe se sont résolus ces deux années-là sans jamais faire de dictée.

Comme toutes les filles du monde

Je recherche les lettres de ma mère, mais ne les lis pas.

Je lis des chants d'amour et de mort de fils qui ont perdu leur mère, comme pour me stimuler à avancer sur ce chemin où je vais à reculons. Il y a trop de douleurs passées et à venir sur ce chemin-là et je n'en peux plus de souffrir. Ma mère est mortelle, ma mère va mourir, je n'aurai pas su qui elle était et je n'aurai pas su lui dire que je l'aimais. J'aurai traversé des mers pour me séparer et je n'aurai fait que la quitter, me sauver d'elle pour éviter la souffrance que me donne le simple fait de penser à elle, de penser que je ne peux lui parler, lui écrire, que je ne peux décrocher le téléphone pour entendre sa voix, entendre qu'elle est vivante.

Je sais qu'elle m'appelle, qu'elle regarde les photos souvent. Elle se plonge dans son album, elle revit ses bons moments quand nous étions tous là autour d'elle, tous, si bruyants, si fatigants mais tous vivants.

Maintenant, ils sont seuls et depuis longtemps je me tais.

J'ai jeté un voile de silence pour éviter la douleur mais depuis que j'écris, je ne trouve que douleur sur mon chemin. J'ai présumé de mes forces, je ne pourrai aller seule jusqu'au bout. Non, il faut continuer, faire ce geste tant redouté de relire ses lettres, d'avoir son écriture sous les yeux, de lire ses appels répétés, ses demandes d'envoyer au moins un petit mot ou des photos.

Mais je ne bouge pas. La paralysie m'envahit, je me préserve d'une douleur trop grande. Alors pourquoi ai-je lu *Le Livre de ma mère* d'Albert Cohen? Juste pour me donner la force d'aller chercher ses lettres ou ses photos, de regarder, en face, tout ce gâchis d'amour, peut-être de faire un geste, d'écrire une petite carte ou simplement une lettre que je n'enverrai pas.

Une lettre d'amour à ma maman chérie, que je ne peux plus aimer sans pleurer si fort que c'en est indécent. Maman chérie, je voudrais tant pleurer dans tes bras, répondre à tes appels, te donner de nos nouvelles, aller te voir comme les autres, t'aider encore à préparer le repas pour les enfants, les petits-enfants, une si grande « tablée ».

J'aimerais comme toutes les filles du monde juste pouvoir te regarder, voir sur ton visage si tu souris, si tu as moins de souci, comment tu es avec tous ces petits-enfants autour de toi, lire l'amour dans tes yeux.

L'été dernier, j'ai vu une photo de toi et tu souriais pour une fois. J'en ai été bouleversée. Serais-tu enfin paisible, plus détendue, plus heureuse? J'aimerais te voir heureuse. J'aimerais te faire visiter des châteaux puisque tu aimes tout ce passé de rois et de reines. J'aimerais mettre mon bras sur ton épaule et marcher près de toi tout en bavardant tranquillement. J'aimerais te protéger de la mort, que tu vives longtemps. J'aimerais effacer tout ce passé de malheur, j'aimerais tellement que tu me racontes ton histoire, ton histoire de femme, tes souffrances de femme. Maintenant, je suis prête à t'écouter. J'aimerais tellement t'entendre me raconter comment tu m'as aimée, comment tu m'as soignée quand j'étais malade, comment tu m'attendais la nuit quand j'ai commencé à vivre ma vie.

J'aimerais que tu me dises ce que tu n'as pas pu dire à ta mère, avant qu'elle meure, ce que tu regrettes de n'avoir pas dit, jamais. Heureusement, tu as d'autres enfants qui s'occupent de toi, t'écrivent, sont de vrais enfants, généreux, reconnaissants. Moi, je ne peux pas, je ne peux qu'explorer ce gâchis entre nous, tout ce gâchis, à cause du sexe de ton mari.

Tout ce gâchis, cette immense douleur de l'inceste, je vais l'écrire et à cause de cela, sans doute, je ne te reverrai pas ou tu me détesteras d'avoir osé dévoiler la vérité. Et la vérité sur un tel gâchis d'amour, entre nous!

La chair de sa mère

Maintenant je mange des livres, je dévore les mots des autres, l'histoire des autres sans pouvoir me rassasier et pour avancer j'emprunte, j'achète des livres dont on me parle, que je découvre seule chez le bouquiniste, le libraire, et je m'enferme dans ma tanière avec mes trésors. Je vis une retraite au milieu d'une montagne de livres, attendant les week-ends avec impatience. Étrangement je redeviens la fillette assoiffée de connaissances que j'étais à onze ans. J'ai retrouvé la force merveilleuse de l'adolescente qui se prépare un avenir de liberté et d'autonomie par l'étude.

J'ai retrouvé aussi la fillette pleine d'imagination et

de rires qui aimait tellement jouer... Je l'ai retrouvée dans mon travail avec les enfants.

Dans cette traversée au pays des mots, je puise, je me nourris, je creuse à la recherche de ce que je ne trouverai pourtant pas dans les livres. La langue de ma mère, les mots de ma mère, le patois de ma mère, les mots perdus de mon enfance, ils ne sont inscrits nulle part, ils sont perdus en moi, enfouis sous le concert des rires des fillettes bourgeoises qui se moquent.

Parfois, encore, quand je dis un mot de travers, brusquement la panique m'envahit, je me suis trompée, j'ai dit un mot pour un autre, les moqueries vont fuser, m'atteindre comme une salve de mitraillette, je veux rentrer sous terre, je perds à nouveau le sens, le sens de mes idées, je ne sais plus où j'en suis, je suis perdue. Ou bien je suis dans une réunion, les autres me regardent, surpris. J'ai dit un mot qui revient de très loin, un mot grossier qui vient d'un autre monde que le monde cultivé que je côtoie, un mot grossier qui apporterait le fumier de la campagne sur le tapis d'Orient d'un salon élégant.

Je me retrouve là, avec mes gros sabots, au milieu de fins escarpins dernier cri. Je vis souvent cette expérience douloureuse, et ma peur de déterrer les mots de ma mère vient de cette terreur que ces mots-là n'envahissent ma langue actuelle, ma vie actuelle, par surprise, pour y déclencher les mêmes blessures, les mêmes rires ou plutôt des regards étonnés, des sourires entendus, la manière policée de se moquer qu'ont les gens bien élevés, entre eux, face à une étrangère : non pas une étrangère venue d'un autre pays, celle-là on l'excuse. Mais l'étrangère qui vient de la campagne profonde et patoisante, qui ne connaît rien, qui n'a pas accès à la culture, qui ne pourra jamais goûter les subtilités de la langue française ou de certains jeux de mots.

L'étrangère qui n'aura jamais le pouvoir des mots, le pouvoir naturel, celui qu'on acquiert par la naissance au berceau, au sein de la mère qui parle bien, bien comme il faut, comme la classe dirigeante.

Bien sûr, elle connaissait des intellectuels issus de couches populaires qui parlaient comme des livres. Comment avaient-ils fait? Ils avaient sûrement un secret, avalé quelque potion magique pour acquérir la maîtrise du langage. Ils avaient fréquenté l'université, acquis des diplômes. C'était ce qui lui avait manqué, sans doute. A cause de cela, elle avait un langage tout bancal. Elle ne le sentait jamais sûr, solide, toujours prêt à s'échapper, surtout sous le regard des autres à l'oreille fine, cultivée, distinguée.

Elle devrait retrouver des amies normandes de son adolescence parler avec elles, les écouter surtout, à l'affût des expressions typiques oubliées, enfouies, perdues. L'année dernière, elle était retournée en Normandie, elle avait écouté son jeune frère et sa belle-sœur parler. Certaines de leurs paroles la faisaient sursauter. Oui! c'était bien cela que sa mère disait.

Elle avait assisté à une fête dans un village, la reconstitution d'un mariage 1900, avec toutes les coutumes et les villageois en costumes. Elle s'était mêlée à la foule avec bonheur, avidité même, les oreilles grandes ouvertes. Heureusement, à l'époque, elle avait encore ses grands cheveux, elle avait ainsi pu dissimuler ses larmes. Trop d'images lui revenaient à la fois, dans ce concert de mots retrouvés! Elle aurait eu envie d'être seule et d'écrire vite, de noter ces mots qui s'étaient à nouveau envolés après la fête.

« Les mots que j'employais quand j'étais enfant, plus personne ne les comprend, pas même moi. Je suis seul », dit Ferdinando Camon dans *La Maladie humaine.*

Voilà bien le problème : avoir perdu sa langue. « Alors quoi? tu as perdu ta langue? » on lui avait dit ça souvent quand elle était petite, timide, devant les belles dames parfumées qui fréquentaient l'atelier de sa grand-mère. Elle perdait donc déjà sa langue, face à l'autre langage, celui du monde inaccessible dont elle rêvait en secret.

Elle se souvient avec quel bonheur elle avait entendu Zoé parler. A la maternelle elle parlait déjà comme un livre. Elle, au moins, n'aurait jamais le problème de langue perdue à retrouver, elle en aurait d'autres mais elle ne serait pas une émigrée du langage, jamais.

Depuis quelques jours, une image l'obsède : celle du sein denté de sa poupée couverte d'écriture. En ce moment, ses seins à elle saignent. L'eczéma semble se concentrer sur les seins. Depuis plusieurs jours les mamelons suintent, elle doit les panser, quand elle enlève les pansements, le sang coule. Elle pense à sa mère qui l'a allaitée jusqu'au sang, aux abcès, aux crevasses du sein, à ce qui avait fait d'elle un bébé vampire qui boit « autant de sang que de lait ». Elle a bu le sang maternel. Maintenant de ses seins coulent de grosses gouttes rouges qui tombent sur ses cuisses. Elle les regarde, elle ne sent pas de douleur, elle peut comprendre ce que signifie ce sang qui coule de ses seins, maintenant.

Du beau sang rouge. Les gouttes sont belles, rondes comme des rubis, elle regarde les perles rouges glisser sur sa cuisse, elle pense à sa mère et à sa fille.

Elle a connu le bonheur si doux de donner le sein à sa fille, de voir le mamelon disparaître dans la bouche du bébé tandis qu'une douce chaleur vous envahit le ventre. Elle essaye d'imaginer le bébé vampire qui boit le sang au sein malade et les grimaces de douleur, les cris de sa mère, et cette façon de rejeter le bébé en arrière, de l'arracher au sein trop douloureux. Cette façon que sa mère avait eue de se délivrer de la souffrance en enlevant le mamelon de la bouche du bébé affamé qui hurlait de dépit et d'angoisse.

Pour la première fois elle y pense calmement, sans rancune. Que peut sentir un bébé à ce moment-là? Depuis, elle déteste le lait et les laitages, l'odeur du lait chaud lui donne la nausée. Leur première guerre, elles se l'étaient livrée là, autour du sein douloureux. Ensuite, que de combats autour de la nourriture!

Elle se souvient surtout du sang des rôtis de bœuf qu'on lui faisait boire dans un verre, comme un grand honneur, un privilège. A ce moment-là, on lui disait : « Bois ça, c'est plein de vitamines! ça donne de la force et tu en as besoin » mais aussi « La viande ça coûte cher! », « Tu ne veux pas la manger, tu ne te rends pas compte de tout ce qu'on fait pour toi. »

Le sang rouge, la viande rouge, les sacrifices de la mère, toujours présents à table. Elle voyait la pauvre bête qu'on avait tuée, le sang qui coule de la gorge blessée. Dans la Bible, il y avait plein de sacrifices et celui d'Isaac, en particulier, l'avait fortement impressionnée, révoltée. Comment un père pouvait-il trancher la gorge de son fils? Même pour Dieu. Elle vivait l'angoisse d'Isaac que son père allait tuer, elle voyait la scène si nettement.

Sa mère avait l'art de lui couper l'appétit, une parole suffisait à lui nouer l'estomac, lui paralyser la mâchoire qui ne pouvait plus mastiquer. Elle restait là, bouche fermée et le combat commençait « Allez, mange! ».

Bien sûr, Marie aimait beaucoup être invitée ailleurs, chez ses tantes ou sa grand-mère paternelle. Là, elle avait toujours bon appétit et elle se régalait, loin du regard inquisiteur de sa mère. Manger devenait un plaisir. Sa mère avait l'art de transformer le repas en corvée, en devoir pour grandir, en devoir qui coûtait cher.

C'était comme si cette viande dans l'assiette était la propre chair de sa mère. A table, c'était un vrai refrain : « La viande qui augmente! toutes ces bouches à nourrir, la viande c'est ce qui coûte le plus cher, alors il faut la manger jusqu'à la dernière bouchée. » Et Marie tournait tristement cette bouchée, longtemps, sans pouvoir l'avaler. Quelquefois, elle en gardait trois ou quatre dans la bouche et elle allait vite aux cabinets pour les cracher. Elle avait inventé toutes sortes de ruses pour se débarrasser de cette viande impossible à avaler.

Quand son père était là, il devenait son complice, parfois, il la laissait donner la viande au chien, sous la table. Il semblait voir, lui, les efforts qu'elle faisait pour manger et comprendre son incapacité à avaler la viande rouge. Elle avait horreur des repas à cause de sa mère, elle adorait manger partout ailleurs. Elle volait des morceaux de sucre et elle allait les déguster, seule au fond du jardin, dans les choux pour les lapins. Ils étaient grands, ça faisait comme une forêt verte, les feuilles étaient douces à caresser. Elle s'asseyait par terre, bien abritée sous les grandes feuilles et elle laissait le sucre fondre sur sa langue lentement, avec un réel plaisir même si, ensuite, elle devait s'accuser à confesse de ce double péché. Elle avait volé du sucre et l'avait mangé avec gourmandise.

Elle adorait les jardins l'été pour tout ce qu'ils vous donnent gratuitement. Elle pensait que le Paradis ça devait être ainsi, avec des arbres couverts de fruits, juteux et délicieux, des oiseaux qui chantent, une herbe bien douce pour s'y allonger et tellement de temps pour rêver. Elle allait s'offrir des petits moments de Paradis, c'était plus sûr que d'attendre celui promis par le curé.

Mais tout cela n'était que péché. Elle se souvient qu'elle avait demandé au catéchisme comment les riches faisaient pour ne pas pécher, eux qui avaient tous les plaisirs sous la main continuellement. Elle ne devait pas désirer les richesses des autres, cela aussi était un péché, le péché d'envie : « Tu ne convoiteras pas! » Les riches avaient une place spéciale à l'église, avec un prie-dieu rembourré de velours rouge et il y avait même une petite chapelle, près du chœur, réservée aux nobles habitant le château du village. Elle se souvient de cette vieille femme décharnée qui portait un ruban de velours noir autour du cou, signe de son rang, elle avait sa place dans la chapelle spéciale, elle aussi. « C'était une sainte femme », disait le curé qui devait espérer quelque héritage pour l'église naturellement, mais ça pouvait aider pour l'avancement.

Elle avait deviné trop de choses quand elle était petite. Elle avait passé des vacances au presbytère de son oncle, elle avait compris les rapports subtils entre l'Église et les riches et entendu autrement les sermons du curé à la foule des pauvres, des gens ordinaires qui, eux, devaient trimer, souffrir pour gagner le Paradis, les yeux uniquement tournés vers le ciel et non vers les richesses de la châtelaine, ou de la comtesse qui possédait une grande partie des terres et qui vivait de ses rentes.

Sa vie en pension au couvent n'avait rien arrangé, elle avait mesuré de près, au quotidien, l'hypocrisie de l'institution de notre Sainte Mère l'Église qui était une mère bien injuste, à vrai dire.

Un gouvernail invisible

Je cherche les mots qui m'échappent, papillons évadés, seule la douleur demeure si présente. Bien sûr, elle semble s'alléger, mais pour laisser place à un mal nouveau, inconnu, enfoui, qui émerge, se réveille à son tour. Je vais me noyer dans cette mer de maux, crouler sous la montagne de livres dont je m'entoure, forteresse de papier, inutile, si fragile. J'ai besoin de repos.

Je ne peux revenir en arrière, je suis engagée trop loin de la terre natale. Je suis en pleine mer, seule, déshydratée. J'ai encore une fois présumé de mes forces, mais je ne peux qu'avancer avec l'espoir de voir apparaître à l'horizon la terre que je cherche, pays de reconnaissance et de paix. Cette étrange force, cette nécessité d'écrire m'a emportée, a bouleversé tout dans ma vie. Ce fut aussi violent que le bébé qui pousse dans le ventre à la recherche de son souffle. Je n'avais pas le choix.

Maintenant, je traverse d'étranges zones de mon être, mais ne sais rien en dire. Il ne reste sur le papier que quelques traces de ce voyage singulier. Si peu! Incapable de retrouver la langue de ma mère, perdue à jamais, brûlée au bûcher de l'humiliation, je me constitue un langage neuf. Je mange des livres, je cherche des nourrices au fond des librairies. Je tète un lait nouveau, non empoisonné de sang et de sacrifice. Je bois des forces à l'humanité entière. Je m'invente des menus variés. J'ai quitté le monde coloré des tissus et de la peinture pour celui-là, en noir et blanc, des traces de vie inscrites en rangs serrés sur le papier.

Un rêve me revient : dans un lieu de vacances je rencontre une jeune femme qui me plaît beaucoup. Elle peint, elle me montre ses créations. Je me sens bien avec elle, face à ses immenses peintures rouges violentes ou à d'autres dorées comme des icônes. Elle me propose d'en choisir une. Je suis bien embarrassée. Je me décide finalement pour un tableau doré. Elle me demande de l'attendre, elle va l'emballer pour que je ne l'abîme pas en voyage. Mais elle ne revient pas. Quelqu'un d'autre m'apporte un paquet de sa part. Je l'ouvre et je vois une gravure en noir et blanc. C'est un tableau historique : une femme condamnée à mort est emmenée entre deux soldats au bûcher ou à la guillotine. Je me suis réveillée bouleversée. Je n'écrivais pas encore à cette époque, j'en avais juste le désir, mais pas le courage ou plutôt la nécessité. J'étais encore à l'abri auprès de l'homme que j'aimais, condamnée à mort, oui, pour une renaissance j'en suis sûre. Il faut continuer, d'ailleurs je suis portée par des forces profondes, de ces courants contre lesquels il est inutile de lutter. Je me laisse flotter à l'aventure, incapable de faire autre chose, guidée par un gouvernail secret, invisible. Je ne dirige plus, mais je n'ai pas renoncé à la lutte, je suis portée par elle. Il me faut me coucher au fond du bateau, reprendre des forces, lâcher prise, m'abandonner totalement aux forces du vent, voyage étrange où la peur m'a quittée. Je suis sûre d'être à la bonne place, à ma place, sur ce minuscule bateau-livre perdu en mère.

Souvent, avec les enfants elle avait repéré ce moment précis où elle abandonnait réellement, profondément en elle tout désir sur l'enfant, tout projet, même le plus lointain, celui de le voir émerger ou se mettre à parler. Alors l'enfant surprenait tout le monde et ce n'était jamais de la même manière qu'il s'affirmait et parlait en son je/jeu.

Pourquoi aurait-elle peur de son propre voyage, elle qui avait accompagné tant de trajets aboutissant à une renaissance, à cette explosion de vie dont seuls sont capables les enfants. Oui! mais elle était l'accompagnatrice et non le voyageur. Souvent l'enfant plongeait dans son regard comme pour vérifier la qualité de sa présence, puis rassuré il repartait dans un nouveau jeu, explorer une autre région peuplée de monstres, d'araignées ou de loups. Elle était totalement attentive, disponible. Présence rassurante.

Elle leur offrait ce qu'elle n'avait jamais trouvé auprès des psychothérapeutes. Désespérée, elle était partie seule en voyage, ne prenant pour seul témoin qu'une immense feuille blanche, sur laquelle elle espérait s'inscrire, miroir où se reconnaître, espoir d'être reconnue.

Quand quelqu'un lui rendait son manuscrit avec l'émotion dans la voix ou le regard, elle écoutait attentivement les paroles qui disaient que sa souffrance était entendue et qu'elle servait même de révélateur à des douleurs cachées. Alors, elle se sentait en paix, sûre d'être sur son vrai chemin, à sa place, toute repliée qu'elle était sur sa feuille blanche, à flotter sur une mère de mots, à la recherche de sa langue.

Ressuscitée par l'amour

« Je ne sais qu'une chose, l'amour ça se parle quand on est nu », dit Julien Bigras dans *Kati, of course.*

Certains hommes l'avaient rejetée parce qu'elle savait démasquer la souffrance secrète, celle qu'on cache au fond des failles les plus profondes, celle qui pleure en silence tout au creux de l'être.

Ce chant douloureux l'attirait. L'écho de ce chant muet vibrait dans sa blessure, hors les mots, hors du temps. Cet appel brisait les digues de sa tendresse qui se déversait comme un baume sur l'homme blessé.

Mais elle lui prêtait en même temps ses yeux pour qu'il contemple enfin son mal caché. Et l'homme ne supportait pas ce regard, d'être vu dans la nudité de sa faiblesse. « Je t'en veux de m'avoir révélé ma fragilité!... regarde ce que je suis devenu à cause de toi. » Il m'avait fait ce reproche et il avait fui cette femme qui lui avait pourtant dévoilé une de ses plus grandes richesses : sa sensibilité, sa fragilité mais surtout le sens de sa douleur, une faille où puiser tant de forces.

Pourtant son compagnon partait vers un autre regard de femme où il pourrait s'admirer à nouveau fort et viril pour oublier ce qu'il venait de voir : une blessure d'enfant perdu, abandonné. Le petit garçon qui vit en tout homme a besoin d'être sans cesse applaudi comme sa mère le faisait quand il était enfant au moindre de ses gestes.

Notre malheur de femme prend souvent racine dans l'attitude de la mère qui ne cesse d'encenser ce petit bout d'homme génial, qui lui voue une admiration sans borne, qui excuse toutes ses faiblesses, comble ses désirs. Cela, il le recherchera ensuite dans le regard des autres femmes et dans la poursuite insensée du pouvoir, dans les applaudissements de la foule et les exploits de toutes sortes. L'amour qui met à nu les blessures anciennes, l'amour où se brisent nos images, l'amour qui bouleverse, bouscule, déchaîne, enchaîne, transporte, transforme...

Mais l'homme a si peur de la femme qu'il ne peut l'approcher qu'en lui mettant des masques. Elle sera déesse, mère, prostituée, petite sœur ou petite fille à protéger selon son désir. Il ne peut la voir nue, entière, avec sa blessure ouverte, cette faille rouge qui lui renvoie une autre blessure si bien camouflée en lui.

Parfois, il se laisse aller à aimer, emporté quelque temps dans le vertige de la passion, mais sa raison le ramène bien vite, si vite, à une autre femme plus rassurante, qui l'aidera dans sa carrière sociale, en qui il cherchera, trouvera la sécurité.

Une femme qui lui renverra une image de lui qu'il aime à contempler : celle d'un homme beau, fort, viril, solide, qui réussit. Une femme en qui il n'entendra pas le cri douloureux de l'enfant abandonné qui pleure en lui. Alors, il aimera avec mesure, pour longtemps cette femme-mère, rassurante, qui l'applaudit, l'admire et sait le nourrir comme sa maman. Une femme-refuge, auprès de qui il reviendra après ses folles et secrètes escapades avec quelques nomades éprises de liberté, femmes de feu, femmes brûlées, capables de se livrer entières à la violence du vent d'amour.

Il oscillera dans sa vie entre la sage et la folle, se rassurant dans les bras de la sage, s'enivrant parfois dans le gouffre brûlant de la folle qui danse sa vie, la dilapide, ne thésaurise pas, cigale sans avenir.

Femme perdue d'avance par l'homme qui l'a violée, trop tôt, si jeune, si vierge. Femme maudite, femme miroir de la violence de l'homme, du désir de l'homme, de la folie du père, femme miroir de visions insoutenables, innommables.

Femme violée qu'on nomme folle ou prostituée pour faire oublier la folie de l'homme, son vertige, sa soif de sexe ou d'amour jamais satisfaite, ce toboggan du désir, voilà ce que son père avait inscrit profondément en elle. Voilà en quoi elle était la sœur de toutes les prostituées du monde.

Voilà pourquoi son corps brûlait trop fort, pourquoi elle n'était capable que d'excès et de passion. Elle n'était plus qu'une femme de feu, femme brûlée qui renaît de tous ces amours perdus, dans ses larmes.

Femme qui pleure l'homme incapable d'aimer, celui qui fuit le vertige de l'amour, la flamme d'un amour dévorant.

Femme qui se lave, se baigne à la fontaine de ses yeux pour renaître à un autre amour.

Femme-passage, femme qu'on quitte, femme qui renaît toujours vierge, chaque fois plus neuve, jeune fille au fond de l'âme, femme blanche sur laquelle tout peut s'inscrire.

Femme vers qui l'homme vient pour renaître, femme éprise de la vie, amoureuse de la vie, épouse de la vie.

Femme qui s'accroche au blanc pour renaître du feu de l'amour qui réduit en cendres et métamorphose.

Femme qui puise sa force dans les renaissances, les séparations et les métamorphoses.

Femme féconde qui a donné la vie.

Femme-épouse qui a su consoler, qui connaît l'émotion de l'attente et la sérénité qu'offre la fidélité.

Femme qui connaît la douleur d'être répudiée à cause d'une autre femme et la douleur d'être à la fois l'élue et la seconde alors que l'homme qui vous aime répudie la première, à qui il a pourtant fait des enfants.

Femme sans cesse bouleversée, traversée par l'amour, femme ressuscitée par l'amour.

La prostituée est inventée par l'homme à qui l'Église a interdit l'amour, qui a besoin de goûter aux fruits défendus, tandis qu'une femme épouse, maman, nounou, esclave, l'attend sagement à la maison.

L'homme qui a besoin d'aller au bordel ou chez sa maîtresse pour faire vivre un autre lui-même qu'il doit cacher à la divine, la mère, pour qui il doit rester enfant sage, à qui il obéit, avec qui il partage un amour fidèle, solide, durable, honorable, respectable.

Enfant sage, en même temps que maître qui décide, qui commande à la famille, qui interdit à la femme, aux enfants. Homme-enfant qui pourtant brandit les tables de la loi et revendique partout le pouvoir.

Femme toujours mère, capable de donner naissance (sur le plan symbolique), de bercer, de consoler, de propulser vers la vie des enfants blessés, des hommes perdus, les remettant, par son accueil, son écoute sensible, face à eux-mêmes, les reliant avec une partie d'eux-mêmes égarée, blessée ou morte.

Femme-demeure, lieu d'asile, de repos où l'on peut retrouver le vrai sens de sa vie et ses forces créatrices.

Femme, lieu de passage qui vous renvoie à la vie, sans vous retenir, sans chercher à vous posséder.

Femme, sœur d'amour, vraie compagne aimante, qu'il n'est plus nécessaire de dominer, qui n'effraie plus, qui a des bras pour accueillir non pour emprisonner, un sexe-source sacrée, un ventre lieu de toutes les mutations.

Femme qui vit l'amour comme une prière.

Femme toujours prête à donner parce qu'elle se sait inépuisable...

Quand seras-tu reconnue par l'Homme?

A l'ombre de la mort

Le viol du silence. Il faut déchirer le voile qui nous sépare, briser les vitres de la cage où nous sommes enfermées, nous, les filles de l'inceste, par nos pères.

Après avoir subi la violence de l'agression par le sexe paternel, il nous faut encore subir l'agression des pères du savoir qui étouffent nos cris pour conserver leur pouvoir. Le curé et le psychiatre ligués contre nous, avec une foule d'arguments et de connaissances, protègent leur pouvoir, le perpétuent, le consolident à nos dépens.

Le curé, avec le poids de tous ces siècles de religion et de culture judéo-chrétienne qui traite la femme de tentatrice, de pécheresse, de sorcière, impossible d'être entendue quand il nous plaque sur la bouche ce masque épais qui étouffe nos cris de vérité. Le psychothérapeute qui brandit la théorie freudienne, avec sa tête envahie par le fantasme, avec ses oreilles bouchées qui refusent ces paroles de vérité : « Mon père a couché avec moi! », « Mon père m'a violée, mon père me forçait à le masturber, mon père me frappe et me viole. » Non! il n'entend pas, non il ne peut pas vous entendre, puisqu'il est occupé à lire dans votre inconscient que vous avez rêvé, que vous prenez vos fantasmes pour des réalités, comme les autres : une affaire banale de complexe d'Œdipe, de la routine. Et si vous persistez, si vous répétez inlassablement votre vérité, il vous enfermera avec quelques belles étiquettes psychiatriques qui vous colleront à la peau jusqu'au cimetière. Puis il vous calmera avec des drogues douces, jusqu'à ce que vous disiez « Mais oui, docteur, j'ai rêvé! » et alors vous serez tout à fait folle car vous aurez perdu le sens de la réalité, votre vérité et votre identité.

La violence du refus d'entendre cette vérité-là, alors que sous le choc du viol vous avez enfoui, refoulé loin, si loin, le mal subi pour survivre, personne ne saura jamais assez de quelle nature elle est!

C'est une violence inouïe, qui détruit l'être, un coup qui vous projette loin de vous-même, c'est comme si on vous déposait brutalement dans un pays inconnu où personne ne parle votre langue.

C'est comme si on vous coupait la langue, comme si on vous coupait la tête et que les deux hémisphères du cerveau ne communiquaient plus. Il faut savoir que lorsqu'on a vécu un tel viol, un tel choc, la paix ne revient à l'âme que lorsqu'on peut remplir le trou avec le passé refoulé, retrouvé.

Ce qu'il faudrait à cette femme pour qu'elle guérisse de son mal, c'est qu'un homme n'ait pas peur d'entendre ses cris résonner au fond de lui-même, qu'il lui serve juste de miroir, de garde-fou, tandis qu'elle explore le trou noir, qu'il ose regarder en face l'horreur de ce qu'elle va découvrir, qu'il reste vivant tandis qu'elle ira réveiller la morte en elle, qu'il n'ait pas peur de reconnaître qu'un autre homme a été capable de tuer sa fille à cause de son désir d'homme.

Il devra écouter longtemps sa plainte, l'entendre parcourir les méandres de sa souffrance pour la voir un jour remonter, neuve et blanche, du labyrinthe noir d'où elle a pu ressortir parce qu'il était là, à l'attendre, parce qu'il n'a cessé de l'appeler par son nom pour qu'elle se souvienne qui elle était tandis qu'elle déambulait dans les crevasses sans fond de sa mémoire brûlée.

Mais Marie avait dû errer seule, changer de nom plusieurs fois, faire mille détours, se perdre sur des montagnes inconnues, marcher au bord de l'abîme. Elle avait rencontré, pendant son voyage, deux compagnons qui l'avaient aidée un moment, puis abandonnée face au précipice, tremblante de vertige et de nausées.

Chaque fois qu'elle s'était adressée à un psy elle s'était retrouvée, ou sur un nuage au-dessus du vide, ou dans un désert plus froid, plus glacé, plus vaste encore. Elle avait donc renoncé, par mesure de survie, à ces guides sourds et aveugles, incapables de la suivre au fond du gouffre où elle devait aller pour réveiller la morte en elle.

Au cours de ces errances au pays de la mémoire autour du gouffre noir, elle avait vu sans cesse planer au-dessus d'elle l'ombre de la mort qui la poursuivait, la bousculait, la remettait debout quand elle s'effondrait d'épuisement. Cette grande ombre noire l'avait accompagnée pendant tout le voyage, présence stimulante, presque rassurante.

Un jour, la souffrance cesserait, un jour, demain, la mort l'envelopperait de ses grandes ailes et elle volerait avec elle, vers d'autres mondes. Un jour, demain, tout à l'heure, mais maintenant il fallait vivre, elle était vivante, bien vivante. Elle avait su, grâce à cette silhouette menaçante, grâce à la morte en elle, ce qu'était le prix de la vie, sa chance de vivre encore aujourd'hui.

Cette présence obsédante de la mort l'avait poussée sans répit vers la vie, à trouver des solutions, à avancer. La mort lui avait révélé la force de son désir de vivre. A vivre en compagnie de la mort, elle était née à la vie, au désir.

Elle n'avait pas, comme beaucoup d'autres, joué avec la mort, au suicide, non, elle avait fait de la mort une compagne de vie, un guide, une conseillère. Et la mort la ramenait toujours vers l'essentiel, à rechercher la vérité, à chasser l'hypocrisie, la mesquinerie, la vanité.

Pendant ce long voyage, si près de l'ombre menaçante, apprivoisée, elle était arrivée sur les rives de la vie. Ensemble, elles avaient avancé, jusqu'à ce qu'elle ne soit plus qu'une femme vivante, qui retrouvait enfin sa langue pour dire la violence de l'amour interdit et des institutions qui bâillonnent les victimes d'inceste, les réduisant au silence, à la maladie, au suicide ou au meurtre.

Sa poupée qui pleure

Deux femmes, ma mère et ma grand-mère, sont là dans la chambre pour me donner un lavement. Non! je ne veux pas de ces soins-là. J'ai peur. Elle va encore me faire mal, l'eau chaude va envahir mon ventre, je vais encore être « occupée » par elle. Je ne veux pas. Elle est là, toujours omniprésente, la mer. Non contente de vomir sa haine, sa rage par ma bouche, non contente de vomir sa colère dans ma bile, elle envahit maintenant le bas de mon corps, avec son eau chaude, pleine d'yeux pour regarder dans mon ventre.

« C'est pour ton bien, pour te guérir! » comme le reste. C'est pour me violer encore une fois, me posséder, me pénétrer, je ne veux pas. Mais je suis une enfant, petite, fiévreuse, malade, elles sont deux femmes, grandes, fortes et puissantes. Elle a invité sa mère, elle en a besoin pour la circonstance. Devant mémé tu n'oserais pas te rebeller. Avec elle, personne ne résiste, toi, si petite, tu n'oseras pas, tu vas être sage, tu ne vas même pas crier, tout ira bien, tu verras.

Et le silence tombe, s'installe en moi pendant qu'elles préparent leurs instruments de torture. La fillette est là, terrorisée dans son lit, elle n'ose regarder le bock en émail, le tuyau marron, la canule noire qui va lui faire mal, et l'eau qui va peut-être encore lui brûler le ventre comme la dernière fois.

Elle a envie de se sauver, en chemise de nuit, dans le froid, dans la rue pour échapper au supplice. Sa grand-mère la regarde avec son air féroce. La petite est là, paralysée. Elle respire à peine, elle voudrait disparaître, mourir ou les tuer, leur faire mal, les faire hurler pour qu'elles comprennent. Mais elles savent déjà, elles ont subi des lavements dans leur enfance, alors elles répètent le rite sur la fille, la petite-fille.

Ça y est, l'eau est chaude, il faut y aller, sortir des draps le petit corps malade. Allez! tourne-toi. Elle ne verra même pas ce qu'on va lui faire. Elle étouffe, la main dure de sa mère la retourne. Elle veut crier mais elle ne peut pas. Et dans l'escalier, elle entend des pas. C'est son père qui approche. Toutes les autorités sont là, conjuguées pour avorter toute tentative de rébellion. Elle parle dans sa tête d'une voix blanche, elle hurle déjà de sa voix de silence. Elle a mal.

On a donné le signal, elle sent l'eau chaude envahir son ventre, des mains la tiennent fermement.

Son ventre va éclater. Elles sont folles, il faut arrêter, elle a mal. Elle crie enfin « Arrêtez! », un seul mot. C'est fini, on la lâche, on lui interdit de courir sur le seau se vider de toute cette eau qui lui torture les entrailles. Non! il faut encore obéir, garder dans le ventre cette marée d'eau sale.

Enfin, elles rangent leur matériel, tout s'est bien passé, ils descendent satisfaits tandis que la fillette, enfin seule, pleure assise sur le seau. Elle pleure toutes ses rébellions avortées, son corps qu'on lui arrache, son corps qu'elle ne sent plus entre leurs mains de sorcières. Sa mère parle de ce corps à toutes les voisines, elle raconte en détail toutes les maladies de sa fille. Tout le monde va savoir qu'elle a eu un lavement, comment fera-t-elle maintenant pour regarder les gens? Elle se sent nue, dépossédée de son intimité, on lui a volé son corps tout entier.

Où se réfugier? quand dans son corps tout est violé, envahi, usurpé par la mère toute-puissante, encore aux mains de sa propre mère qui assiste aux accouchements. Elle est dure à la douleur, elle ne supporte pas les gémissements, les cris, les larmes de sa fille, il doit en être de même pour la petite-fille.

La vie d'une femme n'est qu'une succession de douleurs qu'il faut apprendre à dépasser, les lèvres serrées, sans un cri. Dure initiation au destin des femmes que je refuse de toute mon âme. Non! je ne serai pas une femme qui a mal, sans répit, je me sauverai loin de vous. Je partirai dans un autre pays pour vivre comme un homme, loin, très loin, ça doit être possible. S'il le faut, je me déguiserai, je ne veux pas de ce destin-là, d'une vie comme la vôtre. Jamais vous ne m'arracherez à mes rêves.

La petite s'est recouchée dans les draps tièdes. Elle a les yeux grand ouverts, le ventre vide. Elle est libre pour rêver dans sa tête. Elle n'a que sa tête pour voyager, exister : sa tête, seul refuge que personne ne peut violer. Alors, elle s'y installe pour longtemps.

Elles ont pillé son corps, mais sa tête personne n'y touchera. Sa mère a joué à l'infirmière avec sa poupée vivante, qui a eu tant de maladies. La mère en connaît presque autant que le médecin sur les maladies infantiles. Elle sait aussi tous les remèdes de bonne femme qu'elle a essayé sur sa poupée qui pleure et gémit « pour de vrai ».

La petite se jure à elle-même, se promet toutes sortes de secrets que personne ne pourra jamais lui arracher. Elle a passé tant d'heures, les yeux rivés sur la tapisserie, dans son lit de maladie, qu'elle a la tête pleine de rêves qui la tiennent vivante jusqu'au moment où elle pourra enfin jouer à être comme elle serait quand elle sera grande, libre, loin d'eux.

Très longtemps après, sa voix de silence, elle l'entendra pour la première fois, elle en pleurera de joie, d'émotion, d'étonnement. Sa voix pour dire enfin que la petite fille bien sage, ce n'est pas elle. C'était seulement une poupée qui leur a servi à vivre leurs fantasmes de mère et de grand-mère. Maintenant qu'elle a trouvé sa voix, elle ne se taira plus jamais. La poupée a éclaté, elle s'est volatilisée, tellement la voix est sortie puissante comme un souffle d'explosion. Son premier cri était « non! ».

Ensuite elle a dit « je serai », mais c'était déjà « je suis ». Ses rêves avaient rejoint la réalité. « Elle » était devenu « je ».

Tous les serments, ces secrets de sa tête d'enfant, elle les dévoilait, les réalisait. Elle était libre dans sa tête et dans son corps.

Son corps violé, arraché, usurpé, pendant trente ans, lentement, elle se l'est réapproprié. Il est maintenant à elle, elle peut chanter, rire et danser. Elle a vidé ses veines, son ventre, ses seins des poisons du passé. La louve camouflée, enchaînée des rêves de son enfance est devenue une vraie femme vivante qui dit : personne ne m'empêchera de dire ma vérité.

Une famille chrétienne exemplaire

Le goût des lèvres de mon père me revient. Quand il se rasait le matin, il se mettait ensuite de l'eau de Cologne et il venait me tendre sa joue douce et parfumée. J'embrassais sa joue la première mais c'était à ma mère qu'il aurait dû l'offrir, pourquoi venait-il vers moi? Lentement je m'étais substituée à elle, ou bien lui, me préparait-il la place dans son lit? J'étais sans doute, déjà, sur la pente glissante de son désir sans le savoir. Je jouais avec le feu, sans avoir conscience de la proximité des flammes. Lui, devait être le garant de la loi, de l'interdit. Lui, devait pouvoir toujours s'arrêter à la limite. Pourquoi est-ce que je ne m'enfuyais pas déjà? Qu'est-ce qui m'attirait, me fascinait comme les papillons de nuit vers la lumière?

Étais-je déjà en son pouvoir? Pourquoi mes réflexes de survie n'ont-ils pas fonctionné? Il ne fallait pas s'approcher de lui ainsi. J'aurais dû le savoir. Est-ce que j'étais heureuse qu'il me préfère à elle?

Le dimanche matin, quand il venait m'embrasser, après rasage, avant elle, j'en jouissais sans doute. J'étais en rivalité avec elle, ça je m'en souviens. Je devenais plus forte qu'elle. Je savais faire tout dans la maison, comme elle, elle m'avait dressée à la cuisine, au ménage, aux soins des bébés. J'étais déjà une petite femme capable, et en plus j'étudiais, je m'appropriais un autre savoir qui avait un goût de liberté. J'allais m'évader, j'étais déjà de la ville.

Lui, il n'avait pas osé partir. Quand il ne vendit plus de sabots parce que les villageois se mettaient à porter des chaussures, il lui fallut se reconvertir. Je me souviens de toutes ces conversations autour d'un départ possible; il avait trouvé quelques places : garder un château et entretenir le jardin. C'était près d'une ville et ça m'aurait évité d'aller en pension si loin. Je me sentais concernée par ce départ possible. Mais ils avaient hésité à cause des enfants, le logement proposé était trop petit. Ils avaient choisi d'habiter la maison paternelle, libre à ce moment-là. Mon père l'avait transformée pour y mettre ses quatre enfants. Ils avaient préféré rester au pays, dans cette maison racine, au sein de la famille, à l'ombre du clocher où ils étaient nés.

Il n'avait pas opté pour l'aventure, le risque, mais la sécurité, avec tous ces enfants, je les comprends. La vie était dure, l'argent manquait souvent. La ville avait quelque chose d'effrayant. Il avait changé de métier, il était devenu jardinier. Il avait eu rapidement des patrons impitoyables. La plupart ne payaient même pas leur part patronale de Sécurité sociale. Mon père ne savait pas bien se défendre face « aux grands ». Ma mère se plaignait de son manque de combativité et surtout de ses largesses. Alors qu'il se faisait visiblement exploiter, il se montrait généreux. Il faisait pousser des fleurs dans ses châssis et il offrait à ses patrons des pieds de bégonias ou d'œillets d'Inde. C'était sans doute une façon de retrouver un peu de dignité. J'aimais sa façon de parler d'égal à égal avec toute personne qu'il rencontrait quel que soit son rang. Toute ma vie, j'ai recherché ce même mode de relation, à égalité avec quiconque, avec les ministres rencontrés en Afrique, comme avec les enfants. Ma mère avait, au contraire, un sens aigu de la hiérarchie et l'humilité naturelle qui sied à toute personne au pied de l'échelle sociale.

Souvent, le curé, le châtelain ou quelque personnalité nous rendait visite à l'improviste. Le curé nous amenait les missionnaires de passage, sans doute étions-nous une famille chrétienne exemplaire à visiter. On parlait de l'oncle capucin, du curé et de la religieuse, c'était comme un titre de noblesse qu'il fallait mériter.

Quand j'entendais ces mots-là : « Monsieur le curé arrive! », je savais ce qu'il me restait à faire. Pendant que ma mère, enlevant vite son tablier, allait au-devant de lui avec sa voix douce et respectueuse, pour gagner du temps, je devais telle une magicienne faire disparaître tout ce qui ne manquait pas de traîner sur la table ou par terre. Avec tous ces enfants le désordre était inévitable. En un clin d'œil il fallait rendre la pièce présentable, propre et modeste, comme il convenait à une famille nombreuse et chrétienne à la fois. Enfin, je sortais, c'était le signe que tout le monde pouvait entrer et s'asseoir autour de la toile cirée rapidement nettoyée.

C'est sans doute de ces moments de panique qu'il me reste cette rapidité de gestes que je retrouve en certaines circonstances.

Quand nous allions au presbytère, le curé nous recevait dans un salon et il y avait une entrée; les pièces où il vivait, la cuisine, le bureau échappaient aux regards.

Chez nous, les visiteurs pénétraient directement dans la seule pièce commune qui était chauffée par le fourneau. Je pensais à toutes ces différences quand je prenais le chemin de l'école, ça me donnait du courage. Je me jurais qu'un jour j'aurais une maison avec une entrée, un salon où je vivrais à l'abri, protégée des regards.

« Oubliez ça mon enfant! »

Retrouvons nos rêves d'enfant pour éviter de les faire porter à nos fils, nos filles. Ne lâchons jamais nos rêves d'enfant, gardons-les précieusement pour nous-mêmes. Ne les déposons pas dans le berceau de notre aîné, cadeaux empoisonnés de méchantes fées. Ne mélangeons pas les histoires. Les rêves peuvent sauter des générations.

Ma grand-mère avait rêvé d'être institutrice. Ma mère n'avait pu réaliser son désir en cancre qu'elle était. Sa mère en avait fait une ouvrière ou plutôt une bonne à tout faire, la cuisine, le ménage, élever frères et sœurs, cependant qu'à défaut d'enseigner la morale, le français, l'histoire, elle enseignait la couture dans son atelier.

Ai-je réalisé le rêve de ma grand-mère maternelle? Rêve impossible pour cette femme née au début du siècle, dans une ferme enfouie dans le Bocage normand. La rage qu'elle mettait à briller dans son métier, à réaliser les modèles parisiens les plus difficiles, à rivaliser avec les couturières de la ville, lui venait-elle de son désir impossible de vivre parmi les livres?

Être institutrice était son rêve à elle. L'intérêt qu'elle portait à mon carnet de notes, l'émotion avec laquelle elle me le rendait quand j'étais la première en étaient sans doute la preuve. Émouvoir ma grand-mère n'était pas chose facile.

Être institutrice, c'était son rêve que je réalisais, le mien était impossible à proférer. Être curé, pour une fille, ne s'imaginait même pas. Pourtant c'était mon secret.

Hélène voulait un fils prêtre. Elle lui avait confectionné une panoplie de curé tout à fait réussie et complète. Marie voulait être le curé au moins une fois de temps en temps, mais il ne voulait pas lui prêter son habit, c'était interdit à une fille, même dans les jeux, alors Marie refusait de servir la messe, d'être la bonne du curé ou le sacristain. Une fois, en cachette, elle s'était déguisée devant la glace pour se voir en curé. Elle ne comprenait pas pourquoi les filles ne pouvaient pas dire la messe. Aucune explication ne la satisfaisait, elle les refusait toutes et trouvait de nouveaux arguments.

L'été, ils allaient en vacances chez leur grand-mère paternelle qui vivait au presbytère avec son fils curé de campagne. Elle aimait les odeurs de la sacristie, regarder tous les ornements dorés, les chasubles, les dentelles. Elle allait dans l'église vide, entrait dans le confessionnal, montait en haut de la chaire sculptée. Elle s'imaginait prêchant devant une foule de fidèles. Pourquoi tout ce monde sacré était-il interdit aux femmes? Quelle faute avait-elle donc commise pour n'être pas digne de toucher l'hostie, de boire le sang du Christ?

Petite fille, je demandais l'impossible à l'Église qui a tellement maltraité les femmes depuis le XIIe siècle. Moi, une fille, qui n'avait peut-être même pas une âme (la question s'était posée à un concile), je rêvais de donner les sacrements, de m'approcher de Dieu, de m'approprier la place réservée à l'homme. Je briguais l'endroit absolument interdit aux femmes : monter en chaire, prendre la parole; que ma voix serve à transmettre la parole de Dieu.

Dans ma tête je me racontais des sermons dictés par un Dieu juste et bon, qui console, rassure. J'avais envie de prêcher l'amour, pas de terroriser comme le faisait le curé. Parce qu'il criait du haut de sa chaire, menaçait sans arrêt les fidèles du feu de l'enfer, parce qu'il me faisait peur, je rêvais de prendre sa place, de jouer ce rôle pour me délivrer de l'angoisse que me procuraient ses paroles de colère.

J'aimais aussi le pouvoir qu'il avait de pardonner tous les péchés du monde. Ce pouvoir-là me fascinait. Dire simplement « Allez en paix mon enfant! », effacer le mal par des mots magiques, rendre la paix à la conscience torturée des hommes. Quel bonheur devait éprouver le curé à faire une chose pareille!...

Je croyais, bien sûr, à la force des sacrements. J'avais ressenti ce soulagement, cette légèreté en sortant du confessionnal, même pour de tout petits péchés, alors si quelqu'un avait commis un péché mortel, c'était le plus beau cadeau qu'on pouvait lui faire que de laver son âme noire avec quelques mots latins prononcés dans la pénombre.

Pourtant, un jour Marie était entrée au confessionnal pour se délivrer du mal, du péché vraiment mortel qu'elle avait commis avec son père, ou que son père avait commis en elle. Elle ne savait comment dire ce qui était arrivé. Elle avait dit au curé de la pension : « Mon père a couché avec moi. » Contrairement à son habitude de poser des questions sur les pensées impures, il avait dit très vite : « Oubliez ça mon enfant! »

Mais comment oublier une chose pareille? oublier

qu'une nuit votre père vous a tuée, précipitée en enfer, livrée à tous les démons?

Elle était ressortie de là écrasée par le poids de sa faute, dans une solitude terrible. Le curé avait refusé de savoir, il avait nié la gravité de l'acte et pourtant c'était bien un péché mortel, elle le savait. Il n'avait pas su trouver des mots pour la rassurer, lui pardonner, reconnaître le mal. Il lui avait ordonné d'oublier, comme plus tard les psys, refusant encore de l'entendre, lui diraient ou qu'elle avait rêvé ou qu'elle avait le droit de coucher avec son père.

Ces hommes de pouvoir, ces hommes de savoir n'avaient su répondre que par le mensonge, l'hypocrisie et fait preuve d'une grande incompétence face à sa souffrance, à sa panique, à sa culpabilité. Ils l'avaient renvoyée à sa solitude, à son péché, à d'angoissantes questions. Elle avait mis trente ans à y répondre, à juguler la peur, à se délivrer du mal, à retrouver la mémoire. Elle pouvait enfin dire avec des mots ce qu'elle n'avait pu dire si longtemps que d'une parole de chair. Son corps n'avait cessé de hurler pour se délivrer du mal que son père avait déposé en elle.

Quand enfin, après mille détours, elle avait commencé à inscrire des mots de vérité, les chaînes avaient craqué, elle était sortie de la prison du père.

Maintenant, c'est une femme libre, non quelque esclave affranchie par un maître compatissant mais une femme qui avait arraché ses chaînes au fil des pages. Une femme qui peut écrire « Papa, je t'accuse de m'avoir violée une nuit de mon adolescence! », « Monsieur le Curé, vous n'êtes pas digne du pouvoir sacré dont vous êtes investi », et aux psychothérapeutes qu'elle a rencontrés « Vous êtes de dangereux charlatans, des menteurs et des imposteurs! La seule chose qui vous intéresse c'est de conserver le pouvoir que vous avez sur des gens douloureux qui viennent vous demander de l'aide. Vous les manipulez avec des armes terribles que le discours de couverture dissimule puisqu'en théorie le patient dirige, alors qu'en réalité le psy garde un pouvoir occulte de clairvoyance sur l'inconscient. » Si la médecine a fait des progrès considérables et travaille au grand jour, les nouveaux médecins de Molière ce sont les psys. Ils occupent un terrain idéal : l'inconscient, terre vierge à explorer, le jargon psychanalytique a remplacé le latin.

Le psy a supplanté le confesseur et le médecin réunis, il leur a usurpé la place du magicien, de celui qui détient le savoir suprême de guérir toutes les maladies humaines. Quand les médecins ne trouvent pas la cause de votre mal, après de nombreux examens, il est devenu normal, courant qu'ils disent : « C'est psychosomatique! » Ils avouent leur incapacité et vous renvoient au cabinet du psychanalyste.

Parce que j'ai été prisonnière d'un mirage, victime d'interprétations fausses, victime d'une erreur de théorie, je cherche à arracher leur masque. Je cherche la vérité au-delà des discours dont ils nous charment, nous abreuvent, nous hypnotisent.

Ici on fait semblant!

Elle se souvient d'un conte : celui de la menteuse qu'une magicienne essayait de guérir en lui mettant autour du cou un magnifique collier de pierres précieuses qui se transformaient en cailloux chaque fois qu'elle mentait. Toutes ces histoires n'avaient pour seul but que de dresser les enfants aux vertus exigées par les dix commandements.

Comment s'y retrouver dans ce labyrinthe où les adultes mentent sur les vérités essentielles, dissimulent les réponses aux vraies questions et punissent pour curiosité malsaine un enfant avide de vérité?

« Ma sœur, comment la Sainte Vierge Immaculée Conception a-t-elle pu avoir un enfant? et qu'est-ce que ça veut dire " est né du Saint-Esprit "? » La gifle est arrivée en réponse rapide, imprimée sur la joue, accompagnée de ces mots « Petite effrontée! comment oses-tu? ». Quelle ligne magique avait-elle donc franchie sans le savoir? quel interdit y avait-il là, dissimulé, masqué? Elle savait maintenant que les adultes pouvaient mentir aux enfants. Le jour où sa mère lui avait dit que le Père Noël n'existait pas, que le petit Jésus ne mettait rien lui-même dans les souliers des enfants mais en confiait le soin aux parents, elle avait beaucoup pleuré de déception. Elle voulait s'accrocher à ces images qui avaient nourri les plus belles nuits de son enfance. C'était une nuit de Noël qu'elle avait eu sa grande et unique poupée, un si beau cadeau qui permettait de se consoler de la réalité.

Elle ne voulait pas qu'on lui arrache ses rêves d'enfant et surtout, si les adultes avaient menti une fois, ils pouvaient le faire combien d'autres fois? Elle était perdue, une muraille s'effondrait, comment les croire à présent? comment s'y reconnaître dans la vie si le contenu de leur parole variait selon les circonstances ou la personne à qui on s'adressait? Souvent, son oncle racontait des blagues, des choses terribles, incroyables, avec le plus grand sérieux, et le grand rire qui éclatait autour lui annonçait qu'on s'était encore moqué de sa naïveté, de sa crédulité.

Elle cherchait un monde solide, où les mots garderaient toujours le même sens, un monde cohérent où l'on pourrait détecter le mensonge de l'autre avec quelque collier magique intérieur. Elle avait bien des antennes, mais les adultes s'étaient amusés à les brouiller parce qu'elle avait sans doute des mimiques drôles chaque fois que la déception d'être trompée se lisait dans ses grands yeux où passaient tant de rêves. Tout aurait été tellement plus simple si, pour les histoires, on avait commencé chaque fois par « Il était une fois » ou si on avait dit « c'est pour faire semblant ». Mais au milieu de leurs mensonges, elle ne pouvait s'y retrouver. Elle découvrait leur trahison en ravalant ses larmes. Le capital de confiance envers les adultes diminuait, elle ne voulait pas leur ressembler, elle jurait que jamais, quand elle serait grande, elle ne mentirait aux enfants. Elle avait tenu parole et ce n'était sans doute pas un hasard si elle passait son temps à jouer avec des enfants perdus, blessés, en leur rappelant sans cesse « on fait semblant ».

Lentement, à la demande des enfants, elle était devenue comédienne pour metteur en scène de cinq, six, sept ans. Elle jouait leurs histoires, prenait les rôles qu'ils lui donnaient, s'habillait avec les déguisements qu'ils choisissaient. Pour eux, elle devenait enfant, gendarme, maman, maîtresse, clown, papa ou animal sauvage. Ils partaient pour de grands voyages où l'enfant la conduisait au pays de ses rêves. Souvent, quand elle n'était pas assez rapide pour trouver un objet devenu nécessaire tout à coup dans le jeu, l'enfant légèrement moqueur, prenant n'importe quoi, le lui tendait en disant : « Prends ça puisqu'on fait semblant. » Bêtement, elle cherchait un objet qui ressemble, au moins par la forme, à l'accessoire réclamé, mais dans le monde de l'imaginaire tout peut être n'importe quoi. Il le lui rappelait avec un sourire; celui-là même qui fabulait sans arrêt, inquiétant tous les adultes, six mois avant, lui signifiait qu'il savait reconnaître maintenant quand « c'est pour de vrai » et quand « c'est pour faire semblant ».

Cette sécurité nouvelle s'accompagnait de transformations. Il prenait de l'assurance, entrait en relation avec les autres, participait à la vie de la classe.

Certains enfants appelaient ce lieu où ils jouaient tant d'histoires ensemble « la maison de repos », alors qu'ils ne restaient pas une seconde inactifs, organisant l'espace, construisant des champs de bataille, des cabanes, un vaisseau spatial, un navire, selon le scénario du moment.

Quand on lui avait donné un rôle, parfois elle se trompait, alors l'enfant la reprenait : « Mais non, tu ne dirais pas ça, tu dirais et tu serais plus en colère... » Très vite, l'enfant la dirigeait comme un metteur en scène exigeant, elle s'adaptait du mieux qu'elle pouvait. A la fin de l'heure, quand ils avaient fini de ranger la salle, il disait souvent : « Ah! c'était bien aujourd'hui, on a bien joué! » « Tu me prends quand la semaine prochaine?... » Et de semaine en semaine l'enfant explorait son imaginaire jusqu'au moment où il allait de lui-même vers les histoires des autres, au coin des livres. Alors, ils passaient des heures délicieuses, elle lisait les histoires qu'il choisissait. Elle devait relire souvent les mêmes. Parfois, ils jouaient une autre fin, surtout pour les contes. Certains aimaient les livres rigolos et les emportaient « pour rire avec papa ce soir à la maison ». D'autres apprivoisaient leur peur avec des histoires de cauchemars, de monstres et de sorcières. Avec un instinct très sûr, chacun choisissait les livres où trouver des réponses.

Un jour, ils espaçaient les rencontres parce que l'enfant n'en avait plus besoin. A travers tous ces jeux, il avait fait un gros travail de recentrage sur lui-même et de repérage pour ce qui concernait sa relation avec le monde et les autres. Dans ce travail elle était pour eux le témoin de la frontière réel-imaginaire, le repère qui ne ment pas. Quelquefois, dans le jeu, débordés par leurs émotions, ils avaient envie de la frapper pour de bon, elle rappelait simplement la règle : ici, on fait semblant.

Elle se souvenait de cette fillette qui jouait toujours à la maîtresse, elle hurlait en brandissant au-dessus de sa tête une grande règle en bois. Elle sentait le moment où le risque approchait de recevoir un coup, alors elle disait doucement « Tu te rappelles, on fait semblant ». Plus tard, elle n'avait plus besoin de le dire, la fillette connaissait très bien la limite.

Presque tous jouaient des situations de pouvoir, ils prenaient toujours le rôle du dominant, lui donnait celui de dominé. Elle devait avoir peur, pleurer, supplier, recevoir des coups. Ils exploraient ces rôles d'autorité, mimant les adultes avec une lucidité impressionnante, retrouvant les mimiques, les intonations, les phrases couperets qui tombent sans réplique possible pour l'enfant.

Lorsqu'ils avaient suffisamment exploré le territoire des adultes, du dominant, le personnage se nuançait, redevenait humain. Ils abandonnaient ces jeux d'eux-mêmes, pour d'autres ou pour lire des histoires, essayer tous les jeux éducatifs ou de société où l'adulte et l'enfant rivalisent à égalité.

Chacun traçait son trajet, revenant parfois en arrière, comme pour se confirmer quelque chose à lui-même.

Il savait, de toute façon, que l'offre que je lui avais faite au départ, « ici c'est toi qui décides de ce que tu veux faire de ce temps-là », ne serait jamais remise en question. Presque tous disaient un jour : « Alors, à la maison c'est maman qui commande, à l'école c'est la maîtresse et ici c'est moi! » Et forts de cette découverte, après avoir sondé mon authenticité, ma rigueur par rapport aux règles « on fait semblant et on range la pièce avant de partir », ils partaient conquérants, explorer leur monde imaginaire, où tout est permis, même de tuer les parents, d'être des loups qui mangent les enfants ou de méchantes sorcières qui fabriquent des potions magiques permettant toutes les métamorphoses.

– « Tu serais une petite fille et je serais une ogresse. »

– « Je serais la maman et tu serais ma fille. Comment tu t'appellerais? Ah oui! Marionnette! Marionnette apporte-moi l'éponge... »

– « Tu serais une gentille élève et je serais la maîtresse », et la maîtresse avec son stylo rouge biffe mes lignes d'écriture, prend des airs supérieurs, crie, arrache une feuille de mon cahier, la chiffonne, la jette à la poubelle.

– « Tu serais un petit garçon et je serais le papa, tu dormirais », et brusquement le papa hurle, me sort du lit et les gifles pleuvent sans raison.

A jouer, six heures par jour, avec des enfants j'ai beaucoup appris et j'en témoignerai ailleurs. Mais, à les voir retrouver « le vivant en eux », au fil des mois, je pense avec Alice Miller que « l'âme humaine est pratiquement indestructible et ses chances de renaître demeurent tant que le corps vit ».

Cette ligne de vérité

Elle relisait *Qui j'ose aimer?* d'Hervé Bazin, ce livre dont elle s'était servie pour faire son devoir de philosophie au bac et répondre à la difficile question :

« Sommes-nous responsables de nos passions? » Comme elle aimerait aujourd'hui relire ce qu'elle pouvait en dire à dix-neuf ans. Comment répondait-elle à cette question?

Quel contraste entre cette histoire complexe d'inceste, de passion brutale et les romans de Delly dont elle se nourrissait avant. Romans où le monde est séparé en bons et méchants, ces derniers sont toujours punis à la fin comme dans les prédications du curé. Toute l'importance de cette année de philosophie lui revenait en mémoire. Elle avait enfin découvert de vrais livres, ceux de Malraux, Camus, Sartre, Hemingway, Hervé Bazin, Steinbeck..., des livres qui retracent toute la complexité de l'être humain.

Répondait-elle toujours à la même question? En écrivant, que faisait-elle maintenant? On lui avait dit : « Tu ne peux pas faire ça, tu vas tuer tes parents! »

Elle ne pouvait que tenter de se délivrer du mal, en le cernant, en le traquant sans répit. « Délivrez-nous du mal! », le mal qui l'avait poursuivie pendant presque trente ans, atteinte dans son corps, rongée comme un cancer. Elle qui détestait tellement blesser les autres, elle ne pouvait que renvoyer le mal à ceux qui lui avaient fait si mal. Rendre le mal pour le mal, pour vivre et mourir en paix.

Elle avait fait mille détours, avant de se retrouver face à la feuille blanche pour y inscrire des mots porteurs de sens et y retrouver en même temps le sens de la vie, de la chronologie. Elle avait besoin de nommer son mal, de le décrire, de dénouer les liens complexes qui l'ont retenue muette face à son père. Elle réglait ses comptes avec tous ceux qui avaient abusé de leur pouvoir sur elle. Étrangement c'est pendant ce trajet qu'elle retrouvait la force des liens au père et l'inconfortable et complexe place d'aînée qu'elle avait occupée entre le père et la mère dans sa famille. Car dans ce pays on vit d'abord, toujours prêts à être condamnés, face aux autres, plus impitoyables que Dieu lui-même.

Ce devoir qu'elle avait dû faire était au cœur même de toutes les interrogations qui l'avaient torturée par la suite. Cette question était un véritable nœud. Elle avait fait taire sa tête mais son corps n'avait cessé de lui poser la question.

Pour avoir moins mal, pour se garder une image de père acceptable, elle avait répondu « coupable » et avait endossé toute la responsabilité de l'acte. Mais au fil des années, quand elle avait atteint l'âge de son père et sa fille l'âge de l'adolescente qu'elle était cette nuit-là, elle avait basculé de l'autre côté. C'était lui l'adulte, le père, le responsable, le coupable. Il n'y avait plus à hésiter. Elle ne pouvait plus fuir, nier cette réalité. Elle avait donc commencé à l'accuser.

Parce qu'Aline avait dit « le plus terrible dans la vie, c'est qu'on ne peut pas changer de mémoire », elle avait commencé à gratter sa plaie, à enlever les pansements pour laisser le mal enfoui, nié, caché, s'écouler lentement en mots maladroits qui s'étaient révélés à la relecture clairvoyants. Elle en avait retrouvé la mémoire. Et toute son enfance lui revenait maintenant, si riche d'impressions, de couleurs, de visages. Les flashs s'enchaînaient les uns aux autres, ses morceaux se mettaient en place et derrière la souffrance elle découvrait la petite fille débordante d'imagination que ses parents avaient aimée. Elle regardait les photos vieillies avec une émotion enfin dépouillée de la douleur qui s'était glissée dans l'encre du stylo, lentement écoulée à travers les mots. C'est la douleur même, enfin reconnue, qui avait redonné sens aux mots. Elle avait retrouvé le sens de la vie, le bon sens.

Quelque chose s'était comme retourné en elle. L'ombre de la mort l'avait quittée, elle avait enfin un avenir, comme avant le viol, et toute sa force pour oser dire la violence de l'inceste.

Jacqueline, pendant l'émission de télévision « Les liens du passé », dit en parlant du frère avec qui elle a vécu « c'est mon frère quoi! »; elle aime un autre frère qu'elle n'a rencontré qu'à vingt-deux ans, celui-là est un homme pour elle, un homme qu'elle peut aimer, pas un frère.

Elle dit « dans la famille il n'y a pas de sexe, un

père, un frère n'a pas de sexe pour une fille ou une sœur. Il est le père ou le frère, quoi! ».

La fillette vit avec lui comme avec un être asexué parce qu'il porte depuis la naissance, depuis aussi longtemps que la mémoire fonctionne, le statut, le nom de père ou de frère.

Cette vérité-là, dite si simplement, m'a bouleversée complètement. Surtout ne pas se laisser impressionner par les délires des psys, mais croire seulement aux émotions qui vous envahissent lorsque la vérité est là, pure, nue, toute proche. La vérité qui ne trompe pas dans ses manifestations, la vérité qui bouleverse le corps, s'agrippe à la gorge, fait déborder les yeux, accélère le rythme cardiaque, va se nicher au creux du ventre. Elle ne pouvait plus se tromper, elle savait maintenant reconnaître la ligne invisible, le moment où quelque parcelle de vérité se révélait à elle.

Les psys pourraient bien s'acharner à lui prouver qu'elle désirait son père. Elle savait que pour elle, son père n'était pas un homme avec un sexe. Et si le père mêle son sexe d'homme à cette relation, il crée un cataclysme, la perte du sens, il sème un vent de folie dans la tête de la fille. C'est lui le père le semeur de désordre.

Monsieur le psy, vous qui m'avez fait raconter mon histoire d'inceste comme une histoire d'amour, vous êtes un individu dangereux, un grand menteur, un autre semeur de désordre. Un psy ne devrait pas tricher avec la vérité. Il devrait être celui qui aide à s'en approcher, au contraire.

Vous avez usé, abusé de toute votre autorité pour me faire raconter mon histoire « comme une histoire d'amour », non comme un abus de pouvoir et une horrible violence qui m'avait détruite. Vous avez tout de suite choisi le camp des hommes comme Freud, défendre le père d'abord. Facile, quand la fille a perdu la mémoire.

Et j'ai subi un nouvel abus de pouvoir, une autre violence qui pouvait me rendre folle, qui me transportait au pays du mensonge, sur un nuage euphorisant, si loin de mon chemin.

Vous espériez sans doute gommer le premier abus de pouvoir, sans témoin, par un nouvel abus devant témoins, celui-là. Pour vous, le viol n'existait pas, j'avais rêvé comme les autres ou bien je désirais mon père et ma culpabilité était telle qu'il fallait vite l'atténuer en me racontant des histoires, en me berçant de mensonges.

Vous n'aviez pas besoin de m'accompagner dans ma recherche de vérité, vous saviez pour moi, vous connaissiez ma vérité mieux que moi-même. N'est-ce pas la raison d'être du psy? S'il peut être le guide c'est bien qu'il sait ce que vous ne savez pas.

Pendant tous ces détours forcés au pays du mensonge, pendant que « les nouveaux parents » me mentaient encore, mon corps hurlait de douleur mais je ne savais pas encore décoder ses messages.

Maintenant je sais reconnaître cette ligne de vérité, je perçois les signes. J'entends le choc des mots dans mon corps, aucun psy ne pourra jamais plus me détourner de ma vérité, ni m'impressionner par son savoir, aussi étendu soit-il.

La mémoire me revient, j'ai traversé le tunnel de l'innommable pour mettre des mots sur la zone interdite de l'inceste. Je suis seule à pouvoir dire ma souffrance et la violence que j'ai subie. J'ai besoin de le crier parce que ceux qui sont payés pour, habilités à la reconnaître, l'ont niée les uns après les autres.

Non! Messieurs, vous ne pourrez plus continuer à tricher, à rivaliser avec vos belles théories, à gommer l'abus de pouvoir paternel par un autre abus de pouvoir pseudo-scientifique. Si les femmes violées retrouvent la parole, elles seules pourront dire la vérité de l'inceste. Mais je dois vous remercier parce que dans vos stages j'ai beaucoup appris. Avec vous, j'ai appris tout ce qu'il ne fallait pas faire, à mes dépens, bien sûr, mais avec le recul je reconnais que c'est une formation intéressante. Pour avoir été plusieurs fois détournée de mon chemin par des psys faux guides je ne cherche pas à guider, je ne suis sûre d'aucune théorie. Je ne suis qu'un vaste champ d'interrogations, mais j'ai une confiance aveugle dans le radar puissant caché en chaque enfant. C'est ma certitude, ma foi dans cette capacité, cette force sauvage enfouie dans l'enfant qui lui permet de chercher en toute sécurité son chemin de vérité.

C'est à lui seul qu'il appartient de choisir ses détours, ses stratégies, ses jeux pour affronter ses peurs, son angoisse, ses difficultés. Lui sait, et moi je sais seulement qu'il sait par où passer. C'est parce que j'ai été témoin de retours à la vie, de naissances à la parole malgré les coups et les blessures que j'ai continué d'espérer réussir un jour à sortir seule du tunnel.

Si j'écris ces quelques lignes sur mon métier, c'est que tous ces enfants qui retrouvaient sous mes yeux leur centre, leur vitalité, simplement parce qu'un adulte en face le leur permettait en les acceptant juste comme ils étaient, ces enfants semblaient me dire toi aussi tu peux retrouver ta force et la parole.

C'est parce que je leur proposais un lieu de repos, un temps de repos dont ils pouvaient disposer à leur guise, qu'ils découvraient des solutions à leurs difficultés.

Ce sont les enfants qui m'ont appris mon métier. J'aime travailler avec les enfants en difficulté parce qu'on ne peut pas tricher avec eux. Ils savent tout ce que vous pensez d'eux, personne n'échappe à cette intelligence-là. Je l'ai compris très tôt. Je me souviens de Georges, c'était il y a vingt ans. Sa mère l'avait conduit au Centre de guidance parce qu'il était caractériel, violent et il ne savait pas lire malgré trois années de cours préparatoire; il était grand et fort au fond de la classe des petits. Les autres se moquaient de lui, il se défendait avec ses poings.

Les paroles méchantes, les moqueries ne laissent des traces que dans le cœur, la sensibilité; les coups de poing, les carreaux cassés, les cahiers déchirés sont des preuves concrètes de la méchanceté de l'enfant. Georges semait des traces de son mauvais caractère, de sa bêtise, à l'école surtout. Il était donc copieusement puni. On le traitait d'idiot, de débile. Sa mère pleurait en racontant cela. Elle disait que pourtant elle savait qu'il avait bon cœur et qu'il n'était pas bête, il aidait à la ferme et savait faire beaucoup de choses. Ensuite Georges me raconta lui-même ses malheurs avec les autres.

Lors de notre deuxième rencontre, pendant qu'il dessinait, il me regarda tout à coup droit dans les yeux et il dit : « Tout le monde croit que je suis fou, sauf ma mère et toi. Vous deux, vous savez que je ne suis pas fou. » Cette phrase, dite avec sérieux, et ce regard-là me bouleversèrent.

Effectivement, pas une seule seconde je n'avais pensé qu'il puisse être débile ou encore moins fou mais il l'avait su tout de suite. Je ne doutais pas de lui. Il s'accrochait aux deux femmes qui croyaient en lui. Ce jour-là, je repartis du travail heureuse. Travailler avec ces enfants me convenait. Avec eux, je ne pourrai jamais tricher. J'avais vingt-deux ans. Je n'ai jamais oublié ce que tu m'as dit, Georges, et bien d'autres fois, j'ai pu vérifier que l'enfant sait.

Chanter son propre chant

La nuit, dans ses rêves, elle explore des gouffres magnifiques, des galeries souterraines; tout un monde de pierre blanche.

Dans le premier rêve de cette série, elle mettait des gens dehors, elle nettoyait les détritus d'une fête, elle balayait, lavait l'endroit, un gouffre de pierre colorée comme le gouffre de Padirac.

Elle lavait, puisant l'eau à une petite source mais l'eau se mettait à couler d'en haut. Une cascade d'eau fraîche habitait maintenant l'endroit, lui rendant une beauté fascinante. Alors elle pensait : l'eau coule à nouveau, l'eau qui purifie, lave les plaies.

Dans d'autres rêves, elle visite des lieux souterrains d'une blancheur étrange, douce, lisse, froide, où il règne une telle paix qu'elle se réveille calme, certaine d'être sur son chemin, apaisée.

Elle se laisse rêver, elle n'écrit pas ses rêves, elle ne peut mettre des mots sur ces visions de l'au-delà.

Elle n'écrit plus, elle rêve la nuit. Le jour elle lit des romans surtout. Elle se perd dans les histoires des autres femmes, à la recherche de la sienne. Elle se laisse porter par ses rêves. Encore un détour sans doute, un détour nécessaire pour revenir à la feuille blanche, à la lutte avec les mots, à l'accouchement dans sa langue.

Après avoir déposé la bombe, brisé la cage de verre qui la séparait du monde, récupéré des forces, elle jouit de la vie, doucement. Elle savoure cette paix intérieure, inconnue, qui a remplacé l'angoisse et la peur familières. L'important c'est cela. Cette paix qui la gagne, qui semble désormais courir dans ses veines, c'est le guide le plus sûr, la certitude qu'elle ne fait pas fausse route, qu'elle ne s'invente plus des histoires pour supporter la réalité trop dure. Elle est sur un chemin de vérité, sur son chemin à elle. Elle chante enfin son propre chant.

Sera-t-elle entendue? La question se pose autrement. Elle sait que l'essentiel est de chanter son propre chant, avec sa voix, ses mots à elle. L'important c'est d'avoir saisi sa parole, de ne plus lâcher sa vérité mais plutôt de la parcourir, d'y ajouter des nuances, des rythmes, des intonations, d'inventer des mélodies, même si elle répète toujours la même chose jusqu'à ce qu'on l'entende, que sa voix résonne dans le cœur, le ventre d'autres femmes, qu'elle réveille d'autres voix étouffées par un siècle de théorie freudienne, des siècles de religion catholique et de pouvoir patriarcal.

Toucher le cœur et non la tête, viser le cœur pour libérer la tête de sa prison de mots.

Le diable de son enfance

Elle entretenait avec Dieu une relation étroite mais difficile puisqu'il lisait dans l'âme. Dieu violeur de pensées secrètes qui ne permettait même pas la libération par les fantasmes. Rien ne lui échappait, surtout pas les mauvaises pensées dont il fallait parler à confesse pour avoir le droit de communier. « Allez en paix mon enfant! »

Le curé, médiateur entre Dieu et les fidèles, passeur vers les rives du sacré, c'était un homme important. Sa parole avait du poids, la parole dite du haut de la chaire, au confessionnal, au presbytère, dans les maisons. Des mots de réconfort ou des mots sévères, des mots au pouvoir magique, les mots du curé.

Magique aussi le pouvoir des médailles. Quand elle avait peur, elle sentait sur sa poitrine les médailles magiques que sa mère remettait chaque samedi, le jour de la grande toilette, sur la chemise propre. Elle ne serait pas sortie dans la rue, face aux multiples dangers, sans les médailles. Elle avait entendu tant d'histoires de miracles, d'accidents évités grâce à saint Christophe.

Son imaginaire était baigné, imprégné des rites religieux. Au village, les processions de la Fête-Dieu, les reposoirs que tous les pratiquants d'une rue préparaient, décoraient ensemble, pour une fois rassemblés à une œuvre commune. Elle, petite, fière, timide, en robe blanche, une couronne de fleurs sur la tête, qui lançait, au milieu d'un groupe de fillettes, des pétales de rose au passage de l'ostensoir en or qui scintillait au soleil.

Les missions, les rogations, les processions le matin tôt dans la campagne à chanter des cantiques : Ora pro nobis, Le Seigneur est mon berger, Plus près de toi mon Dieu.

Elle croyait aux miracles. Ils illuminaient ses rêves d'enfant. Les saints, la Vierge remplaçaient les fées des contes qu'on ne lui avait pas racontés. Dieu, magicien par excellence, la protégerait, elle le priait, lui parlait à l'église, le soir dans son lit glacé, ou en marchant sur le chemin de l'école. Dieu occupait son esprit et tenait le diable à distance. La peur du diable, le diable de son enfance avec ses cornes, sa queue, sa fourche, le diable tentateur qui poussait à la gourmandise, au mensonge, au péché. Un soir, il faisait nuit, une nuit noire, épaisse. Il n'y avait plus d'eau à la maison. La pompe était au milieu du jardin, sa mère lui avait demandé d'aller chercher un seau d'eau. Elle avait couru, pour oublier sa peur. Elle pompait de toutes ses forces, les yeux braqués sur la fenêtre éclairée dans la nuit, quand derrière elle, elle avait entendu le ricanement diabolique. Le diable, elle avait couru, couru, le cœur bondissant dans sa poitrine, jusqu'à la porte de la maison. Là, sa mère s'était moquée, elle n'avait même pas rapporté l'eau. Et son père était arrivé, riant de la bonne blague qu'il venait de lui faire. Le diable c'était son père, elle aurait pu s'en douter. Son père, le diable, un homme ricanant dans la nuit sombre.

Un cœur de petite fille prêt à exploser de peur. Des histoires de diable, elle en avait entendu, toutes plus troublantes les unes que les autres.

Quand elle se promenait dans les chemins creux, une idée la terrorisait : et si le diable apparaissait, il était peut-être caché derrière cet arbre, elle se signait, touchait ses médailles, avait envie de rentrer à la maison. Les murs solides, protecteurs. L'envie d'être dans les jupes de sa mère, au coin du feu, dans son lit. La peur du diable, la peur du père qui devient diable par son sexe d'homme. S'il vous attrape, il vous plonge en enfer.

Le diable de son enfance lui revient. Bribes de conversation entendues à la table des grands. Aux réunions de famille, il y avait la table des adultes et celle des enfants. Elle était l'aînée des petits. Elle se retrouvait donc responsable de toute une ribambelle de cousins, cousines qu'il fallait surveiller, faire manger, mais ses oreilles traînaient ailleurs. Elle écoutait, au-delà des cris d'enfants, les propos des grands.

Enfant, elle se souvenait avoir été une grande oreille accueillant toutes sortes de discussions qui nourrissaient ensuite ses réflexions solitaires. Ce qui la passionnait le plus, c'était l'univers magique des miracles et de la sorcellerie.

En Normandie, vers 1950, cet univers était bien vivant, présent dans les conversations. La religion et la sorcellerie se mêlaient à tout. Les décès en série, les accidents, les maladies, les vaches qui ne vêlent plus, le lait qui tourne, le beurre qu'on ne peut plus « barater » et les hécatombes dans la basse-cour, étaient toujours le signe, la marque de quelque sorcellerie.

Le curé mêlé à toutes ces histoires, le curé avec son eau bénite, son goupillon, qui jouait à l'exorciste, au petit matin, dans les champs. Son oncle curé avait toujours des histoires de ce genre à raconter.

Le pouvoir du curé contre le monde occulte, magique de Satan. Les forces du Bien contre celles du Mal. Il fallait vite réciter des prières pour se rassurer après toutes ces histoires qui vous faisaient froid dans le dos, vous donnaient la chair de poule.

Comme sa mère, sa grand-mère et toutes les femmes, impressionnées par les sermons du curé prononcés du haut de la chaire, avec cette voix forte, cette autorité tellement rassurante, elle y croyait aux dangers, aux tentations du démon. Son imaginaire de fillette avait baigné dans ce monde magique coupé en deux : d'un côté, le monde blanc, doux, sécurisant des anges, de Dieu, de la Vierge. « Au ciel, au ciel, j'irai la voir un jour » chantait-elle à pleins poumons, de l'autre, le monde noir, au fond de la terre, le feu, les diables ricanants avec leur queue, leur peau velue, leurs cornes, leurs yeux jaunes. Monde peuplé de diables et de sorcières qui hantaient les nuits où la chouette annonce encore un mort. « Sûr que le glas sonnera encore demain matin, à cause de cet oiseau de malheur. » Qui sera la prochaine victime au bourg? pourvu que ce ne soit pas moi! Toutes les peurs ancestrales racontées par sa mère, elle qui écoutait ces histoires, fascinée, tout en serrant bien fort le chapelet dans sa poche. Jouer avec sa peur, approcher le cercle magique dans les jupes de sa mère.

Sa mère adorait l'Histoire sainte, les vies de saints, les miracles. Elle lui avait raconté les apparitions de la Vierge à Lourdes, Fatima, La Salette. Ensemble, elles vibraient face à ce monde-là. Comme elle aimait ces moments où sa mère lui transmettait tout ce qu'elle avait appris au catéchisme. Elle buvait toutes ses paroles, retenait tous les détails, en voulait encore. « Dis maman, raconte encore l'histoire de sainte Blandine avec les lions. » Un jour, elle serait aussi forte qu'une sainte, elle sentait la foi grandir en elle et elle recevait les sacrements pour l'aider.

Il y avait aussi les histoires de stigmates, d'hosties volées par les méchants. Ces hosties qui échappaient des mains des païens, traversaient les airs et venaient apparaître à une religieuse en prière au carmel. La force de Dieu face à celle de Satan, toujours triomphante dans ces hosties.

Son oncle avait connu cette sœur qui portait les stigmates de Jésus et à qui il arrivait toutes sortes de miracles. Lui, avait pu lui parler, toucher une sainte, elle en rêvait. Un jour, elle s'était brûlé la main avec de l'eau chaude. Aussitôt sa mère l'avait portée chez une voisine qui avait le don d'« éteindre le feu ». La femme avait récité des incantations, paroles magiques, secrètes, dites à voix basse, accompagnées de signes autour de la brûlure. Aussitôt la douleur s'était calmée, sûr qu'elle y croyait aux sorts, à la magie.

La petite avait posé beaucoup de questions sur les pouvoirs de cette femme. Celle-ci avait le don pour le feu, d'autres pour les verrues, les dartres, les zonas. C'était souvent héréditaire ces dons-là. Il y avait aussi le rebouteux chez qui on allait se faire remettre le dos, les membres déplacés. Elle aurait voulu connaître les formules magiques, elle en avait inventé, qu'elle essayait sur sa poupée. Ces pouvoirs-là, elle aurait aimé les avoir, ça rendait service aux autres et ça semblait tellement simple de « cerner le mal ».

En relisant *Les Mots, la Mort, les Sorts,* de Jeanne Favret-Saada, elle retrouvait l'atmosphère magique de son enfance en même temps que l'ambiance de médisance et de surveillance perpétuelle par les voisins. Monde où chacun vit dans la peur d'être accusé de sorcellerie car n'importe qui peut être nommé « jeteur de sorts » par quelque désensorceleur venu d'ailleurs.

Le meilleur moyen d'échapper au danger est de se

mettre sous la protection de Dieu et de rester en bons termes avec le presbytère. La Lumière contre l'ombre. Les bougies de la chapelle contre les calomnies.

Monde d'insécurité où l'on s'interroge dès que quelqu'un « vous regarde de travers », ne vous dit plus bonjour, a un « drôle d'air » en vous croisant dans la rue. Monde du soupçon permanent où il faut conquérir sans cesse une bonne réputation qui peut être compromise par n'importe quelle langue médisante. Et les gens qui vous veulent du mal, il y en a partout. Monde où la parole est dangereuse, où il faut en dire le moins possible aux voisins. Les mots qui tuent de mon enfance.

« Qu'est-ce que t'as dit? » Sa mère, angoissée l'interroge. Une méchante voisine lui a posé des questions. On utilisait l'innocence, la naïveté des enfants pour savoir ce qui se passait dans les maisons, mine de rien. Elle qui avait peur de dire ce qu'il ne fallait pas dire, qui ne savait pas les limites ni quelles menaces planaient autour d'elle. Monde de dangers jamais identifiés puisqu'ils peuvent naître de la parole de l'autre, à tout moment.

Et contre ces peurs, il y avait les prières qu'on récite le soir pour laver la conscience, chercher refuge. Les chapelets, les rosaires à genoux, à la chapelle, elle aimait y aller avec sa mère. Elle y trouvait la paix, une espèce de sécurité. Là, les calomnies ne pouvaient plus l'atteindre, enfin!... Les prières étaient de bons tranquillisants contre l'angoisse d'être « pris » dans la parole magique de celui qui vous veut du mal.

« Ceux qui y croient, faut qu'ils aient l'air de pas y croire. » Comment ne pas y croire alors que chacun est pris, malgré lui, dans ce combat occulte. Personne ne peut échapper aux calomnies dans ce pays-là.

– Qu'est-ce que croire?

– Croire, c'est tenir pour vraie une chose affirmée par quelqu'un.

– Est-il nécessaire de croire?

– Oui, il est nécessaire de croire parce que nous

n'avons pas d'autres moyens de connaître bien des choses.

– Récitez l'acte de foi.

– Mon Dieu, je crois fermement à toutes les vérités que vous nous enseignez par Votre Église, parce que c'est Vous la vérité même, qui les lui avez révélées et que Vous ne pouvez ni Vous tromper, ni nous tromper.

Elle avait retrouvé un catéchisme, elle relisait, ahurie, les questions et les réponses qu'elle avait sues par cœur, sur le bout des doigts, qu'elle récitait à toute vitesse pour être la première. Surtout, elle croyait à ces vérités-là parce qu'elles étaient la meilleure protection contre le monde des sorts, du diable et des méchantes sorcières aux langues de vipère.

Dieu, qui ne peut se tromper, ni nous tromper. Le seul à qui on pouvait faire confiance dans ce pays de méfiance. Dieu qui sait tout, entend tout, voit tout. Dieu qui lit dans les pensées. Dieu exigeant mais justicier qui punira les méchants en les envoyant en enfer.

Elle avait adhéré complètement à ces mots-là, pour échapper à la peur et au malheur. Mais, très vite, elle avait su qu'il fallait fuir, quitter le pays de la méfiance, échapper à son destin de fille. Ailleurs, il devait bien exister un monde meilleur, où l'on pouvait avoir confiance dans les autres, où les mots seraient comme des caresses, où l'on se parlerait avec gentillesse, comme elle le faisait avec sa poupée quand elle la cajolait.

Elle se rappelait avec émotion ce jour où elle avait apprivoisé un enfant battu, terrorisé, rien qu'en lui parlant très doucement.

Elle travaillait alors, à mi-temps, à la Sauvegarde de l'Enfance, dans un service de guidance infantile, tout en faisant des études d'orthophonie. Elle devait observer ou plutôt apprivoiser des enfants avant qu'on les confie à des rééducateurs ou des psychologues.

Ce jour-là, l'assistante sociale lui avait amené une vraie boule hurlante. C'était un petit garçon maltraité qui avait passé beaucoup de temps enfermé dans un placard. Il se débattait comme un diable, elle l'avait déposé là, après une longue lutte, tout près de la porte qu'elle avait refermée pour qu'il ne se sauve pas.

La salle de jeu était grande, j'étais à l'autre bout. L'enfant poussait des cris perçants. Si je faisais un pas vers lui, il hurlait plus fort.

Alors, je me suis assise par terre, et j'ai commencé à lui parler très doucement pour le rassurer, lui dire où il était, qui j'étais, pourquoi il était là. Ses pleurs se sont calmés lentement. Je continuai de parler avec ma voix la plus douce et toute l'émotion que je ressentais devant cet enfant blessé à mort. J'ai parlé ainsi, longtemps, laissant aller la voix de mon cœur, disant tout ce que je ressentais en face de lui. Je ne faisais pas un geste vers lui, qui s'était tu, un peu redressé, il avait même risqué un œil vers l'endroit d'où venait ma voix. Très lentement, il glissait sur les fesses, s'approchant de moi mais fuyant mon regard.

Je ne bougeais pas, le sentant comme un papillon affolé, prêt à fuir à la seconde. Tout à coup, je sentis quelque chose sur ma main : ses petits doigts glacés, il avait osé m'effleurer. Les yeux brouillés de larmes, j'osai rencontrer un regard que je n'oublierai jamais.

J'avais près de moi un crayon et du papier, je commençai à dessiner une fleur, puis deux, trois. Il me regardait en silence, je sentais sa respiration saccadée. Je glissai vers lui une feuille blanche et un crayon et continuai sur ma feuille. Timidement, il s'empara du crayon et un moment après, dessina une minuscule fleur au bas de la feuille. Je l'encourageai, il en fit une autre. Ses fleurs grandissaient à vue d'œil. L'assistante sociale entra, s'approcha de nous, il se blottit contre moi. J'entendais son cœur battre, son corps maigre tremblait contre le mien. Je lui expliquai qu'il devrait repartir bientôt, mais qu'il reviendrait un autre jour et qu'on pourrait encore dessiner des fleurs, des soleils, des arbres.

Il me fallut quelques semaines pour l'apprivoiser complètement. Un jour, il esquissa un léger sourire. Nous avons couvert des feuilles et des feuilles de fleurs, de soleils et de ronds. Ensuite il essaya le tableau noir et les craies de couleur.

Cette expérience m'avait bouleversée. Je n'avais utilisé aucune formule magique mais laissé parler mon cœur.

J'avais mis des mots sur notre rencontre, sur sa souffrance, sa colère, sa peur et mon émotion à voir ce que les adultes pouvaient faire d'un enfant si petit, si fragile.

Entre femmes

Maryse est apprentie psychanalyste, elle a déjà deux clientes. Nous parlons souvent de ce que nous vivons, de notre façon de sentir, de comprendre le monde et les autres. Notre amitié est neuve, mais elle se construit juste. Un jour, elle arrive en me disant qu'elle a envie qu'on parle de ce que je voulais « travailler » l'autre jour. Elle se met en position d'écoute. Elle m'écoute...

Mais ce mot « travailler » a fait tilt, il a fermé la porte de l'amitié. « Travailler sur soi. » Le mot tellement galvaudé sur toutes les lèvres de ceux qui hantent les salles d'attente des psys. C'est fini, je suis cadenassée, fermée plus qu'une huître, plus un mot ne passe mes lèvres, mais dans la tête, quelle tempête. « Mais qu'est-ce qu'elle veut? Je ne lui ai rien demandé, ce n'est pas ça l'amitié. » « Si tu n'as rien à dire, je m'en vais. Dans quel enfermement es-tu? » Est-ce la rupture entre nous? Elle ajoute : « Peut-être que nous n'avons plus rien à nous dire!... »

Je dis que dans ces conditions, dans cette situation, je ne peux plus parler. Nous nous expliquons. C'est clair, je perds ma parole dès que l'institution psy pointe son nez. Je ne me sens libre que dans la relation égalitaire, chaleureuse, humaine de l'amitié.

Pour se défendre, certains animaux savent rester tellement immobiles qu'ils disparaissent littéralement du regard et s'intègrent au paysage. J'ai appris à me confondre avec la foule, à rester tellement silencieuse qu'on ne peut plus avoir de grief contre moi. Je ne sais pas attaquer, accuser mais j'ai appris à me défendre, à force de trahisons, de viols par les mots et le savoir.

Je suis seule à pouvoir dire ma souffrance et retrouver ma mémoire. Plus je la retrouve, plus j'avance, plus je me sens inébranlable face à toutes les hypothèses, théories, constructions, découvertes psys. Je ne me perdrai plus dans mon labyrinthe intérieur car j'en suis ressortie, j'ai mes repères et de chaque parcours je ramène des pierres précieuses de mon enfance que je stocke amoureusement.

Mais je dois reconnaître, en même temps, tout ce que l'amitié m'a apporté pendant ce long et difficile voyage. Des visages défilent. Toutes ces heures d'intimité autour d'un petit thé, ces week-ends entre copines, où chacune se raconte en toute liberté. Ces retrouvailles, après tant d'années, avec les amies de jeunesse, où l'on reprend le fil de l'amitié là où il était resté suspendu cinq, dix, quinze ans auparavant. Et des heures, des nuits durant on brode, on retrace sa vie passée, on se retrouve comme avant.

Chacune dit le bonheur, les épreuves, le chemin parcouru, on fait le point avant de repartir sur sa route en se promettant de ne pas rester si longtemps sans se donner de nouvelles, de ne plus perdre du temps parce que ces heures-là sont les plus douces qui soient.

Heures tendres et vraies où tout s'échange, la parole, les petits cadeaux, les vêtements, les bonnes adresses, les recettes de cuisine, les titres de livres qu'on a aimés, nos vies. Chacune a sa façon de donner, les rencontres ont un goût unique, des parfums, des couleurs particulières.

Nous avons aussi pris des vacances « entre femmes », de vraies vacances où chacune vit à son rythme, où l'on improvise, où les bonnes idées jaillissent de la rêverie et du repos. Quand nous étions d'accord sur un lieu, une date, tout devenait possible.

Nos coffres de voiture débordaient d'outils, d'instruments pour satisfaire nos envies de peindre, dessiner, broder, coudre, cuisiner, jouer. Les jours défilaient au milieu des rires, des confidences, des chansons que nous inventions. Les tâches ménagères devenaient légères, il n'y avait plus rien à organiser. Une dizaine de femmes peuvent vivre, se nourrir juste parce qu'il y en a toujours quelques-unes qui ont envie de faire un bon petit plat pour se réchauffer le cœur, ou de mettre de l'ordre, de décorer une pièce pour qu'on s'y sente mieux ensemble.

Temps de repos total, où l'homme n'était présent, mais oh! combien, que dans nos cœurs, nos récits, nos confidences, nos rêves. Bonheur de se dire, d'être interrogée avec douceur sur sa manière d'être, de sentir. Confrontation de personnalités fortes et douces à la fois. Bonheur de vivre en harmonie ces moments qui nous font progresser.

Bonheur de se voir, dans les regards amis, avancer, prendre de l'assurance, de l'indépendance, d'observer les compagnes se mettre debout, évoluer, quitter leur vieille peau de souffrance.

Bonheur de marcher ensemble contre ce destin de douleur hérité de nos mères, de nos grand-mères, qui nous colle à la peau.

Sécurité de ce réseau d'amitié où chacune sait qu'aux heures dures elle pourra téléphoner, débarquer chez l'autre, pour y trouver un endroit chaud, une oreille douce, un regard tendre, un nid bien douillet d'où elle repartira debout, plus forte pour affronter le passage difficile ou une nouvelle page de vie.

Autres femmes

Il y a neuf ans, mon mari me laissait seule avec ma fille, en ville, en plein mois d'août, en prenant notre voiture pour rejoindre sa maîtresse du moment. Il fallait réagir, ne pas se laisser aller à la détresse que provoque le fait d'être quittée sans préavis par l'homme qu'on aime.

Je décide donc de chercher une issue et je trouve,

par hasard, dans *Libération,* une petite annonce : près d'Arcachon il existe un lieu de vacances « entre femmes ».

Je téléphone, il y a de la place, je prends un billet de train et le lendemain me voilà partie avec ma fille vers cette aventure. A l'adresse indiquée, nous découvrons une sorte de colonie de vacances ombragée où deux cents femmes vivent sans organisation apparente, car tout ce qui peut rappeler l'homme est banni de ce lieu spécifiquement féminin.

On me présente la maison des enfants où ma fille doit dormir, mais Zoé, si indépendante d'habitude, s'accroche à mes jupes. Elle veut dormir près de moi. Je l'installe effectivement dans une sorte de dortoir où je me fais très vite agresser comme « mère possessive! »... ou « égoïste qui ne veut pas partager sa fille ». Mais l'état lamentable de la pièce des enfants m'a renseignée sur la soi-disant « prise en charge des enfants par le groupe ».

Je donne à manger à Zoé et très vite d'autres enfants me repèrent. Je me retrouve bientôt entourée d'enfants affamés que je sers la première fois. Ensuite, j'essaie de poser ce problème à un petit groupe. Décidément, je suis une « nourrice obsédée ». Je veux « prendre le pouvoir sur le groupe des enfants ».

Ici, rien ne doit être organisé comme dans la société patriarcale. Ici, chez les femmes, c'est le règne du désir, de la spontanéité, on vit l'instant présent, on essaie de vivre ses rêves. Ici, personne ne doit prendre le pouvoir en rien. Je n'avais pas encore compris! J'ai débarqué sur la planète des femmes « psy et po ». Il faut quitter ses vieilles habitudes d'être et de pensée, devenir une vraie femme, se pénétrer de l'esprit du groupe « psychanalyse et politique ». Ah! comment, je ne suis pas encore amoureuse d'une femme! Alors je n'ai rien vécu d'essentiel dans la vie mais cela va m'arriver bientôt. Je suis là pour ça!

Je découvre tout un monde que j'ignorais et je me surprends à me cacher pour avaler ma pilule le soir. Je n'ose plus dire que j'aime un homme et que cet amour me déchire.

Moi qui espérais des confidences entre femmes, pouvoir parler de ma vie de couple devenue si difficile, j'apprends que ce n'est pas le lieu. Je ne trouve pas la chaleur, l'amitié que j'espérais.

Certains groupes se perdent dans des discours inintelligibles pour qui n'a pas une bonne formation en psychanalyse. Elles parlent une autre langue. Quoi, tu n'es pas en analyse? tu n'as pas de relation avec une femme? mais qu'est-ce que tu viens faire ici? Je me le demande aussi.

J'espérais de douces vacances, de ces bavardages si agréables, de ces moments de rencontre où naissent souvent des amitiés de longue durée. Je me suis trompée d'adresse mais je n'ai rien d'autre à faire qu'à vivre cette aventure jusqu'au bout. Il doit bien y avoir des femmes qui se sont égarées comme moi, trompées par l'annonce qui ne précisait rien. J'en rencontre, en effet, quelques autres dans la même situation. Elles regardent perplexes, éberluées, ce monde grouillant d'analysées.

Nous nous organisons des après-midi à la plage où nous parlons de nos maris, de nos amants, de nos difficultés à vivre avec « les femmes psy et po » et à vivre notre vie tout simplement. Des soirées dansantes sont organisées. Oh! pardon, certaines aiment à danser entre femmes et mettent une musique langoureuse. Avec mes nouvelles amies, nous sommes vite en piste, par deux, pour éviter toute invitation scabreuse.

J'observe les ravages de la passion sur certains visages. Entre femmes on s'égratigne, on se griffe, on se déchire aussi. Dans les coins des femmes pleurent ou sont couchées comme des bébés, abandonnées, recroquevillées. Sur la planète des femmes la vie n'est pas plus facile qu'ailleurs.

Je passe là dix jours passionnants où j'apprends beaucoup sur l'art du camouflage, sur les discours qui masquent les besoins de pouvoir des papesses et gourous en jupons.

Il y en a quelques-unes, ici, qui se pavanent, entourées d'une cour d'admiratrices, disciples énamourées. Elles dispensent leur savoir et traînent à leur suite une foule de femmes affamées de références dans le labyrinthe de leur pensée d'initiées analysées par des femmes.

Où est la différence? Il n'y en a aucune. Le rapport savoir-pouvoir-argent est le même dans le monde en jupons qui s'aveugle d'illusions en accusant, dénonçant le seul et unique coupable, responsable de leur malheur : l'Homme qui incarne le mal. Le seul problème de la femme c'est l'homme : sa soif de pouvoir qui mène à des catastrophes, au dialogue impossible.

Elles ont une cible commune, un langage commun, les mêmes illusions pour nier la souffrance qui les torture, fruit de leur éducation. Au chapitre des blessures de l'enfance, l'homme et la femme sont pourtant logés à la même enseigne.

Comme j'aime comprendre le fonctionnement des groupes, je pose des questions indiscrètes. J'essaie de savoir d'où vient l'argent qui permet de remplir les énormes frigos ou chacune va puiser, selon son désir et son appétit, autant de fois dans la journée qu'elle le désire. Où se cachent les bonnes fées? La pension que nous payons, si nous le voulons bien (car pour régler les frais de séjour il faut s'accrocher) ne peut couvrir toutes les dépenses d'hébergement et de nourriture. Il n'y a pas vraiment de responsables, elles changent tout le temps, on ne sait trop comment.

Qui passe les commandes? Qui fait la cuisine pour préparer le repas du soir pris en commun? Celles qui en ont envie à ce moment-là, mais surtout ne prononcez pas le mot organisation.

Quelques mots ici sont absolument interdits, proscrits du langage. Il faut le savoir. Naïve, je les prononce et me fais rabrouer chaque fois. J'ai encore beaucoup à apprendre pour devenir une vraie féministe. Désorientée au début, je commence à bien m'amuser. Sur la plage, nous déchiffrons, entre nous, le nouveau code de communication, nous cherchons à dévoiler les règles du nouveau système, mais pour le reste, rien n'est vraiment changé.

Pourtant quand je retrouve mon mari et tous nos problèmes, quelque chose s'est passé car je ne lui fais plus la cuisine de la même façon. A vivre selon son désir, son rythme, dix jours de vie, on a envie de continuer. Les exigences de mon homme, ma façon de le servir, me sautent aux yeux tout à coup.

Il me dérange sans arrêt dans mes occupations, « tu n'aurais pas vu mon appareil photo? », « tu pourrais me donner des chaussettes? » Voilà, c'est évident, avec lui je joue à la maman. Je le nourris, je le sers avec beaucoup de tendresse. Je suis sa tendre bonne à tout faire, il est le maître.

Les excès, les caricatures, ont le privilège de déplacer le regard pour nous voir d'ailleurs. Elles font tomber les vieilles images, nous révèlent notre fonctionnement. Je ne supporte plus cette relation, il faut répartir autrement les tâches, je dois me ménager du temps, de l'espace. Ça ne facilite pas les choses entre lui et moi, mais j'ose enfin réclamer ce qui est bon pour moi et non plus seulement pour « nous ». Je me mets à vivre différemment. Je me regarde vivre. Je prends des distances.

Le séjour a été efficace. Je refuse pourtant de rentrer dans un groupe femmes régulier qui fonctionne dans ma ville, mais je me nourris des livres de femmes qui racontent leur cheminement, leur différence, leur lutte pour exister. Je prends ma place dans ce vaste mouvement des femmes qui revendiquent leur différence et leur droit à exister comme des êtres humains entiers.

Les chaînes de l'amour

Plus je deviens solide, plus la folie de mon père s'abat sur moi ou plus exactement j'en ressens la violence, comme si ce que j'en avais perçu n'en était qu'un faible écho, les premières secousses d'un tremblement de terre. Mais face à ces nouvelles secousses je tiens bon, je me délivre de plus en plus de la peur.

L'eczéma a encore brûlé ma peau, s'inscrivant sur mon visage, mon cou, ma gorge et mes seins comme les marques de l'infamie. Combien de fois encore devrai-je revivre cet enfer?

Je suis encore marquée de son sceau. Il semble s'acharner sur moi qui arrache « ses chaînes ». Au moment où je pose le stylo croyant avoir terminé ce voyage au pays de la mémoire, les traces de la lèpre s'incrustent dans ma peau, m'invitant à creuser, à chercher encore un autre fragment de vérité. Tout n'a pas été dit, je le sais. Il me faut encore revenir à la violence de cette nuit-là.

Des fragments, des flashs arrivent qu'il me faut tenter de relier entre eux. Ce rêve des prisonniers, la lettre de mon père, une scène de *Portier de nuit,* la torture, les camps de concentration et tout ce que B. Bettelheim en a dit.

Je cherche à comprendre la nature des liens du père à sa fille, je cherche à comprendre pourquoi un père peut en arriver là. Comment l'inimaginable est-il devenu possible?

Je me sens comme possédée par le démon de la vérité. Je suis poussée par une force que je ne me soupçonnais pas, qui me guide vers les livres où je trouve des bribes de réponses à mes obsédantes questions. Ce besoin de comprendre bouscule tout, c'est devenu le plus important dans ma vie.

Un rêve m'avait beaucoup interrogée, maintenant j'en saisis mieux le sens. Le voici.

Je venais d'accoucher et je trouvais que ce n'était pas si difficile. Quelqu'un m'envoie puiser de l'eau au fond d'une espèce de tour. Je descends un escalier en colimaçon, j'arrive dans une pièce ronde, vide, où je vois une sorte de trappe en bois au milieu. J'en conclus que l'eau est dans ce puits. Je commence à soulever le couvercle en bois. Je vois alors qu'il y a des portes autour de moi et ça semble bouger derrière, je sens alors comme une présence dans mon dos.

Tout à coup, d'une porte, un être humain surgit comme un fantôme, puis un autre, des hommes, des femmes. Ils me racontent qu'ils sont prisonniers, qu'on les bat et même qu'on les torture. Une femme montre sa poitrine brûlée à la cigarette et couverte de mercurochrome. Une personne est descendue derrière moi, elle écoute aussi ces témoignages bouleversants. Nous leur demandons pourquoi ils sont là. L'un d'eux dit qu'il ne comprenait rien, pourtant il n'a pas l'air débile.

A ce moment-là, leurs chefs apparaissent. Ils ne semblent pas en colère de nous voir. Ils s'adressent aux prisonniers, leur donnent des ordres pour les reprendre en main. Rapidement, à l'aide de la voix et d'un instrument qui rythme le temps comme un métronome mais ressemble à un hochet, ils rendent tous les prisonniers dociles, obéissants, ils leur font répéter comme des prières qui semblent les bercer, ils se balancent presque en marchant. Je remonte pour prévenir les autres de ce qui se passe en bas dans la tour. Je m'effondre en larmes pour raconter ce que j'ai vu.

Ils veulent descendre avec moi, ils sont nombreux, l'autre témoin a ramené trop de monde, même des enfants. Il y a une grande circulation dans l'escalier. Une fillette pleure, se lamente en descendant, je la prends par la main pour la faire remonter mais je me trompe de direction, je suis un peu trop descendue. Je m'aperçois alors que c'est le chemin des prisonniers, je m'accroche pour grimper à ce qui est devenu un mur lisse. Mais une femme me plante un fouet dans le ventre et un autre dans le dos. Trop tard, je suis prisonnière à mon tour. Je hurle le nom de mon ami, il n'est pas là, un autre homme essaie de me défendre, d'intimider la femme aux fouets mais il s'y prend mal, personne ne viendra à mon secours, je le sais. Je crie et ces cris me réveillent. Très vite, je pense que je vais essayer de semer la révolte parmi les autres. Il me faut vite sortir les autres prisonniers de leur torpeur avant d'être brisée moi aussi par la torture. Quelle mission angoissante!...

Ce rêve, j'y ai repensé souvent, il y a comme une atmosphère de camp de concentration. Des humains sont livrés totalement à la violence de leurs chefs et des gardiens. Ils sont comme des fantômes, des automates, ils ne semblent plus avoir les commandes de leur cerveau.

Le sexe de mon père qui fait de moi la chose de

l'homme. Le sexe de mon père sur le mien me prive de toute humanité, je n'existe plus. C'est lui qui commande mes gestes, je ne peux résister, je suis déjà morte. Il m'a volé les commandes de mon cerveau.

Je ne sais plus dire non à un homme.

Il suffit d'un mot, d'un regard d'autorité et je deviens obéissante, docile, soumise. Je suis prisonnière du désir de l'Autre, proie facile, sans défense.

L'amour ne peut être que la torture. Je crois trouver une bonne mère et je me retrouve peu de temps après face à un bourreau que je ne peux quitter. C'est de cet enfer que je suis sortie, c'est de cette peau de victime que je m'arrache si douloureusement.

Comment cela est-il arrivé? Des images défilent dans ma tête.

La photo de mon père me tenant bébé sur ses genoux, les photos de l'enfance, les mariages, les communions, où le papa est là, près de sa fille.

La tendresse d'un père pour sa fille, les bises du soir, les câlins, les genoux de papa, la tendresse au quotidien. Le regard du père auquel on se soumet, l'autorité du père-tendresse. La tendresse aussi nécessaire que la nourriture pour survivre. Si celui-là ne m'aime pas il peut me tuer.

La tendresse qu'on mendie dans le regard du père. La reconnaissance nécessaire à l'enfant. Il paraît que les petites filles aguichent leur père!... Que cherchent-elles dans le regard du père? Qu'est-ce qui se cache derrière ce besoin d'être reconnue de papa? S'il m'aime, il ne me tuera pas, ne m'abandonnera pas. L'enfant « ce dominé absolu », cherche un peu de sécurité, il cherche à survivre, l'amour comme garantie de survie. Le lien de la fille à son père qui a le pouvoir, un pouvoir de vie ou de mort sur elle, surtout quand elle est bébé, un bébé-fille, sur les genoux de son père.

La scène de *Portier de nuit*. Les images se superposent. Lui le SS, en uniforme, revolver au poing, lui qui peut la tuer. Il tire sur elle, nue, fragile, transie de peur, paralysée par cette vision de mort. Les coups de feu arrivent sur elle, autour d'elle.

Le soleil et la mort on ne les regarde pas en face.

Le père fou de désir, le père en érection face à sa petite fille, c'est une vision de mort. Le père qui se couche sur sa fille, qui pénètre son corps, qui viole sa fille, qui donne la mort à sa petite fille chérie de six, douze, quinze ans...

Peut-être que vous ne pouvez comprendre parce que vous aimez votre petite fille, comme mon père vous diriez « je ne voulais pas te faire de mal » ou comme cet autre à la télévision « si c'était à refaire, je recommencerai, c'était à moi de l'initier à l'amour ». Moi, le père, moi qui ne supporte pas qu'un autre homme y touche, la possède, la petite fille que j'ai aimée, chérie, câlinée, « ma fifille »!

Je la prends et ensuite elle sera toujours une pauvre petite chose, reconnaissante, soumise, fidèle, ma chose.

Les processus de dépersonnalisation des individus sont toujours les mêmes, qu'ils soient utilisés dans les camps de concentration, le dressage des tortionnaires, des prostituées, les sectes ou l'inceste.

Pour briser une personne on lui fait perdre tout repère, toute référence, on lui arrache le sens de sa vie et on la réduit à l'état de dépendance totale, d'obéissance aveugle, à l'état du bébé face à ses parents.

On dégrade, on humilie, on enchaîne, toujours avec les mêmes armes de la toute-puissance.

A mon père, il a suffi d'une nuit pour m'arracher à ma personnalité de fille intelligente et bagarreuse, qui sait ce qu'elle veut, qui canalise toute son énergie pour réussir son projet. En une nuit, il a réussi à faire de moi une victime terrorisée, une prisonnière, une proie, un être sans défense.

Pourquoi?

Le papa-tendresse va se métamorphoser en diable, en bourreau qui peut donner la mort. Tu baises ou je te tue. Il n'a même pas besoin de le dire, ses yeux, ses mains, son sexe parlent pour lui. La fille ne bouge pas, ne crie pas, pourquoi? Qui lui commande l'immobilité? Est-ce la panique face à la mort?

La fascination de la mort? Et pourquoi si ce n'est parce que cette panique peut se relier aux peurs anciennes du bébé qui hurle seul dans son berceau, du bébé qui a peur de mourir et que seule l'intervention des parents peut sauver. Certains bébés meurent de peur, d'autres sont tués par les parents.

Le parent a un pouvoir de vie ou de mort sur le bébé, comme le SS a un pouvoir de tuer le prisonnier pour un caprice, ou pour rien, parce que le prisonnier n'est rien. D'un côté la toute-puissance, de l'autre la dépendance totale.

Le papa qu'on aime n'a pas besoin d'être brutal, les chaînes de l'amour posées sur la fille dès la naissance sont les plus solides, les plus difficiles à arracher, elles sont dans le corps même de la fillette, mêlées à son être. Il n'a qu'à être tendre comme d'habitude, puis lentement ou brusquement déraper avec son désir fou. La fille ne bougera pas, elle sera paralysée, hypnotisée, fascinée, réduite à l'impuissance. Il a fait basculer le sens. Elle est perdue. Elle n'a plus de cerveau pour penser à cette situation impensable.

Cette panique absolue face à la folie du père, cette chute brutale le long du gouffre de l'inimaginable, cette perte du sens qui provoque le cataclysme du psychisme, est-ce cela que vous appelez des désirs inconscients?

Il y a un siècle un homme a inventé une théorie pour dissimuler la faute du père, et cet énorme mensonge constitue une véritable prison où toutes les femmes sont enfermées. Mais si c'était une erreur? Ce savoir, pure invention de l'homme, est surtout un pouvoir bien pratique, une façon supplémentaire de nous maintenir enchaînées parce que la femme qui donne la vie, la femme au ventre fécond reste toujours la grande peur de l'homme. Et comme le dit si bien Teilhard de Chardin, « La femme est la plus redoutable des forces de la nature, donc il faut l'éviter, disent nos moralistes. Donc il faut s'en emparer, répondrai-je. Le danger est symptôme de puissance. »

Phyllis Chesler en a fait une belle démonstration dans *Les Femmes et la Folie.*

Ce livre m'a aidée à ne pas me soumettre et surtout à me retrouver face aux psys pervers qui avaient eu des relations sexuelles avec moi. Ce livre a été pour moi une bouée de sauvetage, une référence, une branche où s'accrocher quand les psys m'avaient noyée dans un torrent d'angoisse, pour leur simple plaisir.

J'avais revu les émissions de Daniel Karlin à la télévision. La nuit suivante j'ai fait ce rêve. B. Bettelheim demande à un enfant : « Alors, comment ça va pour toi ici? » Mais l'enfant ne répond pas, il se dirige vers un placard, prend une sorte de pyjama rayé, il le tend à Bettelheim qui le met, c'est un costume de prisonnier des camps. Alors l'enfant s'approche et lui dit : « Maintenant nous pouvons parler. »

Va retrouver en toi ton état de détresse, de prisonnier, alors je pourrai te parler de la prison où je suis enfermée. La prison de l'inceste.

Si B. Bettelheim nous rappelle que le « but de la Gestapo était de les réduire au statut d'enfants dénués de droits et qui devaient obéir aveuglément », cela doit nous faire réfléchir sur toutes les techniques de dépersonnalisation utilisées par les « tout-puissants ».

S'il dit encore que « des gens qui ont le pouvoir de vie ou de mort deviennent émotionnellement aussi importants que ceux à qui on choisit de donner cette importance, comme dans une histoire d'amour par exemple », les liens qui se créent dans la dépendance totale à l'Autre, entre la victime et le bourreau, sont-ils un écho de nos terreurs de bébé?

Et si, comme le dit Dorothy Bloch la principale source de nos névroses est la peur de l'infanticide et non le complexe d'Œdipe, alors il n'est pas étonnant que pour briser une personne on tente de la remettre dans cet état de dénuement total, de dépendance absolue où se trouve le petit enfant face à ses parents.

Quand on a réduit un adulte à cet état-là par toutes sortes de brutalités, d'humiliations, en lui faisant perdre toutes ses références, il se comporte avec une docilité parfaite. Cela fonctionne sans doute parce que chaque adulte garde dans son corps toute la mémoire des terreurs anciennes, la peur de mourir du bébé!

A mon père, il a suffi d'une nuit pour m'enchaîner à lui pour si longtemps.

Trente ans de souffrances pour une nuit de cauchemar, et des liens tissés depuis la naissance, des liens de tendresse/autorité qui ne se coupent pas, ne se déchirent pas. Des liens que j'arrache à grands cris. Des liens qui enchaînent jusqu'à la mort si on ne peut en découvrir la nature, la force, la violence, l'essence. Des liens tissés dans la peur du bébé, des liens qui plongent leurs racines dans l'inconscient.

Elle avait fait un rêve étrange.

Il y avait bien longtemps, un homme avait écrit des romans. Une femme en récitait des pages et des pages à demi-inconsciente et sa douleur fondait au soleil du cœur de l'homme qui entendait enfin le vrai sens de ses pages. Cette femme avait un mal ancien et persistant sur la poitrine, comme la lèpre. Sous la peau éclatée comme un miroir brisé, dont les bris de verre se soulèvent, elle vit enfin la couleur profonde de sa souffrance.

Elle poussa un grand cri et l'homme l'entendit. Il guérit du même coup de sa surdité, ils se reconnurent et partirent ensemble sur le chemin de l'amour. Ils ne se connaissaient pas et pourtant tout en eux se reconnaissait.

Au fur et à mesure qu'elle avait dit ces textes anciens, elle avait pu vérifier ses paroles sur les livres qui s'effaçaient, ayant désormais perdu toute nécessité.

Le livre n'était là que pour que cette souffrance ne fût pas perdue.

A ce rêve nocturne avait succédé un rêve éveillé qui la poursuivait.

Images obsédantes d'une séquence qui passe et repasse dans sa tête.

Une jeune fille est tuée brutalement par un revolver muni d'un silencieux, dans la rue, devant les passants. Elle s'effondre. Autour d'elle chacun continue de vaquer à ses occupations, le meurtrier aussi, avec un air parfaitement naturel. Ce qui se relève, ce n'est pas la fille mais son fantôme. Elle est morte à la vie, son âme de jeune fille l'a quittée, rien n'a plus de sens pour elle, elle est entraînée comme un automate par le va-et-vient des autres qui continuent à rire, à plaisanter comme s'ils n'avaient rien vu. Elle ne peut rien dire, le regard du meurtrier est là qui la terrorise sans cesse et lui glace les mots dans la gorge. Ce regard suffit à disperser ses idées. Elle ne pourra jamais parler sous le regard du père qui la poursuit nuit et jour. Alors elle fait semblant de vivre, elle se marie pour qu'un homme la protège de son père. Elle aime son mari, mais n'a pas de vie sexuelle, elle fait semblant.

C'est cela la loi du silence, le prix du silence. Il ne faut pas déranger la famille, la société, les autres qui continuent à vivre comme si l'inceste n'existait pas ou ne les concernait pas.

La fille s'est effondrée sans un cri, le revolver n'a fait aucun bruit, il a donné la mort dans le silence le plus total, le silence de l'hypocrisie.

Personne n'a rien remarqué. Par la force de son autorité, le père a fait se relever le fantôme de sa fille qu'il tient désormais totalement en son pouvoir. Elle est hypnotisée, il n'a rien à craindre. D'ailleurs, si elle parlait, qui la croirait? Son père, un homme tellement sérieux, respectable, honnête, généreux, catholique pratiquant, on ne peut rien lui reprocher. On dira qu'elle l'a provoqué, vous savez bien, les femmes ne pensent qu'à ça. Ah! ces maudites filles, ces petites garces, ces petites vicieuses, de quoi sont-elles capables? Inventer des choses pareilles pour salir leur père!

Lui, le père, le meurtrier, il peut dormir tranquille, il ne sera jamais inquiété. La société protège son pouvoir, son autorité, son statut, tous les hommes s'y mettront : le gendarme, le curé, le juge, l'avocat, le psychiatre.

Ce film passe et repasse dans sa tête. Elle retourne jusqu'au moment du passage à l'acte, de l'agression par le père. Le moment où la fille s'effondre. Elle revoit tous les détails de la scène, elle sait ce qu'il lui a fait maintenant, elle a découvert toute la vérité. Alors elle crie, elle hurle si fort que les gens se retournent. Les cris de la fille violée par son père leur percent les oreilles. Sa parole les poursuit, les hante.

Enfin, des hommes, des femmes, entendent sa voix qui dit la dure vérité de l'inceste. Les voiles de l'hypocrisie se déchirent, les paupières se dessillent et ils voient la femme qui se relève, vivante, forte, entière, qui crie face à son père pris sur le fait, voilà le coupable, voilà le violeur!... C'est lui le responsable de ce meurtre. La fille n'a plus peur, la fille s'est délivrée de l'autorité du père, elle est sortie des pièges de la théorie freudienne et de la religion catholique... Elle connaît maintenant sa vérité et personne ne la fera plus jamais douter de ses souvenirs, arrachés avec tant de douleur à sa mémoire.

Elle crie avec au cœur l'espoir fou que les autres victimes arracheront aussi leur bâillon et qu'un grand concert de cris réveillera la conscience des hommes pour que des milliers de fillettes ne vivent plus l'enfer qu'elles ont vécu. Alors leur souffrance aura un sens. Le livre n'était là que pour que cette souffrance ne fût pas perdue.

Ces traces-là

« Couchez-vous, vous dis-je! ». Ces mots écrits dans le livre de Maurice T. Maschino, *Votre désir m'intéresse,* l'avaient fait éclater en sanglots.

Bien sûr, elle tenait là l'essentiel du nœud psy-prostitution, dette à payer-psychanalyse interdite.

Elle ne pourrait jamais s'entendre dire par un psy : « Couchez-vous là! » ou « Allongez-vous maintenant! » C'était aussi ce qu'un homme disait à une prostituée : « Couche-toi. » En Normandie, on traitait les femmes légères de « Marie, couche-toi là ».

Le pouvoir, la relation dominant/dominé, maître/esclave, père/fille, bourreau/victime, jamais elle ne passerait par une telle institution pour retrouver sa liberté. Elle avait toujours senti un danger énorme à aller demander de l'aide.

S'allonger chez un psy, s'en remettre à quelqu'un

qui a un pouvoir sur vous de par sa position institutionnelle, jamais plus elle ne commettrait cette erreur.

Qu'est-ce qui me retient éloignée du divan?

Bien sûr il y a mes expériences avec les psychothérapeutes : avoir des relations sexuelles avec deux d'entre eux a été la répétition symbolique du passage à l'acte de mon père et a abouti à une perte de confiance envers le monde psy.

Mais il y a plus. Pourquoi cet argent donné pour renforcer le pouvoir qu'un homme ou une femme de savoir aura sur moi me renvoie-t-il à la prostitution?

Payer un psychanalyste équivaut pour moi à me prostituer. Me dévêtir de mes résistances, dévoiler mon intimité sous le regard d'un psychanalyste auquel je serai enchaînée par le transfert comme la prostituée l'est au proxénète; c'est devenir sa machine à sous. Il vivra de mes séances de strip-tease dont je ne pourrai plus me passer.

La règle est de tout dire, comme Dieu lit dans vos pensées, comme le Dieu violeur de mon enfance. Je suis face à Dieu qui me voit et que je ne vois pas. Position d'inégalité, d'infériorité par excellence, de dépendance face à la toute-puissance, position intenable pour moi.

Du crime parfait commis par mon père, je passe au piège parfait dont je ne peux ressortir entière.

Face au désir de l'homme, je n'existe plus; face au savoir incarné, ma tête ne fonctionne plus. Mon corps et mon cerveau sont emprisonnés par le Père.

Le crime était parfait, il me fallait donc trouver des chemins de guérison qui laisseraient des traces, beaucoup de traces : mes grandes peintures et les centaines de pages que j'ai noircies dans la fièvre et les larmes. Ces traces-là me rassurent, elles sont la preuve de mon existence. Parce que mon père m'a niée, j'ai besoin de crier que j'existe; parce qu'il m'a tuée, j'ai besoin de hurler à la vie.

Parce que mon père s'est couché sur moi, parce que nos sexes se sont rencontrés réellement, je ne peux guérir de ce crime qu'en agissant dans la réalité.

Le silence du cabinet du psychanalyste me rappelle

le silence de la nuit noire de mon adolescence. Même scénario : s'il dérape, aucun témoin ne pourra porter plainte.

Le cadre symbolique ne me suffit pas : je le démonte, j'en cherche tous les défauts. Ce qui rassure les autres me fait peur. Ce qui leur semble solide me rappelle sa fragilité parce qu'il repose sur la confiance, l'honnêteté d'une personne et sur une théorie aux bases contestables. L'idée de payer quelqu'un pour qu'il m'écoute me révulse parce que c'est le faire-semblant de l'amitié comme la prostitution est le faire-semblant de l'amour.

Le psychothérapeute m'écoute parce qu'il est payé pour ça. Je parle et il se tait, je ne sais rien de lui, de ce qu'il ressent, de la qualité de ses émotions ou de son ennui.

J'ai besoin d'échanges réels, de réciprocité, tout ce que je trouve dans l'amitié. Dans un monde où tout s'achète, l'amitié est pour moi ce qui reste de plus pur et de plus fragile.

J'ai besoin d'être un sujet responsable, de prendre des risques, de me confronter aux autres, de rencontres authentiques.

Cette recherche d'authenticité, je l'ai retrouvée, avec bonheur, dans le *Journal clinique* de Ferenczi qui affirme que « seule la sympathie guérit » et que « les patients sentent ce qu'il y a d'hypocrite dans le comportement de l'analyste ». Il dresse une liste des « péchés de la psychanalyse » et ose contester Freud pour sa rigidité, son autoritarisme, son manque d'amour pour « les névrosés qui sont de la racaille juste bons à nous instruire à partir de leur cas ».

Parce que Ferenczi était capable d'autocritique, parce qu'il cherchait avec ses patients en allant jusqu'à l'analyse mutuelle, il a perçu et expliqué ce que vit un enfant agressé sexuellement par un adulte. Les mécanismes de l'identification à l'agresseur et du clivage du moi sont, à ma connaissance, ce qui a été écrit de plus juste sur le drame vécu par une victime d'inceste, ils ont pour moi un accent de vérité tout à fait particulier.

Les récits d'un autre psychanalyste, Julien Bigras, m'ont également beaucoup aidée. Lui aussi cherche, doute et ose décrire comment la folie de l'autre l'atteint et le fait avancer.

En lisant ces livres, je trouvais enfin une liberté totale, un respect absolu. Je reconstituais ainsi une relation chaste avec le père-savoir, celle que je n'avais pu trouver ni avec mon père, ni avec les psychothérapeutes en chair, en os et en sexe que j'avais rencontrés. J'ai vécu, seule, pendant ces lectures, des émotions d'une grande intensité, ce que j'appelle le choc de la vérité. Les mots pénètrent le corps, le bouleversent et délivrent le cerveau en ouvrant les portes de la mémoire : des mots-miroirs où se reconnaître enfin, des mots-lumière pour combattre des nuits de cauchemars comme celui-ci : des insectes lui mangeaient le sexe et les seins, elle les arrachait à pleines mains, avec la rage de vivre, la lutte de la vie contre la mort en elle, ses mains qui arrachaient la mort de son corps de femme. Elle voyait ensuite ces insectes qui venaient pour la dévorer, en colonne comme des fourmis, mais c'était des cafards à la carapace luisante. Elle les écrasait avec ses pieds, elle entendait le bruit sec quand elle les écrasait : le bruit sec de la mort l'avait réveillée.

Les roses de Noël

Ma mère m'emmenait souvent au cimetière voir les tombes des petits anges, couvertes de fleurs blanches, avec la photo de l'enfant. Ces photos me fascinaient. Ma mère me racontait qu'ils étaient au Paradis, ils avaient de la chance, eux. Ils n'avaient pas eu à mériter, par tant de sacrifices leur place auprès de Dieu. Ils étaient des élus en quelque sorte.

Ces visites au cimetière me laissent une impression si vibrante de vérité : la rencontre avec la mort dans mon enfance. Cette fillette morte, entourée de fleurs blanches, les mains jointes, est-ce une photo, celle de la sœur de ma mère? ou est-ce la description que ma mère me faisait quand elle était allée rendre visite à des voisins qui avaient perdu leur petite fille? Toute cette blancheur, ma mère savait si bien en parler, les images sont nettes encore ce soir. Un tel idéal de pureté ça ne s'oublie pas. Quand un adulte mourait, tout se plongeait dans le noir : les femmes en grand deuil, voilées, dissimulant leurs larmes derrière le crêpe noir.

J'allais aux enterrements pour représenter la famille parce que mon père travaillait, il ne pouvait « perdre une journée » et ma mère avait tant à faire à la maison. Je leur rendais service en allant à l'église et au cimetière glacé, prendre mon tour dans les longues files de villageois, pour les condoléances. Les hommes d'un côté, les femmes de l'autre. Il fallait serrer les mains de toutes ces femmes en noir, aux yeux rougis. Le plus difficile était de ne pas pleurer avec elles; je n'avais aucune raison, bien souvent je ne connaissais pas le défunt, pourtant toute cette mise en scène, ou de côtoyer cette réelle souffrance, troublait mon cœur sensible et souvent je pleurais, mais je me sentais ridicule avec mes larmes. Seule la famille avait le droit de pleurer, ou d'autres femmes déjà en deuil de leur mari, leur père ou leur frère. Pleurer, pour un inconnu, ça ne se faisait pas. Je le lisais dans le regard de certaines commères qui ne manqueraient pas d'en parler avec ma mère, à l'occasion.

Aller à l'enterrement c'était une corvée, pire, une épreuve à cause des larmes à refouler. A l'enterrement de ma grand-mère j'avais enfin pu pleurer en toute bonne conscience. Ensuite j'ai embrassé mon grand-père sur son lit de mort. Il était beau, si calme, il avait l'air si paisible. C'était donc cela la mort, un corps inerte et froid et une âme partie rejoindre Dieu et les autres morts de sa connaissance.

J'imaginais toutes sortes de fêtes là-haut. Peut-être que toi aussi Maman, tu imaginais de belles scènes au Paradis, tu parlais si bien des enfants morts. Ta vie a-t-elle été si dure que tu aies rêvé d'être morte en petit ange blanc? Ta petite sœur était morte. Que s'est-il passé entre grand-mère et toi, à ce moment-là?

Plus tard, je t'ai vue supplier Dieu et la Vierge de sauver ton fils qui se mourait à l'hôpital. J'ai vécu cet événement avec une culpabilité intense parce que j'avais dit, la première fois qu'il avait eu mal au ventre qu'il avait mangé des fraises dans le jardin. Le médecin n'avait pas su diagnostiquer une crise d'appendicite, et à la deuxième crise, il avait une péritonite très grave. Pendant plusieurs jours, mon frère a lutté contre la mort et nous avons tous beaucoup prié et supplié à genoux tous les saints du ciel de le laisser en vie.

Pendant que je priais à la chapelle je pensais que si je n'avais pas « raconté » qu'il avait mangé des fraises – c'était défendu bien sûr – le médecin aurait trouvé sa maladie la première fois. Dieu me punissait pour cette méchante parole (les mots qui tuent). Je pratiquais très peu ce genre de « rapportage » mais je crois que j'en ai été guérie pour toujours. Il est enfin revenu guéri de l'hôpital. Mes parents ont posé un ex-voto de remerciements à la chapelle et ils sont allés à Lourdes.

Quand j'étais malade, j'attendais avec inquiétude que ma mère annonce ma température. Quand la fièvre montait au-dessus de 40 ° j'avais peur de mourir, je réclamais de l'eau de Lourdes. Le chiffre 42 était fatidique, la porte qui ouvrait sur la mort. J'ai justement quarante-deux ans.

J'ai revécu une fois, avec ma fille, cette angoisse de la température qui monte et qu'on ne peut plus arrêter. Elle n'a presque jamais été malade, mais ce jour-là elle avait attrapé une forte grippe, elle avait beaucoup de fièvre. Je ne pouvais rester seule avec elle. Le soir je fus prise d'une crise d'angoisse, je téléphonai à une amie qui vint passer la nuit près d'elle, avec moi.

La peur de mourir, et plus tard quand mon mari est parti, l'envie de mourir ou plutôt la certitude de mourir le lendemain, juste pour être délivrée de cette souffrance impossible à vivre. Vivre sans sa protection, vivre sans homme, c'était un face à face permanent avec la mort. Seul l'amour d'un homme pouvait me délivrer de cette menace permanente.

Pendant toute cette période, où j'allais hurler seule dans ma voiture la nuit, je vivais réellement « au jour le jour », m'accrochant à la vie de toutes les façons possibles. Plus j'errais au bord de l'abîme et plus je jouais à la femme libre, à l'extérieur.

Un homme m'a arrêtée dans cette course folle. Je me suis heurtée à lui comme un avion se jette contre un mur dans le brouillard. Dans ce choc, je me suis retrouvée, nous avons vécu un grand amour puis il m'a quittée, mais quand il est parti, j'étais entière, capable de vivre enfin seule.

Écrire ce livre m'a délivrée de la peur. J'ai osé sortir de moi la rage, la colère que je tenais enfermées depuis si longtemps. Alice Miller a raison : « Le véritable pardon ne passe pas à côté de la colère, mais il passe par elle. »

Elle écrit encore :

« Le deuil est la douleur de savoir que les choses se sont passées comme elles se sont passées et que rien ne peut modifier le passé. »

Les roses de Noël me font pleurer. J'en ai vu ce matin au marché. J'ai résisté à l'envie d'en acheter, ou plutôt, j'ai fui à cause des larmes qui montaient. D'où me vient cette émotion chaque fois que j'en vois?

Elles naissent au cœur de l'hiver, elles sont blanches, avec des tiges solides, elles sont là vivantes et fragiles dans la neige. Il en poussait dans notre jardin, j'allais les voir grandir. Enfant, elles me bouleversaient déjà. Que m'avait dit mon père à leur sujet? Les paroles de mon père, j'ai besoin de les retrouver.

Je me souviens, il m'en offrait pour mon anniversaire, avec quelques perce-neige, des fleurs de l'hiver blanches comme la neige. Quand tout semble dormir dans la terre noire, la nature nous offre encore ces fleurs fragiles et résistantes. Est-ce leur capacité à vivre dans le froid, à survivre au gel qui m'a toujours émue? ou est-ce le message d'amour qu'elles portent quand je les revois dans les mains de mon père : simple bouquet offert, au cœur de l'hiver, par un père à sa fille. Cesserai-je un jour de pleurer le père perdu de mon enfance? Le père qui s'est tué lui-même en se couchant sur sa fille, par une nuit sans lune, faisant de ce corps chaud et doux d'adolescente une prison de marbre. Le marbre des tombeaux au cimetière.

Ces fleurs-là à mettre près de la crèche et sur la tombe des petits anges blancs, morts au cœur de l'hiver. Ces fleurs évoquent pour moi le deuil et la naissance.

Une fillette était morte, tous les voisins avaient cueilli et donné toutes les roses de Noël de leur jardin aux pauvres parents pour qu'ils entourent la dépouille de l'enfant vêtue de blanc. Elle s'était sentie dépossédée d'un cadeau important. Les fleurs de son anniversaire, le cadeau de son père, sa mère les avait données pour un petit ange blanc. Une fois de plus elle lui préférait une fillette morte. Elle avait eu honte de sa jalousie. Comment osait-elle penser des choses pareilles? alors que les pauvres parents avaient perdu pour toujours leur enfant.

Une autre image se présente, nette. A l'occasion d'une mission, elle avait été choisie avec d'autres enfants pour figurer dans un tableau du Paradis, comme on en jouait autrefois dans les églises pour frapper le cœur des chrétiens et entretenir leur foi. Elle n'avait rien à dire, seulement à être là avec ses deux ailes accrochées dans le dos, sa longue robe et une couronne sur la tête. Elle n'avait qu'à être un petit ange blanc face à la foule des paroissiens.

Elle se souvient, sa mère l'avait beaucoup grondée. Que s'était-il donc passé dans sa tête pour qu'elle reste pendant toute la cérémonie dans une immobilité totale, les yeux baissés, comme morte? Elle lui avait fait honte devant tout le monde. Une petite fille intelligente ne fait pas ça. Sûrement, le curé ne la choisirait plus jamais. Sa mère n'avait pas supporté de la voir ainsi. Est-ce au petit ange mort qu'elle avait joué à son insu? Elle se souvient encore de son malaise, face à des centaines de regards la dévisageant dans cette position impossible, dans ce jeu-je impossible.

Elle se souvient de la mort dans son enfance. Elle était tourmentée par la mort en dedans. La mort s'était installée en elle depuis longtemps. Maintenant qu'elle le sait, elle peut enfin en faire le deuil.

Demain matin, elle ira au marché, acheter des roses de Noël pour Zoé et ces fleurs redeviendront un cadeau de vie, les fleurs de l'amour au creux de l'hiver. Si elle pleure, ce sera de bonheur. La vie, n'est-ce que cela?

Embrasser la vie avec la souffrance qui vous mord, mais croire à la force ligotée, enchaînée qui gît, sommeille au fond de soi. Y croire pour ne jamais se laisser abattre. Y croire si fort que les chaînes posées sur les cerveaux craquent, se brisent. Y croire pour que la vie gagne sur la mort, la création sur la destruction, l'amour sur la haine.

Zoé, crois-moi, une vie de femme ne se résume pas à attendre et à pleurer. Une femme peut se battre pour réaliser ses rêves. Une femme a des forces cachées en elle.

Quand tu seras au cœur de la souffrance, pense aux roses de Noël, elles survivent au froid et au gel.

Les paroles de mon père, je les ai retrouvées pour toi, Zoé.

J'ai vécu en aveugle

J'avance vers la lumière, mais je ne maîtrise pas la force qui me mène vers un but inconnu. Il me faut marcher pour savoir où me conduisent mes pas.

Je suis hantée par Œdipe qui a vécu en aveugle sur ses origines et son destin et qui, lorsqu'il sait, lorsqu'il voit clair, se crève les yeux pour avoir vécu en aveugle : il a tué son père et couché avec sa mère sans le savoir.

Notre destin d'homme, n'est-ce pas cela? Vivre une

vie entière à la recherche du sens de ce que nous vivons et lorsque le sens nous est donné, est-ce supportable?

Ève a voulu goûter au fruit de l'arbre de la connaissance, elle en a offert à Adam. Ils ont transgressé l'interdit et à cause de cette faute originelle, nous souffrons dans notre chair : homme et femme de manière différente.

Je suis portée, malgré mes hésitations, mes reculs, mes détours, à avancer vers le sens caché de mon histoire. J'ai vécu en aveugle, sans comprendre ce qui m'était arrivé cette nuit-là. M'approcher de la faute du père n'était pas possible. Je manipulais de la dynamite. A chaque tentative, ma tête éclatait et mes idées s'envolaient comme des bulles de savon.

Cette recherche me dévore, je m'y épuise et pourtant j'y retourne poussée par une force qui émerge de moi, toujours plus solide, inébranlable. Il me faut comprendre le mal de l'inceste, le nommer pour retrouver le vrai sens de ma vie.

Jamais je ne me suis sentie aussi proche d'Œdipe, entre les mains d'un destin contre lequel je ne peux rien, avec la certitude cependant que je suis à la place exacte où je dois être, que je n'ai rien d'autre à faire que d'avancer en aveugle, vers la lumière espérée.

Le propre d'un mythe est de pouvoir être interprété de la façon qui nous touche, nous parle personnellement. Œdipe, enfant-proie, abandonné aux bêtes sauvages ne peut être ni reconnu, ni nommé : chevilles enflées, corps-symptôme qui le relie à la faute de son père Laïos.

Enfant livré, pieds liés, à la toute-puissance du père, comme chacun de nous à la naissance.

Le petit de l'homme ne vit que grâce aux soins des tout-puissants parents : leur reconnaissance et leur amour sont ses seules garanties de survie et en cela, Œdipe parle à chacun de nous de cette période archaïque de dépendance totale que nous avons traversée avec des terreurs et des risques plus ou moins grands selon les histoires.

Mais Œdipe me parle surtout de la fille niée par

son père, la nuit où il l'a prise comme un objet, pour son seul bon plaisir. Les chevilles enflées d'Œdipe « raisonnent » dans mon corps-symptôme qui parle depuis cette nuit-là.

Œdipe n'a pas de place dans le système symbolique, puisqu'il n'est pas nommé et que sa naissance est niée par la tentative de meurtre de Laïos.

Mon père, après m'avoir nommée et reconnue comme sa fille, nie mon existence de sujet en me prenant pour objet de son désir et par ce faire/fer, il coupe nos liens de filiation, il m'éjecte du système symbolique, il m'enlève du monde des humains. C'est un rapt. Il me déplace, me déporte, fait de moi une exilée du langage, nomade, errante.

Une traînée de son sperme a effacé mon nom.
La chair a nié le verbe.
Les maux doivent redevenir mots.
La chair doit redevenir verbe.

Sur une plage de paix

J'avais promis à un éditeur d'élaguer mon manuscrit pendant mes vacances. J'étais enfin au bout du tunnel. J'avais vu Madame Roudy, nous allions créer une association. J'allais rencontrer des femmes comme moi, victimes de la folie de leur père. Je ne serais plus seule. Je rêvais du moment où nos voix se mêleraient pour réveiller la conscience des pères, je rêvais d'un monde où les petites filles pourraient grandir en sécurité dans leur famille. De la colère qui ravage, j'étais passée à une phase de création, de projets. J'étais passée de l'ombre à la lumière, je jubilais.

Je partis à la campagne, chez des amis, avec une voiture pleine de livres. J'allais écrire, sous les pommiers, dans un nid d'amitié. J'étais heureuse. Mon bonheur ne dura pas deux jours, mes yeux me lâchèrent. Impossible de lire, tout devenait flou, les lignes dansaient devant moi. Les premiers signes de ce symptôme étaient apparus en lisant *Le Viol* de Susan Brownmiller; livre autour duquel j'avais tourné maintes fois dans les librairies, fuyant comme devant un explosif. J'avais enfin réussi à le lire. Les thèses de ce livre m'ont-elles brûlé les yeux?

Le passage où ma vue s'est brouillée est celui où l'auteur parle du dogme selon lequel « les femmes sont masochistes par nature et sollicitent le plaisir de la douleur... Le masochisme chez la femme est l'état préféré, une expression de maturité sexuelle * ».

Le tort causé aux femmes par Freud, je le savais déjà, mais la suite, je ne pouvais la croire. C'est une femme, Hélène Deutsch qui a exploré plus avant et élaboré la thèse du masochisme féminin! thèse qui deviendra « l'autorité suprême pour les experts en crimes sexuels qui désiraient donner une explication satisfaisante sur les victimes de viol ».

S. Brownmiller parle pourtant d'Hélène Deutsch en ces termes : « intelligence prodigieuse et personnalité puissante, on ne peut nier la force de son œuvre ».

Curieusement, ce texte me transportera au cœur de la savane africaine, dans l'abri où les vieilles femmes avaient excisé les jeunes filles du village. On m'avait emmenée, dans le plus grand secret, voir Pauline, mon interprète de treize ans, au lieu même de l'initiation. J'étais revenue de cette visite bouleversée à l'idée que c'était des femmes qui pratiquaient la mutilation.

Je me demandais à quel pouvoir était soumise celle qui avait accepté de mutiler sa fille la première? à quel partage de pouvoir ces vieilles femmes participaient dans l'initiation? Mais c'était une autre culture que je ne comprenais pas.

Revenons plutôt aux pionnières de la psychanalyse : Anna Freud (« son Antigone » **) et Hélène Deutsch, excisées/analysées par Freud. Hélène Deutsch a-t-elle,

* « Le problème économique du masochisme », Freud, 1924, dans *Névrose, psychose et perversion,* cité par S. Brownmiller, pp. 382-383.

** Freud appelait sa fille Anna son Antigone.

par son zèle à explorer la thèse du père sur le masochisme féminin, eu l'illusion de continuer l'œuvre, d'assumer son mandat?

Les Africaines excisées sont mutilées dans leur corps, mais nous, les Occidentales, nous sommes mutilées dans notre sexualité et notre tête par des théories au service du père, de l'homme ou de Dieu (du côté des religions).

Des couteaux contre les sexes pour elles, des couteaux dans la tête pour nous!... Nous sommes toutes excisées, mais notre mutilation est beaucoup plus subtile et efficace parce qu'invisible. Ces idées me traversèrent l'esprit, puis m'obsédèrent et pendant plusieurs mois, mes yeux restèrent hors d'usage pour lire et écrire.

La vue des livres et de mon manuscrit me blessait. J'avais mal des mots. J'avais peur de ce qui me restait à découvrir, j'avais peur d'aller trop loin, de voir trop clair.

J'avais retrouvé la solitude du désert. Ce mois d'août, je l'avais prévu pour l'écriture libératrice et je me retrouvais seule, frappée d'impuissance et de paralysie.

Je passais de longues journées à penser, incapable de rien. J'allais me baigner plusieurs fois dans un étang. L'eau verte immobile me faisait du bien, calmait le feu intérieur qui me consumait.

Puis, prise d'une énergie soudaine, je fabriquai ma quatrième bonne femme. Elle est grande et blanche, couverte de chaînes qui semblent faire corps avec elle, se mêler à sa peau. Des chaînes aussi sur son visage, ses lèvres. Ses yeux sont des miroirs, ses cheveux argentés comme les miroirs.

Dans son ventre béant, mon manuscrit ouvert est enchaîné par la plus solide de toutes les chaînes.

Elle est là étendue, toute blanche, presque paisible, incapable de bouger. Je l'ai appelée « Délivrez-nous du mal! »

J'ai rêvé d'elle plusieurs fois la nuit. J'étais, chaque fois, étendue auprès d'elle sur une terre noire. Des rêves, il ne me reste que cette image : elle morte et moi vivante allongée à côté.

Grâce à cette nouvelle création, j'ai repris le stylo pour écrire cette petite histoire :

Seule, au fond de la forêt, dans son cercueil de verre, Blanche-Neige rêve d'une femme blanche, couverte de chaînes, morte il y a trente ans. Sa dépouille abandonnée raconte l'histoire d'un viol d'une fille de quinze ans, qui attendait le Prince Charmant. Il n'est jamais venu parce que son père est arrivé avant. Le cercueil a volé en éclats. Avec son sexe de tonnerre, il a tracé sur le corps blanc sa marque de feu.

Elle a brûlé comme un éclair, petite lumière dans la nuit qui veille et attend un souffle jeune qui allumera l'incendie des consciences.

Des mots jailliront : la vie! l'herbe repoussera verte. Blanche-Neige se réveillera.

Éva

Pendant ce premier mois « d'aveuglement », l'envie de revoir mes parents avait germé, mais je me sentais incapable de prendre ma voiture, de traverser la France, de retrouver la maison, les lieux.

J'avais beaucoup parlé d'eux avec ma sœur à qui j'avais fait lire mon manuscrit. Par elle, je savais qu'ils iraient bientôt en vacances au bord de la mer. Je savais où et quand. Le moment venu, j'ai pris le téléphone et demandé à ma mère si je pouvais aller les voir le week-end suivant. C'était étrangement facile de téléphoner à ma mère après ces années de silence.

J'y suis allée, j'étais calme, déterminée à faire la paix, à revoir mon père, à l'embrasser. Je n'avais rien imaginé de cette rencontre, je savais juste que je devais le faire.

Quand je suis arrivée en voiture, ils attendaient au bord de la route. Il est venu vers moi très ému et m'a remerciée d'être là. Nos joues se sont touchées comme lorsque j'étais petite. J'ai reçu un choc de le voir tellement vieilli en quelques années.

J'ai retrouvé ma mère avec bonheur. Nous avons marché ensemble tout en parlant de nos vies respectives. Nous étions sur la plage face à la mer, trois adultes séparés depuis longtemps qui se retrouvent doucement.

La conversation était tout au présent. Elle tournait autour de la famille. Je regardais la mer en pensant à cette traversée que je venais de vivre. J'étais donc bien arrivée sur la plage de paix que j'espérais quand j'étais au plus profond de la souffrance de l'écriture.

C'était étonnant, je me sentais bien, paisible, j'étais à ma place, enfin lavée du passé. J'avais retrouvé ma vraie place de fille de mes parents, c'était cette confirmation que j'étais venue chercher.

J'ai eu très peu l'occasion d'être seule avec ma mère, elle m'a simplement dit : « Aujourd'hui, c'est la fin d'un cauchemar. » C'était vrai pour nous trois.

Je suis repartie chez des amis en promettant de revenir le lendemain. La nuit, j'ai rêvé qu'un homme me violait dans un cimetière. Je me battais. J'avais au doigt une bague africaine avec des pointes. Je la plantais dans le front de l'homme à l'endroit du troisième œil. Il me lâchait dans un cri de douleur qui me réveilla.

Le lendemain, j'y suis retournée avec ma sœur, et ma mère nous a parlé des recherches qu'elle faisait sur l'histoire familiale, pour reconstituer son arbre généalogique. Elle me dévoilait tous les secrets de famille que sa mère avait gardés pour elle très longtemps et que j'ignorais complètement.

Rolande était la fille d'une bâtarde de comtesse abandonnée dans un presbytère pour sauver l'honneur de son sang. Le bébé fut adopté par une famille de paysans honnêtes et pratiquants.

Quand la fille fut en âge de se marier, elle reçut une petite ferme en dot et un trousseau finement brodé, ce qui sema la perturbation dans son esprit. Personne ne voulait lui répondre sur ses origines, le curé et les autres se contentaient de lui dire : « Ah, si tu savais qui est ta mère!... » Mais le secret fut bien gardé. Elle était fille de comtesse, fille illégitime, abandonnée, bâtarde. Elle ne sut rien d'autre.

A la naissance de ses enfants, elle reçut de Paris

une poupée de porcelaine qu'elle gardait précieusement dans une armoire. Ses filles, à l'école, se faisaient traiter de menteuses quand elles parlaient de la merveilleuse poupée qu'elles avaient. Elles disaient vrai mais personne ne pouvait les croire. Au début du siècle, une poupée de porcelaine au fond d'une ferme pauvre du Bocage, ça ne pouvait être qu'un rêve de petites filles : un mensonge.

J'appris que l'arbre généalogique de mon père était terminé. Nous avons beaucoup parlé ensemble de nos racines. Ce matin-là, nos regards se sont croisés. Son expression pleine de tendresse m'a transpercée, enveloppée, poursuivie les jours suivants. Mais dans son regard, il y avait une solitude extrême.

La vérité de l'inceste fait éclater la famille. Chacun est confronté à un voyage solitaire. Les liens du sang ne peuvent se briser, mais la parole n'a plus de sens, la communication est rompue. Peut-on payer pour ce péché là? Ma sœur m'avait dit : « Il a payé, tu verras! » J'ai vu : comment peut-on vieillir autant en cinq ans?

En face de lui, j'ai retrouvé l'amour très pur de mon enfance, intact. Un amour souillé par son sperme, puis lavé par mes larmes, celles de ma mère et peut-être les siennes. Il a perdu son regard fuyant, il porte le poids de sa vie dans ses yeux.

Moi qui avais tellement souhaité sa mort, à cet instant-là j'avais envie de lui dire : « Oh! surtout reste en vie, que nous ayons le temps de nous connaître, de nous parler – Il nous faudra du temps, beaucoup de temps. »

Il m'a demandé si je reviendrais à la maison. J'ai promis parce que j'avais envie de retrouver le grenier de mon enfance, le jardin, l'air du pays, les parfums de mes racines.

Ensuite, je suis rentrée, apparemment calme et sereine. Cette paix dura une semaine. Puis mes nuits furent agitées de cauchemars. Comme aux pires moments de mon existence, chaque nuit j'étais violée, tuée, poursuivie par des hommes armés. Je n'osais plus m'endormir. Toute cette vague d'angoisse me remuait de fond en comble. Je me croyais forte et guérie, mais je devais traverser encore cette secousse. J'étais sans doute passée trop vite de la rage à la tendresse.

Je devais m'accrocher à la vie une fois de plus car j'avais perdu l'appétit, le goût de vivre. Je maigrissais, je devais me forcer à manger. Je pensais bien que le temps atténuerait ce stress trop violent. Il fallait patienter, je pouvais faire confiance à ma solidité.

Plus tard j'ai compris que je ne pourrais revoir mon père que lorsque mon livre serait publié. Faire éclater la vérité sur la réalité de l'inceste et retrouver mon père sont intimement liés, indissociables pour moi.

C'est à lui que je dédie ce livre. C'est l'écriture qui m'a délivrée de son emprise. C'est par les mots que j'ai arraché les chaînes qu'il avait posées sur mon corps. Je veux qu'il sache le chemin que j'ai parcouru jusqu'à pouvoir nommer la faute qui nous a séparés comme père et fille.

Pour retrouver la loi des humains, il me faut briser le silence et dire à tous que mon père n'avait pas le droit de faire l'amour avec sa fille, car le vrai commandement dit : « Tu n'auras pas dans ton cœur de haine pour ton frère. Tu dois réprimander ton compatriote et ainsi tu n'auras pas la charge d'un péché. Tu ne te vengeras pas et tu ne garderas pas de rancune envers les enfants de ton peuple. Tu aimeras ton prochain comme toi-même. » (Lévitique, 19) *.

Je ne peux retrouver une relation authentique avec mon père sans faire éclater la vérité du viol. Je ne peux le retrouver que devant la loi qui interdit l'inceste entre père et fille. Nul n'échappe à la vérité de son histoire : ni le père, ni la fille.

* C'est Marie Balmary qui m'a donné cette clé – qui figure dans son dernier ouvrage, *Le Sacrifice interdit* (Grasset) –, ce qui m'a beaucoup aidée pour la fin de l'écriture. Je l'en remercie.

Pendant mon voyage au pays des livres,
j'ai fait des rencontres importantes
qui m'ont aidée à sortir de la prison du Père

« Celui qui lit dans la pensée d'autrui n'y trouve que ses propres pensées. »

Wilhelm Fliess, à Sigmund Freud

Je me suis heurtée à la théorie freudienne dans la tête des psychothérapeutes comme aux murs d'une prison. Ceux qui me disaient que j'avais « rêvé » m'ont barré la route de la mémoire et m'ont empêchée d'accéder à la vérité de mon histoire.

A mes yeux, ils étaient investis d'un pouvoir-savoir : je les croyais. J'avais besoin de croire au Père, je cherchais désespérément un père qui ne trahirait pas. Ils m'ont fait perdre mes points de repère, j'étais perdue. Aline m'a plongée au fond du gouffre, mais j'étais seule à crier que mon père avait couché avec moi. Qui me croirait face aux vérités de la psychanalyse? Je n'avais que la lettre de mon père à brandir face à une théorie solide comme un roc.

Je vomissais Freud, j'étouffais de rage, mais je m'enfermais dans ma colère et je n'avançais pas : on se moquait de mes « résistances ». J'étais impuissante à me faire entendre face à la parole de Freud, et cette science fonctionnait dans ma tête comme un interdit à comprendre.

Quand j'ai lu *L'Homme aux statues* et *Le Secret le mieux gardé,* les portes de ma prison se sont ouvertes et j'ai retrouvé le chemin de la mémoire. Si Freud s'était trompé, si je pouvais m'appuyer sur une recherche aussi rigoureuse que celle de Marie Balmary, j'étais sauvée; je n'étais plus seule à crier dans le désert. Quelqu'un du monde psy, quelqu'un de compétent démontrait ce que je savais dans mon corps. La parole juste d'une femme me délivrait des chaînes que les autres maintenaient dans ma tête. Quelqu'un me tendait la main, j'allais emprunter sa voix pour dire ce que je ne savais que d'une parole de chair.

Mes amis m'avaient mise en garde : « Ne touche pas à la théorie, tu vas te faire massacrer, tu n'es pas compétente. » Chacun tremble à l'idée d'attaquer cette forteresse inattaquable.

« La théorie psychanalytique est incontestable. C'est ce qui peut le mieux faire douter de sa scientificité. Comme le mythe elle est inquestionnable », nous dit Marie Balmary; aussi va-t-elle « passer par ses fondations pour l'interroger ».

Elle va utiliser la psychanalyse pour interroger la théorie analytique et, à la relecture d'Œdipe, « développer une théorie de la faute cachée du père » alors que la théorie freudienne est au contraire « une théorie des désirs cachés du fils ». Pourquoi Freud n'a-t-il retenu qu'une partie de la légende, qui fait d'Œdipe le coupable? Pourquoi a-t-il ignoré toute l'histoire de Laïos, son père? Nul ne peut douter de la sincérité de Freud; il cherchait la vérité; elle en conclut donc que cette omission est involontaire comme « lorsque quelqu'un omet de rapporter une partie de l'histoire, c'est que cette partie ressemble à des éléments refoulés de sa vie personnelle ».

En effet, en 1968, Sajner découvre que le père de Freud n'a pas été marié deux fois, comme tout le monde, y compris Freud, l'assurait, mais trois. Qu'est devenue Rebecca, la deuxième épouse de Jacob Freud inscrite en 1852 sur les registres d'état civil et disparue en 1854? Quelle influence ont eue sur le fils les secrets qui enveloppent la vie aventureuse du père? Freud le savait-il?

Marie Balmary nous entraîne dans un véritable roman policier. Elle découvre dans les bizarreries et manies de Freud un certain nombre d'indices, notamment un grand intérêt pour *Don Juan,* l'opéra de Mozart, alors que Freud n'était pas amateur de musique, et cela autour de la mort de Jacob, le 23 octobre 1896. Pour Freud, la mort de son père est « l'événement le plus marquant de sa vie ».

Et dans la lettre où il annonce à son ami Fliess qu'il renonce à la théorie de la séduction, théorie de la faute du père, une histoire juive lui revient à l'esprit. « Rebecca, ôte ta robe de mariée, tu n'es plus mariée. » Rebecca, l'épouse disparue au moment où Jacob se remarie avec Amalia, mère de Sigmund, qui a vingt ans de moins que son mari. Quel mystère entoure la naissance de Freud?

Un an après la mort de Jacob, il renonce à cette " erreur " qu'était la théorie de la séduction par le père. « Ce que Freud avait pris pour réalité, le viol par le père de toutes les hystériques, se serait révélé ensuite être un fantasme. Puis Freud se serait aperçu qu'il s'agissait de désirs refoulés de la patiente elle-même, comme il " découvrira ", après avoir cru le père coupable, qu'en fait, ce seraient les désirs refoulés du fils envers sa mère qui pousseraient celui-ci à se situer en rival meurtrier du père. Ce n'est pas la faute réelle du père, c'est celle fantasmée de l'enfant »; et Mary Balmary continue :

« Ce serait la première théorie de Freud qui serait la bonne voie et ce que l'on présente habituellement comme un progrès décisif, le renoncement à une erreur, constituerait au contraire un refoulement et un déplacement sur soi de la faute du père. Ceci selon un mécanisme parfaitement décrit par Jones, mais évidemment pas appliqué à Freud : « Quand un analyste refuse d'admettre l'existence de ce qu'il avait pourtant observé et reconnu, la vague récurrente de résistance génératrice du rejet se manifeste parfois sous la forme d'explications pseudoscientifiques des faits constatés par lui. Il qualifie alors ces explications de " nouvelles théories ". Comme la source se trouve à un niveau inconscient, toute controverse scientifique soulevée au niveau conscient est vouée à l'échec. »

Il va mettre « un mois pour faire taire une voix, effacer une vision, construire un mur de défenses contre la vérité », ajoute Marie Balmary.

Mais revenons à l'histoire d'Œdipe ou plutôt à celle de son père Laïos qu'il a ignorée complètement.

Laïos perdit de bonne heure son père, le roi Labdacos et dut s'enfuir lorsque le régent fut tué. Il se réfugia auprès du roi Pélops. Là il conçut une passion pour le jeune Chrysippe, fils de Pélops, inventant ainsi (du moins selon certains) les amours contre nature. Il enleva le jeune homme et fut maudit par Pélops. Chrysippe, de honte, se suicida.

« Selon Eschyle et Euripide, l'oracle serait intervenu avant la conception pour interdire à Laïos d'engendrer un enfant, lui prédisant que, s'il avait un fils, ce fils non seulement le tuerait mais serait la cause d'une suite épouvantable de malheurs. »

Mais Laïos et Jocaste eurent un fils. Laïos, espérant

échapper à l'accomplissement de l'oracle, perce les chevilles de l'enfant, les attache avec une courroie et il le livre aux bêtes dans une forêt. Le bébé est recueilli et adopté, on lui donne le nom d'Œdipe qui veut dire Pied enflé. Les pâtres qui l'ont trouvé l'apportent à leur maître, Polybe. Quand vient « le duvet de l'âge viril » Œdipe veut tirer au clair son origine. C'est sur ce chemin qu'il rencontre Laïos et qu'il le tue sans savoir qu'il est son père. Ensuite il résout l'énigme de la Sphinge en libérant Thèbes, il est mis sur le trône et il épouse Jocaste la reine, sa mère mais il n'en sait rien. Si quelqu'un sait, c'est elle, qui pourrait le reconnaître à ses cicatrices aux chevilles.

Quand la vérité se révèle à eux, Jocaste se pend et Œdipe se crève les yeux.

Comment Freud a-t-il pu prendre cette histoire pour illustrer sa théorie des désirs du fils envers la mère?

« La première faute de cette histoire n'est pas celle du fils Œdipe, meurtrier de son père, époux de sa mère.

La première faute est celle du père : séduction et enlèvement du fils de son hôte et protecteur Pélops, accomplis sans consentement du père ni de l'enfant, qui mènent celui-ci à la mort.

La deuxième faute est encore celle de Laïos : violation d'un interdit (l'oracle) consécutif à la première faute, lui enjoignant de ne pas engendrer.

La troisième faute de Laïos n'est pas du même ordre : ayant malgré tout engendré un fils, il contredit son acte de donner la vie et expose son fils. Meurtre du fils, meurtre raté : la voie est ouverte à l'accomplissement de l'oracle. »

Ainsi donc le mythe choisi par Freud nous renvoie sans cesse aux fautes du père qui correspondent bien à la réalité. Ce sont les parents qui maltraitent les enfants, qui leur font subir toutes sortes de violences : physiques ou psychiques. Les faits divers ne manquent pas, les médecins des services d'urgence peuvent en parler de ces enfants brûlés, battus, violés qui arrivent dans les hôpitaux.

Une psychanalyste américaine, Dorothy Bloch, orientée par le docteur Spotnitz sur l'omission de la première partie du mythe d'Œdipe et l'étonnante transformation que Freud a fait subir à l'histoire, s'est penchée sur ce problème. « Si l'on admet que la peur de l'infanticide est la préoccupation centrale de l'enfant et que son principal investissement psychologique est consacré au maintien d'une image parentale idéalisée, il devient compréhensible et même prévisible que Freud n'ait pas tenu compte du rôle des parents dans l'histoire d'Œdipe... il semble que le tabou de l'infanticide ait été trop formidablement puissant pour qu'il ose l'aborder. »

Dorothy Bloch et beaucoup d'autres ont tracé de nouvelles pistes, « en particulier ceux qui s'occupent des fous et des enfants : deux domaines libres, nous dit encore Marie Balmary, où la méthode psychanalytique a pu être utilisée sans le poids d'une théorie unique, totalisante, sinon totalitaire. Or, ce que les praticiens-chercheurs ont trouvé dans ces deux champs spécifiques a de quoi subvertir la théorie freudienne et la ramener aux premières intuitions de Freud ».

« A propos de ces dominés absolus – qui l'est en effet plus qu'un fou ou qu'un enfant? –, on a osé dire que la faute commise, contre eux ou devant eux, était réelle, qu'ils avaient été soumis à des situations traumatisantes. Pour eux, on a osé penser qu'il ne s'agissait pas de fantasmes. Bâtissant des institutions pour les accueillir, on a souhaité qu'ils y trouvent un lieu où ressortir de leur cœur tout ce qu'ils avaient réellement subi. »

« Laing, Neil, Bettelheim, Manonni, pour ne citer que quelques noms connus, se réfèrent-ils à la deuxième théorie de Freud ou à la première, élargie à sa pleine dimension? Ces créateurs d'institutions pour fous, pour enfants ou pour enfants fous, croient-ils que le fantasme est à l'origine du (faux) souvenir ou bien plutôt que le (vrai) souvenir a éclaté en fantasmes? Pensent-ils que les scènes et les situations traumatiques qui réapparaissent au cours d'une cure ou dans les relations pédagogiques, sont inventées par le patient ou l'élève à cause de ses désirs refoulés? Ou bien qu'une conduite perverse d'adulte est réellement à l'origine des troubles et des souffrances du fou ou de l'enfant qu'ils ont pris en charge? »

« Là où la théorie et la vie se trouvaient en désaccord ils ont choisi d'écouter la vie, la vie blessée. Ce qu'elle leur dit et ce qu'ils nous redisent revient sans cesse à la question du désir, mais surtout du mal : celui qu'on a fait aux plus faibles de la société humaine. Et ce que la vie blessée leur dit ressemble à ce qu'elle disait aussi à Sigmund Freud en 1896. »

« Des êtres dont on avait volé le sexe – par la séduction – ont tenté de dire dans l'hystérie, en niant leur sexe, ce qu'ils avaient subi. Ceux à qui on a volé la pensée et la parole, comment le diraient-ils, sinon par cet état où l'on n'a plus ni pensée, ni parole? Comment essaieraient-ils d'y échapper autrement qu'en faisant du langage un usage que nul ne peut comprendre, et aussi que nul ne peut leur dérober?... »

« Pouvons-nous encore ignorer que ce n'est pas seulement la sexualité et l'interdit de l'inceste qui sont en cause, à tous les degrés des troubles de l'esprit, mais toute la personne et toute la loi? »

La théorie a-t-elle pris tant de place parce que Freud a quitté le réel, les faits énoncés par ses patientes, pour le mythe? Ce qui m'a le plus surpris en lisant *La Naissance de la psychanalyse,* cette correspondance de Freud avec son ami Fliess, à la période où il découvre les bases de sa théorie du complexe d'Œdipe, c'est de voir combien cette recherche n'avait rien de scientifique. Ce fut pour moi une véritable révélation; ce qui était enseigné partout comme la vérité, des concepts essentiels dont on ne doute plus, n'était qu'une simple hypothèse. Je devais relire plusieurs fois certains textes car je n'en croyais pas mes yeux. Les murailles de ma prison s'effondraient; en face de fondements aussi peu solides je commençais à croire ce que je ressentais vraiment. J'avais toujours douté de moi, de ma mémoire face au savoir. Marie Balmary était retournée aux sources pour vérifier les hypothèses du maître, sa démarche; sa recherche m'a autorisée à chercher d'autres contestataires qui s'inspirent plus de la clinique que de la théorie.

Mais revenons à cette lettre du 28 avril 1897 où Freud raconte à Fliess un entretien qu'il a eu avec une jeune patiente qui lui parle d'un obstacle au traitement; elle ne veut pas accuser les autres, ni nommer personne.

« Je crois bien qu'il aurait été plus facile de me soigner autrefois que maintenant. Auparavant, je ne voyais pas le mal, aujourd'hui, la signification culturelle de certaines choses m'apparaît clairement. Je ne me déciderai pas à en parler.

– Je pense, au contraire, qu'une femme forte devient plus tolérante à l'égard des choses sexuelles.

– Oui, vous avez raison. Quand je considère que les gens les meilleurs, ceux qui ont de nobles principes, peuvent se rendre coupables d'actes pareils, je suis bien obligée de me dire que c'est une sorte de maladie, de folie et qu'alors je dois les en excuser.

– Alors parlons nettement. Dans mes analyses je découvre

que ce sont les plus proches parents, mon père ou mon frère, qui sont les coupables.

– Mon frère n'a rien à y voir.

– Alors ce fut votre père. »

Et j'apprends alors que ce soi-disant noble et respectable père avait pris l'habitude de la faire venir dans son lit pour se livrer sur elle à des éjaculations externes (il la mouillait). Cela s'est passé entre sa neuvième et treizième année. Dès cette époque elle éprouvait de l'anxiété. Une de ses sœurs plus âgée qu'elle de six ans, à laquelle elle s'était plus tard confessée, lui avait avoué avoir eu la même aventure. Une cousine lui avait raconté qu'à l'âge de quinze ans elle s'était vue obligée de résister aux tentatives de son grand-père. Quand je lui déclarai que des faits semblables et même pires avaient dû se produire dès sa prime enfance, elle n'y trouva rien d'incroyable. A part cela, il s'agit chez elle d'une hystérie tout à fait banale et présentant les symptômes habituels. »

Quod erat demonstrandum

Freud reconnaissait donc les faits mais une phrase pose question : « Dans mes analyses je découvre que ce sont les plus proches parents, mon père ou mon frère, qui sont les coupables. » Pourquoi n'écrit-il pas « les plus proches parents, le père ou le frère, qui sont les coupables »?

Que vient faire « mon père ou mon frère » dans cette lettre? Serait-ce un lapsus?

Cinq mois plus tard, le 21 septembre 1897, il amorce son revirement. Un des motifs de son changement est « la surprise de constater que, dans chacun des cas, il fallait accuser le père de perversion, *le mien non exclu*... alors qu'une telle généralisation des actes commis envers les enfants semblait peu croyable ».

En citant ce passage, je ressens le besoin de me relier à ces patientes de Freud qui racontaient une agression par le père, peut-être pour créer un pont au-dessus d'un siècle de silence où le fantasme du viol par le père a régné en maître. Mais je voudrais parler d'autres livres qui ont constitué de véritables étapes dans la reconquête de ma mémoire et de mon identité.

Glauco Carloni et Daniela Nobili, les auteurs de *La Mauvaise Mère,* nous ramènent à la réalité avec les statistiques et rappellent que les enfants courent de plus grands dangers dans leur famille que dans la rue, que les assassins d'enfants sont plus souvent des parents que des étrangers et que les parents qui frappent leurs enfants appartiennent à tous les milieux, à toutes les classes sociales. 50.000 enfants sont maltraités par an, en France, d'après les statistiques du ministère des Affaires sociales, mais nous avons beaucoup de résistance à admettre cette réalité-là.

Ils abordent aussi « les conduites incestueuses (les actes sexuels occasionnels et les relations durables) qui sont si fréquentes qu'elles nous obligent à effectuer un renversement de signe contraire à celui effectué par Freud lorsqu'il commence à juger fantasmatiques les récits de séduction de ses hystériques; dans ces histoires, les adultes ont une part prépondérante et décisive, comme cela était prévisible, étant donné que la plus grande force physique et l'autorité psychologique rendent beaucoup plus dangereuses – dans la mesure où elles sont passibles de réalisation – ces pulsions qui restent inoffensives et sans conséquences chez ces enfants. Les actes effectifs de véritable violence charnelle ne sont pas du tout rares; mais encore plus nombreux sont les cas où les blagues innocentes, les demandes de tendresse et les gestes de coquetterie des enfants sont mal compris et interprétés selon le langage de la passion propre à l'adulte et traités en conséquence ».

Pourtant, de ces violences-là, il faudra bien un jour parler si nous voulons avancer et rompre le cercle vicieux de la violence. Une psychanalyste suisse-allemande, Alice Miller, soulève le tabou dans son livre intitulé *C'est pour ton bien.* Elle dénonce les méfaits de l'éducation traditionnelle qui a pour but de briser la volonté de l'enfant, d'étouffer le vivant en lui, pour en faire un être obéissant et docile. Elle montre comment, « fatalement, les enfants battus battront, les humiliés humilieront, ceux en qui on a tué l'intériorité, ceux-là tueront, car derrière tout crime se cache une tragédie personnelle ».

Elle démontre, en retraçant l'enfance d'Hitler, comment l'élimination des juifs, des malades mentaux, des artistes, les livres brûlés, les conditions d'existence dans les camps de la mort, tout n'était qu'une mise en scène de la petite enfance d'Adolf Hitler. Mais « cet homme qui a eu le pouvoir d'anéantir impunément autant de vies humaines n'a jamais trouvé de repos car la haine de substitution est insatiable ». Cet enfant né sous le signe de la mort (trois de ses frères et sœurs étaient morts avant sa naissance) n'a jamais connu l'amour, il en était donc incapable, cet enfant si souvent battu par son père, devenu Hitler.

Elle dit que « la plus grande cruauté que l'on inflige aux enfants réside dans le fait qu'on leur interdit d'exprimer leur colère ou leur souffrance sous peine de risquer de perdre l'amour et l'affection de leurs parents »...

« Ce n'est pas la haine vécue, mais la haine accumulée intérieurement et réprimée par les idéologies qui conduit à des actes de violence et à la destruction. »

C'est la rage enfermée, interdite parce qu'on ne peut attaquer le bourreau qu'on aime, qui vous détruit à l'intérieur ou explose un beau jour en crime.

Après avoir rencontré Marie Balmary, j'ai lu *Le Réel escamoté* de Jeffrey Moussaieff Masson, ce psychanalyste qui a été directeur intérimaire des Archives de Freud. J.M. Masson voulait faire une nouvelle édition des lettres de Freud à Fliess. En relisant la correspondance intégrale et en la comparant à celle qui était déjà publiée, il s'aperçut « d'un fil conducteur des omissions concernant toutes la séduction sexuelle des enfants ». Il rendit compte de ses découvertes à la presse et fut congédié.

Son livre va dans le sens des hypothèses de M. Balmary, mais il apporte des éléments nouveaux, en particulier sur le séjour de Freud à Paris, il y a un siècle. Vers 1886, trois Français, Brouardel, Bernard et Tardieu, faisaient des conférences ou écrivaient sur les attentats à la pudeur et aux mœurs commis sur les petites filles. Et les chiffres cités par ces auteurs laissent penser qu'il était plus facile pour les enfants agressées même par leur père d'être entendues en 1886 qu'en 1986. Serait-ce un effet du camouflage freudien?

Freud avait assisté au cours du professeur Brouardel, à la morgue de Paris : il le dit à sa fiancée Martha dans une lettre du 20 janvier 1886. Il vit là des choses « que la science préférait ignorer ». D'après J.M. Masson, « Freud avait eu ces trois livres *, c'est-à-dire les ouvrages français les plus importants traitant de la violence sexuelle contre les enfants, dans sa bibliothèque personnelle », et il en conclut que « Paris a apporté à Freud des expériences et des preuves sur lesquelles il a édifié sa thèse en 1896, à savoir que les traumatismes sexuels réels éprouvés lors de l'enfance sont au cœur même de la maladie névrotique ».

J.M. Masson éclaire également d'un jour nouveau l'épisode de l'opération d'Emma Eckstein, une des premières femmes analysées par Freud. Cet épisode a été supprimé

* De Brouardel, Bernard et Tardieu.

de l'édition de la correspondance Freud/Fliess. Il est pourtant essentiel pour comprendre les origines de la psychanalyse.

A cette époque, le symptôme de règles douloureuses et irrégulières dont souffrait Emma Eckstein était attribué à la masturbation, et Fliess proposa une opération du nez, puisqu'il était convaincu de la relation intime existant entre le nez et les organes sexuels.

« Freud avait idéalisé Fliess, le tenant pour un grand guérisseur. » Il était en plein transfert et a donc accepté cette proposition de Fliess. Une semaine avant l'opération, Freud écrit : « Je n'aurais jamais, pour ma part, osé inventer un tel traitement, mais en y participant, je te fais toute confiance. »

C'était la première opération importante de Fliess, c'est pourquoi Freud lui suggéra de faire ce travail avec un grand chirurgien de Vienne : Gersuny. Mais Fliess opéra seul Emma Eckstein début février 1895, et il partit peu de temps après, laissant la malade sous la surveillance de Freud.

Le 4 mars, Freud donne de mauvaises nouvelles : enflure, douleurs nécessitant de la morphine, sécrétions purulentes, grosse hémorragie, odeur fétide. Il fait appel à Gersuny qui pose un drain. Le 8 mars, devant l'état inquiétant de la malade et Gersuny étant occupé, il doit appeler un autre médecin, Rosanes. Celui-ci, en nettoyant la plaie, retire de la cavité nasale 50 centimètres de gaze oubliés par Fliess, provoquant un flot de sang, hémorragie qui faillit être fatale pour Emma.

En rapportant ces événements à Fliess, Freud se dit « malheureux comme les pierres », et il constate les « affects qui l'ont envahi ». Emma « n'était pas du tout anormale, mais c'était un morceau de gaze imprégné de teinture d'iode qui s'était déchiré au moment où tu enlevais le tampon », empêchant la guérison. Plus loin il ajoute : « Bien entendu, personne ne te fait de reproches et je ne connais personne qui pourrait t'en faire. »

Emma Eckstein ne guérit pourtant pas tout de suite; il fallut faire une nouvelle opération et elle se trouva défigurée. Freud se dit « inconsolable » d'avoir « entraîné » Fliess dans cette histoire « si pénible pour toi ».

« Je me sens aussi très malheureux pour elle, car je commence à l'aimer beaucoup », ajoute-t-il quand même au sujet d'Emma.

Le 20 avril seulement, il peut enfin lui annoncer qu'elle est hors de danger. Le 26 avril, il écrit : « Emma, mon tortionnaire et le tien, paraît aller bien. »

Entre-temps, elle a eu encore des saignements qui ont nécessité des soins constants, elle a des crises d'hystérie. « Crises nerveuses qui semblent bien normales après cette période où ils ont craint une fin fâcheuse » fait remarquer J.M. Masson.

Mais le 26 avril, Freud écrit : « Je serai en mesure de te prouver que tu avais raison, que ses hémorragies étaient d'origine hystérique, provoquées par des désirs inassouvis et survenaient probablement lors des périodes sexuellement propices. »

Et le 4 mai, il affirme : « Je sais seulement qu'elle a saigné en raison d'un désir inassouvi. » Il trouve des explications en relation avec une scène où, à quinze ans, elle saigna du nez et « souhaita être soignée par un certain jeune médecin ». De même, inconsciemment, elle provoquait des hémorragies, en dépit du danger encouru, pour « attirer » Freud auprès d'elle et « réveiller » son « affection », ce qui la rendait « plus heureuse qu'elle ne l'avait jamais été auparavant », écrit-il.

Et le 4 juin, Freud est tout à fait rassuré. « Il ne fait aucun doute que ses hémorragies étaient dues à des désirs. »

J.M. Masson écrit : « Freud essaye de rationaliser les conséquences de l'opération au cours de laquelle Emma Eckstein eut une hémorragie qui faillit entraîner la mort. L'opération elle-même avait reculé loin, à l'arrière-plan; ce n'était qu'un incident mineur. La cause réelle de l'hémorragie d'Emma n'était pas la gaze oubliée dans son nez, mais son désir d'avoir Freud à ses côtés. »

Voilà bien le modèle du mécanisme qui va entraîner Freud à abandonner la théorie de la séduction, après la mort de son père.

Tout le monde est d'accord pour dire que Freud a fait un transfert important sur Fliess, le seul à qui il pouvait confier l'évolution de ses recherches. Masson dit qu'il était « envoûté » par Fliess.

Dans le transfert, comme dans la relation au père, il n'est pas possible de voir le père en faute. Pour éviter cette vision, on fait basculer le réel, et celle qui est torturée deviendra « tortionnaire ». La réalité des agressions sexuelles par le père deviendra fantasme de femmes. Les explications trouvées pour disculper le coupable se transforment en une argumentation solide sans aucun doute possible, une science. La victime sera accusée de désirs inassouvis, inconscients.

La faute de l'homme sera reportée sur la femme, éternelle pécheresse. C'est un mécanisme que Freud a d'ailleurs fort bien décrit, mais il n'y a pas échappé lui-même.

Ensuite, prisonnier de son erreur inconsciente, il devra rester dans la position du père qui ne peut être contesté dans sa théorie. Cette position si bien décrite dans *Un destin si funeste* par F. Roustang, qui analyse les relations de Freud avec ses disciples et le rôle de la théorie pour un analyste.

En lisant la première fois *Le Réel escamoté,* ce n'est pas tant l'histoire d'Emma Eckstein qui m'a bouleversée le plus, mais surtout celle de la rupture entre Freud et Ferenczi en 1932, à cause du texte de Ferenczi : « La confusion de langue ».

Cette histoire m'a remise face au vide, j'étais à nouveau au bord de l'abîme et j'ai traversé une grande crise d'angoisse. Je n'ai pas compris tout de suite pourquoi j'étais dans un tel état de panique.

Masson a eu l'autorisation de publier quelques extraits du *Journal* de Ferenczi où il soutient, par exemple, que « le complexe d'Œdipe pourrait bien être le résultat d'actes réels commis par des adultes, c'est-à-dire de passions violentes à l'égard de l'enfant, qui alors développe une fixation, non par désir (comme le soutenait Freud) mais par peur ».

« Mon père et ma mère me tueront si je ne les aime pas et ne m'identifie pas à leurs désirs. »

« Ferenczi n'osa jamais montrer ce journal à Freud » qui le considérait « comme son cher fils ».

Lors du 12ᵉ Congrès international de psychanalyse pourtant, Ferenczi a lu un texte où il insiste sur la réalité des agressions sexuelles commises sur de jeunes enfants. « Même des enfants appartenant à des familles honorables et de tradition puritaine sont, plus souvent qu'on n'osait le penser, les victimes de violences et de viols... » « L'objection, à savoir qu'il s'agissait de fantasmes de l'enfant lui-même, c'est-à-dire de mensonges hystériques, perd de sa force, par suite du nombre considérable de patients en analyse qui avouent eux-mêmes des voies de faits sur des enfants. » « L'enfant ne peut pas refuser parce qu'il est sans défense et paralysé par la peur. Pour faire face à cette situation, l'enfant met en place un mécanisme de défense (que Ferenczi est le premier à nommer) : l'identification à l'agresseur. »

Mécanisme que l'on retrouve toujours chez les enfants battus et que j'ai vécu puisque, pendant plus de vingt ans, j'ai défendu mon père.

Ferenczi parle des adultes qui « confondent les jeux des enfants avec les désirs d'une personne ayant atteint la maturité sexuelle et se laissent entraîner à des actes sexuels sans penser aux conséquences » – et d'un moyen de s'attacher les enfants « par le terrorisme de la souffrance ».

Parce que Ferenczi croyait ses patientes, parce qu'il ne voulait pas être complice du mensonge, il mourut isolé de ses amis et profondément affecté par les tentatives de Freud pour l'empêcher de lire son texte au Congrès et de le publier par la suite.

Jones était d'accord avec Freud : « La paranoïa de Ferenczi apparaissait avec assez d'évidence pour tous les analystes, dans ce dernier texte du Congrès. » Parce qu'il disait la vérité des violences sexuelles il était « dans un état délirant ».

Ferenczi ne fut pas entendu, mais traité de paranoïaque, comme J. Masson le fut aussi par les analystes pour avoir révélé des aspects de Freud que ses disciples ne veulent pas voir.

Pour moi, ce livre a fait exploser la statue de Freud. Ma confiance s'est brisée, je ne pouvais plus vivre dans un monde où tout le monde trichait, où il n'y avait pas de loi, aucune théorie solide. Mais en même temps, je me battais contre un génie, contre des dogmes qui n'étaient que des hypothèses. Je me battais contre un Freud que j'avais construit dans ma tête, contre une image du père. J'étais à nouveau face au père en faute qui trahit son collaborateur, une amitié de trente ans, pour défendre un mensonge, une zone de lui-même qu'il ne peut approcher, qu'il a entourée, protégée, d'une théorie impressionnante.

Curieusement, cette découverte, je ne la fis pas tout de suite. Je lus d'abord le texte de Ferenczi avec émotion et je pleurais de joie parce que cet homme décrivait clairement ce que j'avais vécu, sans pouvoir le nommer. En 1932, un homme avait déjà compris ce que vit un enfant agressé sexuellement par un adulte qu'il aime. Je me remis lentement de la lecture de ce livre et ce n'est que plus tard que je découvris celui de Marianne Krüll : *Sigmund, fils de Jacob,* livre très documenté qui resitue l'enfance de Freud dans le cadre sociologique de l'époque, la communauté juive de Freiberg et de Vienne : la situation précaire des

« tolérés » obligés de lutter pour obtenir la prolongation de leur permis de séjour, les logements très exigus, la sexualité étroitement réglementée par la Tora, les rôles séparés de l'homme et de la femme et l'autorité suprême du père.

Elle s'interroge sur le départ de la famille Freud à Vienne, sur Jacob malheureux en affaires, sur le départ des demi-frères de Sigmund, provoqué peut-être par une relation entre Philippe et Amélie, et sur le mystère de Rebecca.

Rebecca aurait-elle été le secret majeur de Jacob sur lequel son fils devait fermer les yeux?

Marianne Krüll pense que « Jacob donna à son fils dès sa naissance le mandat ambigu lui enjoignant d'expier un passé qu'il lui était interdit de connaître avec exactitude », et « Freud accepta le mandat dans tout ce qu'il avait de contradictoire : il renonça à une recherche de la culpabilité paternelle, rejeta la théorie de la séduction qu'il remplaça par celle d'Œdipe, prenant en fils loyal la faute sur lui seul », rejoignant ainsi la recherche de Marie Balmary. « A la lecture de ses écrits théoriques, ajoute-t-elle, on ne manque pas d'être frappé par le fait que Freud ne cesse de généraliser ses expériences personnelles particulières et d'affirmer qu'elles seraient universelles, comme si les images qui remontaient de son enfance le possédaient au point d'être les seules qu'il ait cherché à comprendre, et de le rendre incapable ne serait-ce que de percevoir les expériences vécues par autrui. Ce fait explique notamment le peu de pertinence de ses conceptions concernant la sexualité féminine. » Elle conclut en disant : « On pourrait juste reprocher à Freud d'avoir méconnu le caractère subjectif de sa pensée et d'avoir cru appréhender des vérités absolues. »

Il semble bien que les fils de Freud aient été soumis au même tabou. Ils ne peuvent accuser le père de la psychanalyse de s'être laissé gouverner par son inconscient. Ils ont besoin de se rassurer auprès d'un Père infaillible. Ils ne publient pas tout ce qui pourrait nous permettre de resituer la théorie dans l'histoire de Sigmund, là où elle s'enracine, là où elle reprendrait son vrai sens.

Jean Bergeret, dans son dernier livre : *La Violence fondamentale,* retourne lui aussi aux sources du mythe d'Œdipe, à la traduction mot à mot du premier oracle : « Avoir l'intention de tuer; lui, les parents, telle était la sentence. » « Il s'agit potentiellement tout autant de tuer ses parents que pour les parents de mettre à mort l'enfant », explique Bergeret. « Le premier oracle ne fait encore aucune allusion ni directe ni indirecte à l'inceste... » « Il n'est question ni d'amour ni non plus de haine, mais essentiellement au contraire de la simple loi du survivre et du devenir tout à fait primaire : lui ou eux, eux ou lui. » Le premier oracle porte sur la violence exercée par les deux parents à la fois sur l'enfant; Jean Bergeret rejoint ici la thèse de Dorothy Bloch et d'une certaine manière les recherches d'Alice Miller. Il illustre sa thèse par des cas cliniques qu'il serait trop long de développer ici.

Mon but n'est autre que de poser des questions aux théoriciens compétents en rassemblant quelques recherches qui vont dans le sens de mes interrogations. Je ne peux que souhaiter que chacun lise ou relise ces livres et se demande si Freud, à cause de son histoire personnelle, à cause de la mort de Jacob, à cause de son environnement incapable d'entendre la faute du père, n'a pas fait basculer le sens des paroles des femmes hystériques qui disaient toutes avoir subi une agression sexuelle par le père ou un adulte de leur famille. Les statistiques américaines, canadiennes, allemandes sur les violences sexuelles contre les enfants tendraient à le prouver. En France, il n'existe pas de statistiques sauf les trois cents cas de viols par inceste jugés par an qui, de l'avis de beaucoup, ne rendent pas compte du tout de la réalité des violences subies dans les familles.

Il faut repartir de la réalité des faits, il faut briser le silence sur cette violence cachée. Il faut que les femmes parlent, écrivent les violences sexuelles vécues dans leur enfance parce qu'en parler, c'est déjà agir.

C'est dans ce but que j'écris et que nous avons créé l'association SOS Inceste * : un lieu où les femmes et les filles seront entendues avec leurs mots à elles. Les pages du journal *Peau d'âne* leur seront ouvertes pour qu'elles expriment tout ce qu'elles ont à dire sans risquer de voir leur parole interprétée ou détournée de leur vrai sens. Il faut oser nommer les violences subies, écrire les dégâts sur nos vies de femmes pour que les pères prennent conscience de la gravité de leurs gestes, pour qu'on puisse faire de nouvelles hypothèses à partir de la réalité et non du mythe, afin que jamais plus on ne lise des déclarations de psychiatres ou de psychanalystes comme celles-ci :

« Quant à la victime [d'inceste], il semble bien que le risque majeur demeure celui de la grossesse. Plusieurs

* SOS Inceste, BP 777, 38034 Grenoble.

travaux ont étudié à moyen et long terme les cas de victimes d'inceste sans constater de perturbations graves de la personnalité, notamment aucun souvenir obsédant. Rappelons toutefois qu'il est fréquent de retrouver chez la femme qui se prostitue des antécédents de situations incestueuses fantasmées ou réalisées » (Jean Picat, psychiatre expert de la cour d'appel et des tribunaux).

Ou bien les réponses de Françoise Dolto à *Choisir,* en novembre 1979 :

« *Choisir.* – Mais enfin il y a bien des cas de viol?

F. Dolto. – Il n'y a pas de viol du tout. Elles sont consentantes.

Choisir. – Quand une fille vient vous voir et qu'elle vous raconte que, dans son enfance, son père a coïté avec elle et qu'elle a ressenti cela comme un viol, que lui répondez-vous?

F. Dolto. – Elle ne l'a pas ressenti comme un viol. Elle a simplement compris que son père l'aimait et qu'il se consolait avec elle, parce que sa femme ne voulait pas faire l'amour avec lui.

Et plus loin :

Choisir. – D'après vous, il n'y a pas de père vicieux et pervers?

F. Dolto. – Il suffit que la fille refuse de coucher avec lui, en disant que cela ne se fait pas, pour qu'il la laisse tranquille.

Choisir. – Il peut insister?

F. Dolto. – Pas du tout, parce qu'il sait que l'enfant sait que c'est défendu. Et puis le père incestueux a tout de même peur que sa fille en parle. En général la fille ne dit rien, enfin pas tout de suite. »

On a cru Freud, on croit Françoise Dolto, parce que c'est tellement mieux pour tout le monde de croire à l'innocence du père et à la perversité de l'enfant, qu'on peut charger parce qu'il n'a pas la parole. Heureusement, des Américains, des Canadiens, des Belges, des Hollandais ont pris conscience de l'ampleur des dégâts, ils font des recherches. Ils croient et aident vraiment les victimes d'inceste en remettant la responsabilité là où elle est : c'est le père qui commet un délit et le délit mène à la sanction. La victime n'a pas à se sentir coupable, ni à avoir honte.

Il faut croire un enfant qui ose parler, parce qu'une fille n'a aucun intérêt à accuser injustement son père qu'elle aime et dont elle dépend pour sa survie. Il faut croire l'enfant et l'aider à retrouver la loi, une loi juste qui le protégera de la toute-puissance du père et lui permettra de restaurer son identité. Je l'ai constaté avec Aline, le rappel de la loi et de l'interdit par un juge est nécessaire à la victime. Il est fondateur, il permet à la fille d'avoir à nouveau un avenir. Mais d'où vient la honte inhérente à l'inceste?

« Maintenant que je sais [l'interdit], j'en ai pour toute la vie à m'en remettre! » s'écrie une adolescente incestueuse qui avait été abusée par son père en toute innocence, sous le regard complice de sa mère. Julien Bigras qui travaille sur l'inceste depuis vingt-cinq ans, à Montréal, dit que ce n'est pas tant l'inceste lui-même qui provoque l'explosion de réactions comportementales ou psychosomatiques mais la rupture de la relation incestueuse ou son dévoilement. Pourquoi? Est-ce la honte de se savoir hors la loi? Est-ce le fait d'être exilée du groupe des humains, contaminée par l'infamie? Est-ce le fait d'avoir porté atteinte au sacré? Le père qui viole sa fille lance un défi : il se prend pour un dieu, la loi des hommes n'est pas pour lui. « Je voulais lui faire un dieu! » s'écrie un père incestueux pour expliquer son geste. La fille est entraînée en enfer malgré elle.

Quand elle en prend conscience, sa rage est absolue, ou son anéantissement face au chaos : ses réactions sont : des tentatives de suicide, des fugues, la prostitution, la drogue, des somatisations, la folie. Ces signes sont-ils là pour marquer la culpabilité que la société lui fait porter? Est-ce son unique parole parce qu'elle n'a pu dire non avant, parce qu'elle ne savait pas la gravité de l'interdit? C'est le père en qui elle avait toute confiance qui autorise.

Cette rage à se détruire, d'où lui vient-elle? Sa violence est-elle l'image de l'ampleur de la destruction de son identité? Le pouvoir du père sur sa fille est immense parce qu'il est un dieu pour elle. Le père a gardé un droit de vie et de mort sur ses enfants. Le désir de survie de l'enfant est lié à l'amour des parents; les mal-aimés le savent. Si les blessures de l'enfance sont si profondes, c'est parce qu'elles touchent à notre survie. Sans amour, sans désir il n'y a pas de vie humaine possible. Ce qui fait la violence de l'inceste, c'est qu'au lieu d'aller vers la vie, de quitter ses parents, la fille est brutalement arrachée à son avenir et ramenée au passé auquel elle restera enchaînée, prisonnière. L'inceste est un rapt, une déportation. C'est être rayée de l'arbre généalogique. La sève au lieu de monter est absorbée par les racines; les branches et les racines s'entremêlent. Comment s'y retrouver dans ce gigantesque nœud, comme le montre un de mes rêves.

Un cèdre déraciné était couché sur le sol, ses racines et ses branches emmêlées en un gigantesque nœud. Je m'approchai et commençai à vouloir sortir une racine de cet entrelacement. Mais la racine hurla et retourna vers le tas, se repliant vivement comme un bras. Elle était de chair humaine, vivante, elle souffrait. Comment dénouer cet énorme nœud sans mourir de douleur? Comment retrouver l'ordre dans ce chaos? La sève ne sait plus où donner de la tête dans ce corps arraché à la terre natale.

J'ai tant rêvé d'une baguette magique, qui remettrait mon arbre droit, mes racines en terre. Je n'ai su trouver qu'un pinceau, puis un stylo pour retrouver le bon sens et tenter de m'extirper de ma peau de victime. J'ai encore rêvé que j'étais enfermée dans une de mes poupées toute construite en bandes plâtrées. J'étais vivante à l'intérieur d'une momie. Je voulais sortir mais je m'étais trompée d'issue; je sortais par la tête, il me fallait donc me retourner et sortir par son sexe. Une naissance se fait par le sexe. Mais comment se retourner à l'intérieur d'une momie? Dans le rêve, j'en sortais, tel un papillon de son cocon. Mais je suis complètement épuisée. Il me faudra encore du temps avant de voler de mes propres ailes. Ce que j'ai tant voulu depuis mon enfance : être indépendante.

La rage que la fille met à se détruire, à se défendre est une force de vie énorme. J'ai compris qu'il me fallait la retourner, la transformer en force créatrice. Je sais seulement que c'est possible. A chacune de celles qui sont aux prises avec leurs démons intérieurs, j'ai envie de dire : croyez en vous, essayez! cherchez votre solution, votre issue, il y en a une!...

En Afrique, une femme accouchait entourée de voisines qui l'encourageaient, la soutenaient, l'aidaient à passer ce moment difficile. C'est cette image qui s'impose à moi quand je revois ces trois dernières années. Pour écrire, je m'enfermais seule, au fond de ma tanière, mais j'en parlais avec mes amies, j'envoyais des lettres à des écrivains parisiens. J'avais besoin de me sentir reliée à d'autres femmes, de les rendre témoins de mon voyage. Je remercie toutes celles qui m'ont accompagnée pendant les douleurs de l'écriture. Elles m'ont beaucoup aidée.

Noé et ses fils

> *Noé le cultivateur commença de planter la vigne. Ayant bu du vin, il fut enivré et se dénuda à l'intérieur de sa tente. Cham, père de Canaan, vit la nudité de son père et avertit ses deux frères du dehors. Mais Sem et Japhet prirent le manteau, le mirent tous deux sur leur épaule et, marchant à reculons, couvrirent la nudité de leur père; leurs visages étaient tournés en arrière et ils ne virent pas la nudité de leur père. Lorsque Noé se réveilla de son ivresse, il apprit ce que lui avait fait son fils le plus jeune. Et il dit :*
>
> *« Maudit soit Canaan!*
> *qu'il soit pour ses frères*
> *le dernier des esclaves. »*
>
> Bible de Jérusalem

Parce que Cham a vu son père ivre et nu, il est maudit. Nul ne peut voir le père en faute : le père qui représente et détient la loi peut la détourner en secret, mais jamais devant témoin.

Malheur à qui a vu la faute du père!

« On est prié de détourner les yeux », comme le dit si clairement le rêve de Sigmund Freud, la nuit qui a suivi la mort de son père. Freud sera muselé par « le tabou de Jacob », car nous sommes tous frappés, depuis Noé, de la malédiction de Cham. Chacun pourrait en donner des exemples tirés de sa vie quotidienne.

Celui qui représente la loi fait la loi lui-même et nul ne saurait le prendre en flagrant délit d'erreur, d'injustice ou de transgression. S'identifiant à la loi, il se l'approprie, de même que le père s'approprie le corps de sa fille.

« C'est ma fille, j'en fais ce que je veux. »

Celui qui ose dénoncer un abus de pouvoir d'un détenteur de la loi, à quelque titre que ce soit, celui-là même se retrouve l'accusé et va rejoindre la longue file des fils de Cham. S'il y a d'autres témoins à la scène, immédiatement, ils seront du côté du représentant de la loi, dans la complicité du silence. C'est un réflexe archaïque, directement lié à la peur d'être tué du bébé. C'est un réflexe de survie face aux tout-puissants : parents, pouvoir, police...

Nul ne peut s'attaquer au Père sans risque, mais entre le suicide et la guerre à l'hypocrisie, je choisis la guerre.

Depuis que j'ai commencé à écrire pour comprendre, j'ai sauté dans le vide, je ne savais pas où mes pieds se poseraient. Je me suis retrouvée au plus profond de la vérité de mon histoire en même temps qu'au cœur même de la faute du Père, dont personne ne veut entendre parler. Je ne peux plus reculer, je dois dire ce que j'ai appris pendant ce voyage, avec l'espoir que les autres femmes parleront aussi de leur vécu, qu'elles comprendront que la recherche de la vérité sur le viol par inceste est un moyen de quitter sa peur, de quitter sa peau de victime, de se retrouver entière.

Je pense à ce beau rêve que j'ai fait au moment où j'avais perdu la vue. « J'ai la responsabilité d'une petite fille. Elle tombe dans un trou d'eau glacée. Je la sors de là, mais elle grelotte, elle va mourir de froid. Je crie, je cherche du secours, mais toutes les maisons sont fermées, les volets clos. Je cherche un vêtement, mais je réalise alors que je suis nue. Je n'ai rien pour la réchauffer. Elle va mourir. Tout à coup sort de mon ventre une serviette éponge blanche, douce et tiède. J'enroule la fillette dedans et je la berce. Je sens la tiédeur de la serviette sur ma peau. »

Et je me réveille à nouveau confiante. Ce rêve me porte vers la lumière quand je me décourage, face aux murs de l'hypocrisie que je rencontre encore souvent. Je veux réfléchir aux mécanismes de défense que j'ai rencontrés quand j'ai parlé de mon histoire, réfléchir au revirement de Freud, aux affirmations de Françoise Dolto.

Quand je parle de mon vécu, on me fait souvent taire. Ceux qui m'écoutent ont froid dans le dos, la chair de poule, les cheveux qui se dressent sur la tête. Ils ne peuvent en entendre davantage. Pour eux, c'est trop!

Certains même n'entendent pas mes paroles, comme cette jeune fille à qui je parlais, à sa demande, depuis une demi-heure, des raisons qui m'ont poussée à créer l'association S.O.S Inceste et du viol par mon père. Elle me dit tout à coup : « Alors! Vous? Votre père, il vous a fait ça, à vous? » Devant ma réponse affirmative, elle s'est écriée : « Et vous êtes vivante? Moi, je serais morte, je n'aurais pas pu supporter ça, si mon père m'avait fait ça! Non, je ne peux pas imaginer ça! » et elle se met à crier : « Non! Non! » en se cachant le visage, devant cette vision inimaginable : son père à elle couché sur elle.

Les psychothérapeutes que j'ai rencontrés ont nié la réalité du passage à l'acte de mon père ou m'ont manipulée pour éviter de le reconnaître. La plupart des personnes ayant une culture ou une compétence en psychanalyse avaient toujours comme premier réflexe ces mots : « Mais vous en êtes bien sûre? » Cette mise en doute immédiate de mes paroles m'a d'abord profondément blessée, révoltée; puis, devant sa fréquence, je me suis posé des questions intéressantes. A quoi leur sert de douter d'emblée? Pourquoi toujours les mêmes questions, les mêmes affirmations? « Mais ne pensez-vous pas qu'une fillette, une adolescente surtout, peut tout faire pour séduire son père. Et puis certaines fillettes sont très éveillées, elles recherchent le plaisir. » « Toutes les petites filles ne pensent qu'à séduire leur père. »

Ces phrases entendues tant de fois ont toujours pour but de protéger le père ou de se protéger de la vision du père séducteur.

C'est sans doute pourquoi la petite fille sait d'instinct qu'elle ne doit pas en parler. Sa vérité est une bombe qui va faire éclater la famille. Elle sent la menace sans comprendre ce qui lui procure cette angoisse lancinante, obscure, qui traîne dans sa gorge et l'empêche de prononcer la phrase fatale qui va précipiter tout l'entourage face à l'image du père en faute.

Image insoutenable qu'il faut éviter à tout prix.

Si elle ose parler, c'est elle qui sera utilisée comme écran face à cette vision aveuglante. Et l'angoisse soulevée par cette vision-éclair rejaillira sur la fille sous forme d'agressivité. Elle sera mise à la question.

Il faut lire le témoignage de Viviane Clarac, *De la honte à la colère.* Elle a été agressée pendant dix ans par son père, diplomate aux USA. Elle raconte comment les psychiatres, psychologues ou institutions spécialisées dans l'accueil des femmes violées l'ont harcelée de questions, comment ils ont tenté de la persuader qu'elle était une victime à vie, une malade qui avait besoin de leur aide.

Tout homme se sent le détenteur de la loi, le représentant de Dieu; il ne peut être pris en faute face au sexe de la femme : lieu du désir, lieu du péché.

La femme-sorcière, la tentatrice, la diablesse est toujours présente : archétype qui protège le père en faute, l'homme en faute. Ce réflexe inconscient que la lutte des femmes a mis en lumière joue toujours dans les jugements pour viol, mais quand il s'agit du viol par le père, alors l'agressivité contre la fille se décuple, tant l'angoisse remuée est profonde.

On retrouve souvent deux attitudes :
– ou le déni : le viol, le passage à l'acte est nié en bloc; la fille a rêvé, elle délire, elle est folle. Toutes les petites filles sont des menteuses. Il faut soigner la fille, la corriger pour ses mensonges, lui faire avouer qu'elle a tout inventé;
– ou l'agressivité du questionnement : on veut tout savoir, on torture la fille de questions indiscrètes où chacun projette ses fantasmes.

Face à ce problème, l'irrationnel semble tenir lieu de loi. Face au père en faute, chacun se défend, fantasme ou délire.

En ce qui me concerne, j'ai toujours su que je pouvais en mourir, que cette vérité que je portais, que je camouflais pour sauver ma famille était un explosif, un danger permanent.

Il fallait sauver la face, être gentille, souriante, exemplaire, considérée, aimable, aimée.

Se taire et faire comme si rien n'était arrivé.

Se taire et ne pas chercher à comprendre.

Se taire pour survivre.

Mais maintenant que j'ai compris tous les mécanismes de défense que j'ai vus fonctionner autour de moi si souvent, je ne peux plus me taire.

Je dois parler de la faute du père, car je suis bien placée pour en parler. J'ai fait tant de détours pour ne pas la voir que je peux comprendre de l'intérieur le réflexe de Freud, celui de Françoise Dolto et de tous ceux que j'ai vu douter face à mes paroles. Il est si facile de faire basculer le réel sans s'en apercevoir.

Je n'ai plus peur de voir le père en faute. Cette vision est pour moi une réalité que je peux regarder calmement en face. Je refuse d'être une fille de Cham.

J'ai fait la paix avec mon père, je suis passionnée par mes lectures sur Freud, ce pionnier, ce chercheur infatigable dont parle si bien Lydia Flem dans *La Vie quotidienne de Freud et de ses patients.*

Je suis arrivée sur une page de pardon, au sens où l'entend Denis Vasse : « Reparcourir son histoire sans rien oublier, mais dans la paix. »

LES PRINCIPAUX LIVRES QUI M'ONT ACCOMPAGNÉE

LAURE ADLER, *Secrets d'alcôve.*
Hachette, 1983.

DIDIER ANZIEU, *Le Moi-peau.*
Dunod, 1985.

PAUL-LAURENT ASSOUN, *Freud et la femme.*
Calmann-Lévy, 1983.

NICOLE AVRIL, *La Première Alliance.*
Flammarion, 1985.

MARIE BALMARY, *L'Homme aux statues.*
Grasset, 1979.

JEAN BERGERET, *La Violence fondamentale.*
Dunod, 1984.

BRUNO BETTELHEIM, *Le Cœur conscient.*
R. Laffont, 1972.

BRUNO BETTELHEIM, *Freud et l'âme humaine.*
R. Laffont, 1979.

JULIEN BIGRAS, *L'Enfant dans le grenier.*
Hachette, 1977.

JULIEN BIGRAS, *Kati of course.*
Mazarine, 1980.

JULIEN BIGRAS, *Ma Vie ma folie.*
Mazarine, 1983.

DOROTHY BLOCH, *Comme ça la sorcière ne mangera pas.*
R. Laffont, 1981.

SUZANNE BROWNMILLER, *Le Viol.*
Stock, 1975.

HILDE BRUCH, *L'Énigme de l'anorexie.*
PUF, 1983.

FERDINANDO CAMON, *La Maladie humaine.*
Gallimard, 1981.

G. CARLONI-D. NOBOLI, *La Mauvaise Mère.*
Petite Bibliothèque Payot, 1975.

PHYLLIS CHESLER, *Les Femmes et la Folie.*
Payot, 1975.

VIVIANE CLARAC-NICOLE BONNIN, *De la honte à la colère* (récit).
Éditions anonymes, 1985.

JOËL CLERGET, *Être père aujourd'hui.*

DOMINIQUE DALLAYRAC, *Pulsion de viol.*
R. Laffont, 1983.

GEORGES DIDI HUBERMAN, *Invention de l'hystérie.*
Macula, 1982.

CATHERINE ERHEL-CATHERINE LEGUAY, *Prisonnières.*
Stock 2, 1977.

ANNIE ERNAUX, *La Place.*
Gallimard (coll. Folio).

JEANNE FAVRET-SAADA, *Les Mots, la Mort, les Sorts.*
Gallimard, 1977.

SANDOR FERENCZI, *Psychanalyse 4,* le chapitre : « Confusion de langue entre les enfants et les adultes. »
Payot, 1982.

SANDOR FERENCZI, *Journal clinique.*
Payot, 1985.

MARTIN FREUD, *Freud, mon père.*
Denoël, 1958.

FREUD, *La Naissance de la psychanalyse.*
PUF, 1956.

FREUD-JOSEPH BREUER, *Études sur l'hystérie.*
PUF, 1973.

DOMINIQUE FRISCHER, *Des analysés parlent.*
Stock Plus, 1977.

FRÉDÉRIQUE GRUYER, *Ce paradis trop violent.*
R. Laffont, 1984.

GÉRARD HADDAD, *Manger le livre.*
Grasset, 1984.

TOREY L. HAYDEN, *L'Enfant qui ne pleurait pas* (récit).
J'ai lu.

NANCY HUSTON, *Jouer au papa et à l'amant.*
Ramsay, 1979.

NANCY HUSTON, *Histoire d'Omaya.*
Seuil, 1984.

FRANZ KAFKA, « *La Lettre au père* », dans *Préparatifs d'une noce à la campagne.*
Coll. l'Imaginaire, Gallimard, 1957.

B. KANEMANN-I. LOHSTOTER, *Des pères criminels* (étude).
Des Femmes, 1985.

DANIEL KARLIN-TONY LAINÉ, *La Mort du père.*
Éd. Sociales, 1983.

JACQUELINE KELEN, *Un amour infini.*
Albin Michel, 1982.

MARIANNE KRÜLL, *Sigmund, fils de Jacob.*
Gallimard, 1979.

MADELEINE LAIK, *La Peur qu'on a* (interview) (voir le chapitre : « Gaëlle, une peur infinie... », p. 134).
R. Laffont, 1979.

NATHALIE LAMBRICHS GEORGES, *Sigmund Freud – sa vie son œuvre.*
Frédéric Bive, 1985.

BRIGITTE LOZERECH, *L'Intérimaire.*
Julliard, 1982.

MICHÈLE MANCEAUX, *Grand Reportage.*
Seuil, 1980.

SHEILA MACLEOD, *Anorexique.*
Aubier, 1981.

PAUL MATHIS, *Le Corps et l'Écrit.*
Aubier, 1981.

JEFFREY MOUSSAIEFF MASSON, *Le Réel escamoté.*
Aubier, 1984.

MAURICE T. MASCHINO, *Votre désir m'intéresse.*
Hachette.

GÉRARD MENDEL, *Quand rien ne va plus de soi.*
R. Laffont, 1979.

GÉRARD MENDEL, *La Révolte contre le père.*
Petite Bibliothèque Payot.

ALICE MILLER, *C'est pour ton bien.*
Aubier, 1984.

MICHELLE MORRIS, *Et si je ne me réveillais pas?* (roman).
R. Laffont, 1983.

JEAN PICAT, *Violences meurtrières et sexuelles.*
PUF, 1982.

« Inceste » (*Nouvelle revue d'Ethnopsychiatrie,* n° 3).
La Pensée sauvage, 1985.

FRANÇOIS ROUSTANG, *Un destin si funeste.*
Minuit, 1976.

FLORENCE RUSH, *Le Secret le mieux gardé* (étude). Denoël, 1983.

J.-P. SARTRE, *Le Scénario de Freud.* Gallimard, 1984.

MORTON SCHATZMAN, *L'Histoire de Ruth* (récit). Balland, 1982.

MAX SCHUR, *La Mort dans la vie de Freud.* Gallimard, 1972.

LEÏLA SEBBAR, *On tue les petites filles* (étude). Stock 2, 1978.

THOMAS SZASZ, *Le Mythe de la psychothérapie.* Petite Bibliothèque Payot, 1978.

ANNE-MARIE DE VILAINE, *La Mère intérieure.* Mercure de France, 1982.

MORRIS WEST, *Un Monde transparent* (roman). Hachette, 1983.

CET OUVRAGE
A ÉTÉ COMPOSÉ
ET ACHEVÉ D'IMPRIMER
PAR L'IMPRIMERIE FLOCH
À MAYENNE EN OCTOBRE 1986

N° d'éd. 1845. N° d'impr. 24810.
D. L. : octobre 1986.
(Imprimé en France)